JN033504

はじめよう
地域産業連関分析

Excelで初歩から実践まで

［改訂版］

土居英二・浅利一郎・中野親徳 ［編著］

事例分析編

日本評論社

執筆分担

第2版のはじめに　土居・浅利・中野

第1章　室伏	第2章　牧野	第3章　居城
第4章　土居	第5章　土居	第6章　土居
第7章　土居・浅利・黄	第8章　田原	第9章　塩野
第10章　田原	第11章　塩野	第12章　土居
第13章　土居・浅利	第14章　土居・浅利	第15章　土居
第16章　土居	第17章　土居	第18章　土居・浅利
第19章　土居	第20章　土居・浅利	第21章　居城
第22章　黄	終　章　土居	
補論1　土居	補論2　土居	補論3　土居
補論4　土居	コラム1　土居	コラム2　土居

第2版のおわりに　土居・浅利・中野

第 2 版のはじめに

本書は、『はじめよう地域産業連関分析』（第 1 版）（日本評論社、1996年）の改訂版の 2 冊目となる［事例分析編］です。［基礎編］とあわせて、この［事例分析編］が読者の事例分析や研究の礎になることを願っています。

第 1 版では 8 つの事例分析を掲載しましたが、この改訂版では 2 分冊としたこともあり、23の分析事例を紹介しています。産業連関分析のテキストは第 1 版以来たくさん出版されていますが、事例分析だけを扱った地域産業連関分析の書籍は、本書が初めてだと思います。

執筆には、大学の教員の他に、静岡県のシンクタンクの研究員、県庁で産業連関表作成にかかわった職員 OB の 7 名があたりました。編者と執筆者はそれぞれ静岡にゆかりのある者ばかりで、第 1 版と同様に「静岡発」の本として読者のみなさんにお届けすることができました。取り上げたテーマは静岡県内を対象にした事例が中心ですが、いずれも全国各地で応用できる事例だと思います。

この改訂版の事例分析は、第 1 版の事例分析に比べて次の 3 つの点で新しくなっています。

第一は、人口減少やそれに対応する地方創生の施策など、今日の日本の地域社会が抱える課題を取り上げていることです。人口減少がこのまま進行すると、地域の産業経済はどう変わるのか、移住人口は地域にどのような経済効果をもたらすのかなど、本書は衰退しつつある地域社会への危機感をもとに、さまざまな地域活性化策の効果を検証しています。

第二は、第一の点と関連して、企業への生産誘発効果にとどまらず、家計への「雇用効果」、地方財政への「税収効果」、地域社会への「定住人口効果」など、今日の地域社会が関心を高めている課題に、地域産業連関分析が新しい光をあてる必要があることを提起している点です。地域社会の経済主体が、企業、家計、政府（自治体）であることを思えば、雇用効果や税収効果、定住人口効果を明らかにすることは、今日では、生産誘発効果に優るとも劣らない分析の重要なテーマとなってきています。産業連関分析が焦点をあてる経済波及効果という用語

は、生産誘発効果に伴う一連の諸効果を広く意味する「経済効果」と呼ぶべきかもしれません。

　第三は、今日の地域社会の課題を分析するために、理論面でも「家計内生化モデル」や「地域間産業連関モデル」を利用しなければ分析できないテーマがあることを提起し、その活用を提案している点です。

　例えば、誘致企業の業種別の経済波及効果を取り上げた第4章では、間接二次効果の収束結果を含む家計内生化モデルによる「新しい影響力係数」を用いる必要があることを提案しています。TPPを取り上げた第7章では、地域間産業連関の理論モデルを用いて、都道府県内への直接的な影響とともに、TPPによる全国への影響が各都道府県へ及ぼす間接的な影響もあわせてみる必要性を強調しています。人口減少によって、将来の地域経済や産業構造がどのように変わるのかを予測する場合についても、地域内の人口減少による影響だけでなく、第18章のように全国の人口減少が「移出の減少」を通じて製造業や農林水産業に与える間接的影響もみる必要があります。

　家計内生化モデルや地域間産業連関モデルの利用は、難易度でいえば中級レベルの内容なので、はじめての読者を対象にした入門書としてはやや高度な分析方法になりますが、これらの理論モデルを用いなければ十全な分析ができないテーマが存在することを読者のみなさんに伝えるため、あえて本書では取り上げています。家計内生化モデルは［基礎編］の第6章を、地域間産業連関分析モデルについては、浅利一郎・土居英二『地域間産業連関表の理論と実際』（日本評論社、2016年）を、本書のコラムとあわせて参照していただけると幸いです。

　この改訂版は、第1版の読者から寄せられたExcel版へのたくさんのご要望に応えるものですが、23年もの間、この改訂版の発行を勧め続けてくださった日本評論社第二編集部の斉藤博さんの熱意とお力添えが無ければ、みなさんにお届けすることはできませんでした。最後になりましたが、心よりお礼を申し上げます。

2020年1月

土居　英二

浅利　一郎

中野　親徳

目　次

第Ⅰ部　産業連関表からみた地域経済のしくみ

第Ⅱ部　産業

第Ⅲ部　観光とイベント

第Ⅳ部　交通・公共施設・まちづくり

第Ⅰ部

産業連関表からみた地域経済のしくみ

第1章

産業連関表から県経済の構造をみる

1.1　はじめに

　地域産業連関表は、産業、家計、政府など地域経済の取引主体の経済取引の姿を体系的、包括的に記述している貴重なマクロ経済統計です。

　本章では平成23年静岡県産業連関表から静岡県経済の構造を読み取っていきます。この表からは後述の生産構造、投入構造、需要構造さらには県際構造などを読み取ることができます。

　読み取り方にはいろいろな方法がありますが、ここでは

---

① 過去の表と比べて増加率で変化をみる
② 産業別の構成比で内訳をみる
③ 全国と比較する

など広く一般的に行われている方法で読み取ります。

　静岡県経済の全体像を概観するため、**表1-1**に平成23年静岡県産業連関表13部門表を、また、**図1-1**に平成23年静岡県産業連関表から見た財貨・サービスの流れを掲げましたので、参照してください。

　産業連関表の実際の読み取りは、もっと部門数の多い産業連関表を用いて精緻に行いますが、本章では、コンパクトに表示できて俯瞰しやすい13部門表を使って解説をしています。

図 1 - 1　産業連関表から見た財貨・サービスの流れ（静岡県、平成23年）

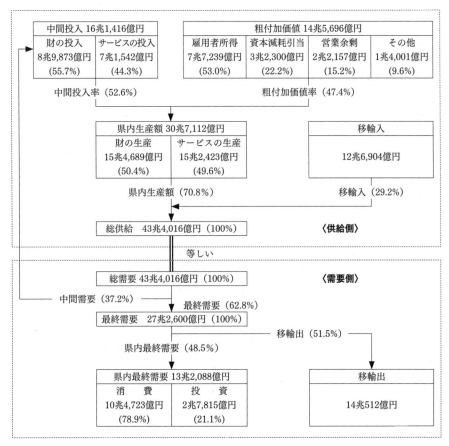

（注）　1　37部門表による。「財」は統合大分類の01〜41、68の合計、「サービス」は同じく46〜67、69の合計です。
　　　 2　四捨五入の関係で、内訳の計が合計の数字と一致しないことがあります。
　　　 3　ここで「消費」とは、家計外消費支出、民間消費支出及び一般政府消費支出をいい、「投資」とは県内総固定資本形成及び在庫純増をいいます。

1.2　生産構造

1.2.1　生産額─県内生産額は大幅減─

　まず、**表1-2**で静岡県経済の規模をみてみましょう。平成23年の静岡県の県内生産額は30兆7,112億円で、平成17年の34兆1,669億円より10.1％少なくなりました（**図1-2**）。平成23年は東日本大震災があり、全国的に生産活動に大きな影

表 1-1　平成23年静岡県産業連関表（生産者価格評価表）【13部門表】

部門名称		中間需要					
		01 農林水産業	02 鉱業	03 製造業	04 建設	05 電気ガス水道	06 商業
中間投入	01農林水産業	237	0	3,671	17	0	3
	02鉱業	0	0	491	102	1,218	0
	03製造業	599	19	63,897	3,512	432	730
	04建設	16	2	528	19	270	153
	05電気・ガス・水道	31	4	2,468	61	546	601
	06商業	170	6	9,069	898	88	395
	07金融・保険	16	8	797	188	64	349
	08不動産	6	1	285	49	31	675
	09運輸・郵便	142	63	3,460	572	175	1,804
	10情報通信	10	1	933	132	112	878
	11公務	0	0	0	0	0	0
	12サービス	65	7	9,781	1,506	625	1,751
	13分類不明	39	1	394	194	26	161
	内生部門計	1,331	112	95,774	7,251	3,587	7,500
粗付加価値	家計外消費支出	23	9	1,670	231	63	452
	雇用者所得	333	41	23,015	4,570	923	8,741
	営業余剰	647	−1	3,890	244	−1,763	2,885
	資本減耗引当	393	11	9,212	455	2,289	1,489
	間接税(除関税等)	130	9	5,115	495	215	775
	(控除)経常補助金	−150	0	−56	−65	−99	−10
	粗付加価値部門計	1,376	70	42,846	5,929	1,628	14,331
	県内生産額	2,707	182	138,620	13,180	5,214	21,831

部門名称		内生部門計	最終需要			
			家計外消費支出	民間消費支出	一般政府消費支出	県内総固定資本形成
中間投入	01農林水産業	4,335	20	982	0	37
	02鉱業	1,812	−2	−2	0	−3
	03製造業	80,935	515	15,334	66	13,057
	04建設	2,791	0	0	0	10,389
	05電気ガス水道	5,827	2	2,331	−56	0
	06商業	14,074	488	11,059	3	1,898
	07金融・保険	4,760	0	4,489	0	0
	08不動産	2,991	0	14,641	17	0
	09運輸・郵便	10,018	125	4,035	−15	253
	10情報通信	6,264	51	3,447	10	1,591
	11公務	583	0	323	7,794	0
	12サービス	25,500	3,083	18,634	16,898	358
	13分類不明	1,526	0	0	0	0
	内生部門計	161,416	4,283	75,274	24,716	27,579
粗付加価値	家計外消費支出	4,283				
	雇用者所得	77,239				
	営業余剰	22,157				
	資本減耗引当	32,300				
	間接税(除関税等)	10,738				
	(控除)経常補助金	−1,020				
	粗付加価値部門計	145,696				
	県内生産額	307,112				

（出典）静岡県統計利用課「平成23年静岡県産業連関表」

07 金融・保険	08 不動産	09 運輸・郵便	10 情報通信	11 公務	12 サービス	13 分類不明
0	0	1	0	0	407	0
0	0	0	0	0	1	0
317	41	2,397	175	590	7,993	233
60	758	374	60	176	375	0
58	70	389	86	119	1,361	33
69	24	468	57	112	2,678	39
649	1,237	513	42	361	525	12
202	330	294	123	14	881	100
347	36	1,290	152	302	1,468	204
608	54	178	1,357	231	1,662	109
0	0	0	0	0	0	583
1,164	403	2,212	1,179	848	5,731	229
40	76	189	53	8	345	0
3,513	3,027	8,305	3,285	2,761	23,427	1,544
304	53	309	83	89	990	8
3,139	786	5,186	1,194	3,203	26,018	92
2,290	7,156	847	1,549	0	3,653	761
1,118	4,563	3,225	762	2,621	6,020	141
175	881	882	137	28	1,873	24
−272	−10	−96	0	0	−263	0
6,754	13,429	10,352	3,725	5,940	38,291	1,026
10,267	16,456	18,657	7,009	8,701	61,718	2,570

（単位：1億円）

在庫純増	移輸出	最終需要計	需要合計	移輸入	県内生産額
52	1,169	2,261	6,596	−3,889	2,707
−4	59	49	1,861	−1,679	182
149	113,632	142,753	223,688	−85,068	138,620
0	0	10,389	13,180	0	13,180
0	1,220	3,498	9,325	−4,110	5,214
26	7,105	20,578	34,652	−12,820	21,831
0	1,441	5,930	10,690	−423	10,267
0	0	14,658	17,649	−1,192	16,456
12	9,344	13,755	23,772	−5,115	18,657
0	827	5,925	12,189	−5,180	7,009
0	0	8,118	8,701	0	8,701
0	4,320	43,293	68,793	−7,075	61,718
0	1,395	1,395	2,920	−351	2,570
236	140,512	272,600	434,016	−126,904	307,112

表1-2　県内生産額の推移

単位：億円

	平成12年	平成17年	平成23年
県内生産額	334,407	341,669	307,112
（増加率）	2.9	2.2	−10.1
対全国割合%	3.49	3.52	3.27
国内生産額	9,588,865	9,720,146	9,396,749
（増加率）	2.3	1.4	−3.3

（出典）静岡県「静岡県産業連関表」各年版
総務省統計局「産業連関表」各年版

図1-2　県内生産額の推移（グラフ）

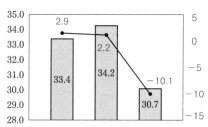

表1-3　県内生産額の産業別構成比及び特化係数

	金額（億円）				構成比（%）				特化係数
	H12	H17	H23	国(H23)	H12	H17	H23	国(H23)	
産業計	334,407	341,669	307,112	9,396,749	100.0	100.0	100.0	100.0	1.00
1 農林水産業	3,896	3,397	2,707	120,360	1.2	1.0	0.9	1.3	0.69
2 鉱業	269	170	182	7,600	0.1	0.0	0.1	0.1	0.73
3 製造業	159,725	163,201	138,620	2,899,045	47.8	47.8	45.1	30.9	1.46
4 建設	24,415	21,146	13,180	525,145	7.3	6.2	4.3	5.6	0.77
5 電気・ガス・水道	8,556	8,669	5,214	257,547	2.6	2.5	1.7	2.7	0.62
6 商業	22,408	22,350	21,831	936,558	6.7	6.5	7.1	10.0	0.71
7 金融・保険	9,365	12,393	10,267	320,939	2.8	3.6	3.3	3.4	0.98
8 不動産	18,372	18,882	16,456	711,875	5.5	5.5	5.4	7.6	0.71
9 運輸・郵便	15,334	15,897	18,657	482,340	4.6	4.7	6.1	5.1	1.18
10 情報通信	5,442	7,278	7,009	461,603	1.6	2.1	2.3	4.9	0.46
11 公務	9,693	9,070	8,701	394,052	2.9	2.7	2.8	4.2	0.68
12 サービス	55,433	57,066	61,718	2,229,582	16.6	16.7	20.1	23.7	0.85
13 分類不明	1,500	2,152	2,570	50,103	0.4	0.6	0.8	0.5	1.57

（出典）国の計数は、「平成23年（2011年）産業連関表（―総合解説編―）」

　響がありました。静岡県内には直接的被害はなかったものの、東京電力管内である静岡県東部地域において計画停電が実施されたことなどから、生産活動が大幅に低下した可能性が考えられます。一方、国内生産額は3.3%の減少であったため、県内生産額が国内生産額に占める割合（全国シェア）は、平成17年の3.52%から平成23年の3.27%へと0.25%少なくなりました。

1.2.2　構成比―製造業の構成比が高い―

　次に県内生産額の産業別構成比をみてみましょう。表1-3の13部門でみると

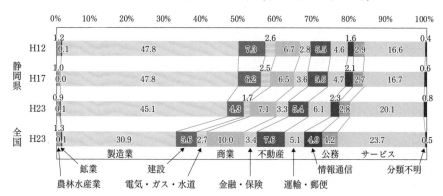

図1-3 静岡県の生産額構成比の推移（平成12年・17年・23年）

製造業が45.1%で最大です。静岡県が製造業の県であることを示しています。平成17年と比べて製造業が47.8%から45.1%に減少し、サービス業が16.7%から20.1%に増加している点が注目されます。

製造業の構成比を37部門でみると（表は未掲載）輸送機械12.1%、飲食料品8.0%、電気機械4.5%の順で高くなっています。

13部門の**特化係数**で全国と比べて業種の偏りをみると製造業全体で1.46と、やはり静岡県が製造業の県であることを示しています。さらに37部門で内訳をみるとパルプ・紙・木製品3.0、電気機械2.83、輸送機械2.49の順で高く、これら産業は静岡県を特徴付ける産業となっていることが分かります。

県部門構成比／全国部門構成比で求める特化係数は、係数が大きいほどその業種に特化している（比重が高い）経済構造であることを示します（**図1-3**）。

1.3 投入構造

1.3.1 中間投入—中間投入率は全国より高い—

生産に使う原材料等の購入額（中間投入）を**表1-4**でみてみましょう。中間投入は16兆1,416億円で構成比（**中間投入率**：中間投入÷県内生産額）は52.6%でした。この値は全国の49.2%より3.4%高くなっていますが、中間投入率が高い製造業の割合が高いことに主な原因があると考えられます。中間投入率が高いと原材料ルートでみた生産波及率が高いため、静岡県は全国に比べて生産波及が高くなる

表 1 - 4　中間投入と粗付加価値

	金額（億円）			構成比（％）				増加率（％）	
	H12	H17	H23	H12	H17	H23	国(H23)	H17	H23
県内生産額	334,407	341,669	307,112	100.0	100.0	100.0	100.0	2.2	−10.1
中間投入	171,005	181,412	161,416	51.1	53.1	52.6	49.2	6.1	−11.0
粗付加価値	163,402	160,258	145,696	48.9	46.9	47.4	50.8	−1.9	−9.1

表 1 - 5　静岡県の粗付加価値の構成

	金額（億円）			構成比（％）				増加率（％）		増加率
	H12	H17	H23	H12	H17	H23	国(H23)	H17	H23	国(H23)
粗付加価値計	163,402	160,258	145,696	100.0	100.0	100.0	100.0	−1.9	−9.1	−5.7
家計外消費支出	6,435	5,579	4,283	3.9	3.5	2.9	2.9	−13.3	−23.2	−18.9
雇用者所得	86,757	82,444	77,239	53.1	51.4	53.0	52.1	−5.0	−6.3	−4.0
営業余剰	29,976	29,824	22,157	18.3	18.6	15.2	18.2	−0.5	−25.7	−12.8
資本減耗引当	29,748	30,236	32,300	18.2	18.9	22.2	20.9	1.6	6.8	3.2
間接税	11,762	13,120	10,738	7.2	8.2	7.4	6.7	11.5	−18.2	−14.9
（控除）補助金	−1,276	−946	−1,020	−0.8	−0.6	−0.7	−0.8	−25.9	7.9	2.6

経済構造を持っているといえます。ただし、実際の波及効果は**自給率**（1−移輸入／県内需要）に大きく左右されます。

1.3.2　粗付加価値―営業余剰が大きく減少―

　次に新たに付加された価値（粗付加価値）をみてみましょう。営業余剰は構成比が15.2％で平成17年の18.6％から3.4％下がっているほか、平成17年からの増加率が−25.7％となっています。資本減耗引当は構成比が22.2％で平成17年の18.9％から3.3％上がっているほか、平成17年からの増加率が6.8％となっています。雇用者所得は構成比が53.0％で平成17年の51.4％から1.6％上がっていますが、全国の52.1％とあまり変わりません。いずれにしても平成23年は営業余剰が大きく減少した年だと思われます（**表1-5**）。

1.4　需要構造

1.4.1　中間需要―中間需要の構成比が全国より低い―

　生産された財貨・サービスはどこへ販売されたのか需要をみてみましょう（**表1-6**）。県内他産業への原材料等として中間需要へ16兆1,416億円、県内最終需要と移輸出で構成される最終需要へ27兆2,600億円販売されました。中間需要の

表 1 - 6　静岡県の総需要の構成と推移

| | 金額（億円） | | | 構成比（%） | | | | 増加率（%） | | 増加率 |
	H12	H17	H23	H12	H17	H23	国(H23)	H17	H23	国(H23)
総需要	463,402	482,940	434,016	100.0	100.0	100.0	100.0	4.2	−10.1	−2.1
中間需要	171,005	181,412	161,416	36.9	37.6	37.2	45.2	6.1	−11.0	−0.7
最終需要	292,396	301,528	272,600	63.1	62.4	62.8	54.8	3.1	−9.6	−3.2
県内最終需要	135,910	140,526	132,088	29.3	29.1	30.4	47.8	3.4	−6.0	−3.5
移輸出	156,486	161,002	140,512	33.8	33.3	32.4	6.9	2.9	−12.7	−0.9

図 1 - 4　静岡県の総需要の構成と推移（グラフ）

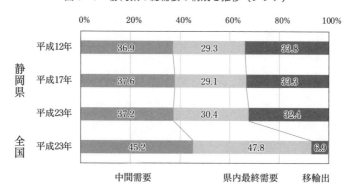

表 1 - 7　静岡県の最終需要の構成と推移

| | 金額（億円） | | | 構成比（%） | | | | 増加率（%） | | 増加率 |
	H12	H17	H23	H12	H17	H23	国(H23)	H17	H23	国(H23)
最終需要計	292,396	301,528	272,600	100.0	100.0	100.0	100.0	3.1	−9.6	−3.2
県内最終需要	135,910	140,526	132,088	46.5	46.6	48.5	87.3	3.4	−6.0	−3.1
家計外消費支出	6,435	5,579	4,283	2.2	1.9	1.6	2.4	−13.3	−23.2	−18.9
民間消費支出	74,311	74,648	75,274	25.4	24.8	27.6	50.5	0.5	0.8	0.7
一般政府消費支出	21,798	23,535	24,716	7.5	7.8	9.1	17.6	8.0	5.0	8.5
県内総固定資本形成	33,281	35,936	27,579	11.4	11.9	10.1	16.3	8.0	−23.3	−19.7
在庫純増	85	828	236	0.0	0.3	0.1	0.2	874.1	−71.5	−52.7
移輸出	156,486	161,002	140,512	53.5	53.4	51.5	12.7	2.9	−12.7	−0.9

構成比（中間需要率）は37.2％で、全国の45.2％より 8 ％低くなっています（**図 1 - 4**）。全国に比べて最終需要に多く売られる構造です。

1.4.2　最終需要─移輸出の構成比が大きい─

　次に総需要を構成するもう一つの項目である最終需要の構成をみてみましょう（**表 1 - 7**）。構成比は大きい順に移輸出51.5％、民間消費支出27.6％、県内総固定

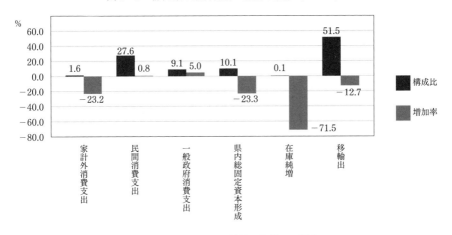

図1-5　静岡県の最終需要の構成と推移（グラフ）

表1-8　静岡県の総供給と移輸入の推移

	金額（億円）			構成比（％）				増加率（％）		増加率
	H12	H17	H23	H12	H17	H23	国(H23)	H17	H23	国(H23)
総供給	463,402	482,940	434,016	100.0	100.0	100.0	100.0	4.2	−10.1	−2.1
県内生産額	334,407	341,669	307,112	72.2	70.7	70.8	91.9	2.2	−10.1	−3.3
移輸入	128,994	141,271	126,904	27.8	29.3	29.2	8.1	9.5	−10.2	14.7

資本形成10.1％です。全国が民間消費支出50.5％、一般政府消費支出17.6％、国内総固定資本形成16.3％の順であることと比べると移輸出の構成比が大きいことが際立っています。生産された商品の多くが県外に販売されていますので、静岡県経済が県外需要に依存する構造であることを示しています（**図1-5**）。

1.5　総供給と移輸入

1.5.1　移輸入―総供給のうち約3割が県外からの移輸入―

　移輸出が大きな額であることは述べました。では移輸入はどうなのか総供給をみてみましょう。総需要を賄うための総供給は、県内生産と県外からの移輸入で行われます。県内生産額が30兆7,112億円で移輸入が12兆6,904億円です。構成比は県内生産額が70.8％で移輸入が29.2％と、県内で需要される財貨・サービスの約3割が移輸入によって賄われていることが分かります（**表1-8**）。

表 1 - 9　静岡県の県際収支（37部門別）

平成23（2011）年静岡県産業連関表	移輸出		移輸入		県際収支（億円）	移輸出率（%）	移輸入率（%）	県内自給率（%）	類型
	金額（億円）	構成比（%）	金額（億円）	構成比（%）					
産業計	140,512	100	126,904	100	13,608	45.8	43.2	56.8	
1 農林水産業	1,169	0.8	3,889	3.1	−2,720	43.2	71.7	28.3	④
2 鉱業	59	0.0	1,679	1.3	−1,620	32.7	93.2	6.8	④
3 飲食料品	20,469	14.6	9,827	7.7	10,642	83.2	70.4	29.6	①
4 繊維製品	532	0.4	1,743	1.4	−1,210	76.0	91.2	8.8	①
5 パルプ・紙・木製品	8,594	6.1	3,913	3.1	4,681	79.1	63.3	36.7	①
6 化学製品	8,806	6.3	8,142	6.4	664	81.2	80.0	20.0	①
7 石油・石炭製品	72	0.1	4,673	3.7	−4,600	28.6	96.3	3.7	④
8 プラスチック・ゴム	4,772	3.4	4,461	3.5	311	70.9	69.5	30.5	①
9 窯業・土石製品	1,118	0.8	1,442	1.1	−324	71.0	76.0	24.0	①
10 鉄鋼	550	0.4	5,251	4.1	−4,701	34.4	83.4	16.6	④
11 非鉄金属	2,492	1.8	4,308	3.4	−1,816	78.8	86.6	13.4	①
12 金属製品	2,517	1.8	2,504	2.0	12	64.7	64.6	35.4	①
13 はん用機械	3,500	2.5	2,583	2.0	917	88.7	85.3	14.7	①
14 生産用機械	5,222	3.7	3,069	2.4	2,153	85.3	77.3	22.7	①
15 業務用機械	2,995	2.1	2,019	1.6	976	91.6	88.1	11.9	①
16 電子部品	937	0.7	3,750	3.0	−2,812	50.4	80.3	19.7	①
17 電気機械	13,279	9.5	6,061	4.8	7,218	95.5	90.6	9.4	①
18 情報・通信機器	1,644	1.2	1,299	1.0	346	42.4	36.7	63.3	③
19 輸送機械	33,419	23.8	17,555	13.8	15,864	90.1	82.7	17.3	①
20 その他の製造工業製品	2,712	1.9	2,468	1.9	244	69.1	67.1	32.9	①
21 建設	0	0.0	0	0.0	0	0.0	0.0	100.0	③
22 電力・ガス・熱供給	1,220	0.9	4,110	3.2	−2,890	35.0	64.4	35.6	④
23 水道	0	0.0	0	0.0	0	0.0	0.0	100.0	③
24 廃棄物処理	0	0.0	0	0.0	0	0.0	0.0	100.0	③
25 商業	7,105	5.1	12,820	10.1	−5,715	32.5	46.5	53.5	③
26 金融・保険	1,441	1.0	423	0.3	1,018	14.0	4.6	95.4	③
27 不動産	0	0.0	1,192	0.9	−1,192	0.0	6.8	93.2	③
28 運輸・郵便	9,344	6.6	5,115	4.0	4,228	50.1	35.5	64.5	②
29 情報通信	827	0.6	5,180	4.1	−4,353	11.8	45.6	54.4	③
30 公務	0	0.0	0	0.0	0	0.0	0.0	100.0	③
31 教育・研究	16	0.0	56	0.0	−40	0.1	0.5	99.5	③
32 医療・福祉	15	0.0	473	0.4	−458	0.1	2.8	97.2	③
33 その他の非営利団体サービス	64	0.0	270	0.2	−207	4.1	15.5	84.5	③
34 対事業所サービス	1,198	0.9	4,986	3.9	−3,788	7.9	26.3	73.7	③
35 対個人サービス	3,027	2.2	1,289	1.0	1,737	19.2	9.2	90.8	③
36 事務用品	0	0.0	0	0.0	0	0.0	0.0	100.0	③
37 分類不明	1,395	1.0	351	0.3	1,044	54.3	23.0	77.0	②

注）：移輸出率＝移輸出／県内生産額　移輸入率＝移輸入／県内需要

図1-6　静岡県の県際収支による産業別類型（平成23年）

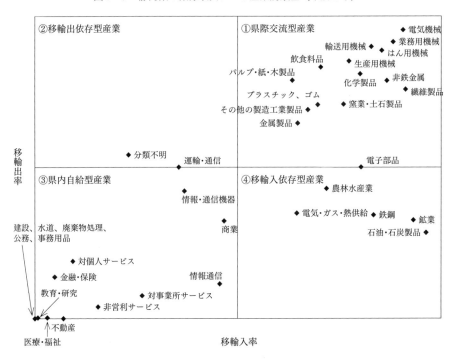

1.6　県際構造

1.6.1　県際収支—1兆3,608億円の移輸出超過—

　移輸出、移輸入が大きな額であることは述べました。ではその収支を**表1-9**でみてみましょう。地域産業連関表ではこの県際収支の理解が重要になります。

1.6.2　県際取引からみた産業類型—県際交流型産業が多い—

　移輸出は14兆512億円、移輸入は12兆6,904億円で、県際収支は1兆3,608億円の移輸出超過です。部門別では輸送機械、飲食料品など16業種が移輸出超過、商業、鉄鋼、石油・石炭製品など16業種が移輸入超過です。

　最後に、産業を、移輸出率（移輸出額／県内生産額）と移輸入率（移輸入額／県内需要額）が50%以上か未満かで4グループに分けてみましょう（**図1-6**）。

①**県際交流型産業**（移輸出率≧50%、移輸入率≧50%）：県内生産品の県外への移輸

出が多く、県内需要を満たすための移輸入も多い産業。製造業の15業種が該当します。

②**移輸出依存型産業**（移輸出率≧50%、移輸入率＜50%）：県内生産品の県外への移輸出が多く、県内需要を満たすための移輸入が少ない産業。運輸・郵便の１業種です（分類不明を除く）。

③**県内自給型産業**（移輸出率＜50%、移輸入率＜50%）：県内生産品の県外への移輸出も県内需要を満たすための移輸入も少ない産業。主にサービス業が該当します。

④**移輸入依存型産業**（移輸出率＜50%、移輸入率≧50%）：県内生産品の県外への移輸出は少ないが、県内需要を満たすための移輸入が多い産業です。農林水産業、鉱業など５業種が該当します。

1.7　次のステップへ

以上、増加率で変化をみる、構成比で内訳をみる、全国と比べるといった一般的な方法で読み取ってきましたが、静岡県経済の構造が見えてきたと思います。各都道府県も産業連関表の作成に併せて同様の分析を公表していますので、ご覧ください。

本章で述べてきたことは、市町村産業連関表から市町村の経済構造をみる場合にもあてはまりますので、参考にしてください。

地域経済の構造がみえてきたら、次のステップとして、その構造が地域経済を発展させるものなのか、地域のポテンシャルや地域特性を最大限活かした望ましい構造はどのようなものかなど分析するとよいでしょう。

そして、そうした分析結果を政策提言へつなげていくことができれば、産業連関表の活用の仕方としてすばらしいものになると思います。

参考文献

1．静岡県統計利用課「静岡県産業連関表」（平成12年、平成17年、平成23年）。いずれも静岡県HPの「統計情報センター」サイトよりダウンロードできます。
（URL：http://toukei.pref.shizuoka.jp/index.html）
2．総務省統計局編「平成23（2011）年産業連関表」

（URL：http://www.soumu.go.jp/toukei_toukatsu/data/io/index.htm）

※全国の産業連関表は、平成27（2015）年表が、令和元（2019）年6月27日に公表されています。

第2章

県民勘定行列で地域の経済循環を包括的にみる

―産業連関表と県民経済計算の結合の試み―

2.1 事例解説

　第1章では、産業連関表から地域経済のどのような姿が読み取れるのかをみてきました。この章は、地域経済のもう一つのマクロ経済統計である「都道府県民経済計算」と地域産業連関表とを結合した「県民勘定行列」から姿を表す地域経済の新しい姿に光をあてることを目的としています。この試みは、これまでどこの地域でも行われているという分析方法ではありません。地域の経済循環の姿をより深く知るための地域産業連関表の新しい活用法の提案であることを、読者のみなさんには最初にお断りしておきます。

　国や地域では財貨・サービスが生産され、付加価値が生まれています。それは所得等として家計、企業、政府に分配され、そこで消費、貯蓄に用いられます。消費は最終需要のひとつとして、財貨・サービスの生産をもたらします。貯蓄は金融取引などを介し、資金調達・投資につながります。

　このように国や地域では、財貨・サービスの投入・産出とともに、所得や資金の循環が見られます。これらを「経済循環」と言います。

　行政による施策や移輸出の増減など外生的な変化が、地域の生産、所得、消費、税収等に及ぼす効果をより体系的に考察するためには、当該地域の経済循環を包括的に捉えることが必要です。

　ここでは地域の経済循環を一つの表として捉え、所得の循環を内生化した産業連関分析を行います。具体的には以下の通りです。第一に「産業連関表」や「県民経済計算」[1)]を用いて「県民勘定行列」を作成、2011年の静岡県経済に見られる経済循環を捉えます。第二に県民勘定行列から乗数モデルを導出、家計消費を

内生化した産業連関分析を行います。本章では各産業の生産が中間取引、所得の循環、消費の誘発を通じて生み出す家計可処分所得などを考察しました。その結果、中間取引に基づく生産誘発効果は小さい「教育・研究」「医療・福祉」「その他の非営利団体サービス」も、所得の循環を通じ大きな所得誘発効果を持つことなどが分かります[2]。

2.2　産業連関表と県民経済計算

　「産業連関表」は経済循環のうち中間取引、付加価値、最終需要を主な対象とし、財貨・サービスの投入・産出を詳細に記録します。それは表形式であり、ヨコ行の部門、タテ列の部門から産業間の中間取引を読み取ることができます。一方、表の形はかぎかっこ型（「）であり、付加価値から最終需要へのつながりを示す右下の部分はありません。

　「県民経済計算」は**完全接合性**[3]を持つ **T 型勘定群**を用いて、地域の経済循環を捉えます。T 型勘定は個々の勘定の受取と支払をよく示します。しかし各取引の支払勘定と受取勘定を同時に示さないため、勘定間の関係を明示しません。地域の経済循環を把握するためには、勘定間の関係に関するやや専門的な知識が必要です。また産業連関表ほど細かく財貨・サービスの投入・産出を記録しません。

---

1 ）「国民経済計算」は一国を対象に、フローにおける財貨・サービスの投入・産出、所得の循環、資金の循環、国際取引などを体系的に捉えるとともに、期首ストック、フロー、調整勘定、期末ストックを整合的に接続します。
　「県民経済計算」は地域におけるフローを対象に、財貨・サービスの投入・産出、所得の循環、実物面の投資及び資金調達、対外取引を記録します。
2 ）以下、勘定や項目の概念、定義は原則として「国民経済計算」「県民経済計算」に基づきます。それらについては、例えば内閣府経済社会総合研究所国民経済計算部（2017）523-549頁、静岡県経営管理部統計利用課（2018）128-134頁などをご覧ください。
3 ）「ある勘定の受取は体系内のいずれかの勘定の支払に対応する」、また同様に「ある勘定の支払は体系内のいずれかの勘定の受取に対応する」という性質です。

2.3　県民勘定行列

2.3.1　県民勘定行列の概要

　県民経済計算を構成するＴ型勘定群を、産業連関表のように表形式で示し、その表から当該地域の経済循環を把握できるようにします。

　この表を「**県民勘定行列**」と呼びます。本章では2011年の静岡県経済を対象にそれを作成しました。

　なお県民経済計算から作成される県民勘定行列は、基礎統計の制約上、産業が統合されます。そのままでは中間取引を通じた経済波及効果や産業別の効果などを考察できません。そこで本章では「静岡県産業連関表」の情報を活用し、産業を38に分割します[4]。

　静岡県の県民勘定行列は38産業の投入・産出構造を示すとともに、県内における所得の循環、実物面の投資及び資金調達、対外取引を表します。

2.3.2　県民勘定行列の構造

　表2-1は県民勘定行列の構造を表します。行は**表側**（ひょうそく）部門の受取を、列は**表頭**（ひょうとう）部門の支払を示します。部門間の取引は受取部門を行、支払部門を列とした交点に記録されています。Ｔ型勘定と同様、各部門の受取計（行和）と支払計（列和）は必ず一致します。

　見方は以下の通りです。

　「**生産勘定**」の列、行は産業連関表と同様、財貨・サービスの投入構造、産出構造をそれぞれ示します。ここでは**非競争移輸入型**の表を組み込んでいます。また県民経済計算には「統計上の不突合」が存在するため、それを当該列に計上しています[5]。

4）「静岡県産業連関表」と同様の統合大分類（37部門）を基礎に、静岡県に集積する自動車産業を分割しています。県民勘定行列では統合大分類のうち「輸送機械」が「輸送機械Ａ」（乗用車～自動車部品・同附属品）、「輸送機械Ｂ」（船舶・同修理～その他の輸送機械）に分割されます。
　産業の概念、定義は原則として「平成23年静岡県産業連関表」及び「平成23年産業連関表」に基づきます。それらについては、総務省（2015）184-294頁をご覧ください。ただし、付加価値項目や最終需要項目を出来る範囲で県民経済計算概念に変更しています。

表 2 - 1　県民勘定行列の構造

	01～38 生産勘定 (38産業)	39～41 最終消費支出 (3制度部門)	42～46 付加価値 (5付加価値項目)	47 財産所得	48～52 第1次所得の配分勘定 (5制度部門)	53～56 (4経常移転項目)	57～61 所得の第2次分配勘定 (5制度部門)	62 年金受給権の変動調整
01～38.生産勘定 (38産業)	中間投入 (県内財)	最終消費支出 (県内財)						
39～41.最終消費支出 (3制度部門)								
42～46.付加価値 (5付加価値項目)	付加価値生産と項目別分配	輸入税						
47.財産所得					財産所得			
48～52.第1次所得の配分勘定 (5制度部門)			付加価値分配	財産所得				
53～56.(4経常移転項目)							経常移転	
57～61.所得の第2次分配勘定 (5制度部門)					第1次所得バランス(純)	経常移転		
62.年金受給権の変動調整								
63～67.可処分所得の使用勘定 (5制度部門)							可処分所得(純)	年金受給権の変動調整(家計)
68.総固定資本形成								
69.在庫変動								
70.資本勘定								
71.統計上の不突合								
72.県外勘定　経常取引	中間投入 (移輸入財)	最終消費支出 (移輸入財)	雇用者報酬	財産所得		その他の経常移転		
73.県外勘定　資本取引								

（出典）静岡県政策企画部統計利用課（2016）『平成23年静岡県産業連関表』、静岡県経営管理部統計利用課（2018）
（注）表内の（ ）内は、それぞれ以下の制度部門、取引項目を意味する。

38産業	5付加価値項目
・「静岡県産業連関表」における統合大分類（37部門）のうち「輸送機械」を除く36部門 ・輸送機械A（乗用車～自動車部品・同附属品） ・輸送機械B（船舶・同修理～その他の輸送機械）	・雇用者報酬 ・営業余剰・混合所得 ・固定資本減耗 ・生産・輸入品に課される税 ・（控除）補助金

表 2 - 1　県民勘定行列の構造（続き）

	63 ～ 67 可処分所得の使用勘定（5制度部門）	68 総固定資本形成	69 在庫変動	70 資本勘定	71 統計上の不突合	72 県外勘定 経常取引	73 県外勘定 資本取引
01 ～ 38.生産勘定（38産業）		総固定資本形成（県内財）	在庫変動（県内財）		統計上の不突合	財貨・サービスの移輸出	
39 ～ 41.最終消費支出（3制度部門）	最終消費支出（3制度部門）						
42 ～ 46.付加価値（5付加価値項目）		輸入税	輸入税	（控除）固定資本減耗		雇用者報酬	
47.財産所得						財産所得	
48 ～ 52.第1次所得の配分勘定（5制度部門）							
53 ～ 56.（4経常移転項目）						その他の経常移転	
57 ～ 61.所得の第2次分配勘定（5制度部門）							
62.年金受給権の変動調整	年金受給権の変動調整（金融機関）						
63 ～ 67.可処分所得の使用勘定（5制度部門）							
68.総固定資本形成				総固定資本形成			
69.在庫変動				在庫変動			
70.資本勘定	貯蓄（純）				（控除）統計上の不突合		資本移転等（純）
71.統計上の不突合							
72.県外勘定　経常取引		総固定資本形成（移輸入財）	在庫変動（移輸入財）				
73.県外勘定　資本取引				純貸出(+)/純借入(−)		経常県外収支	

『平成27年度静岡県の県民経済計算』に基づき筆者作成。

5制度部門	3制度部門	4経常移転項目
・対家計民間非営利団体 ・家計（個人企業を含む） ・一般政府 ・非金融法人企業 ・金融機関	・対家計民間非営利団体 ・家計（個人企業を含む） ・一般政府	・所得・富等に課される経常税 ・純社会負担 ・現物社会移転以外の社会給付 ・その他の経常移転

生産勘定で発生した付加価値は「付加価値」行に受け取られ、同列から「第1次所得の配分勘定」に分配されます。雇用者報酬については「県外勘定　経常取引」列との交点において県外からの雇用者報酬を加算し、同行との交点において県外への雇用者報酬を記録します。固定資本減耗については「生産勘定」列においてそれを正値で記録するとともに、「資本勘定」列において負値で記録し、行和が0になるようにします。

　「**第1次所得の分配勘定**」行では各制度部門が付加価値とともに、財産所得を受け取ります。同列ではその一部を財産所得の支払に充て、第1次所得バランスを算出します。

　「**所得の第2次分配勘定**」行では第1次所得バランスとともに、4つの経常移転項目を受け取ります。同列ではその一部を経常移転項目の支払に充て、可処分所得を算出します。

　「**可処分所得の使用勘定**」行はそれを受け取り、同列で最終消費支出、貯蓄に充てます。なお家計（個人企業を含む）と金融機関の間には年金受給権の変動調整があります。

　最終消費支出は「最終消費支出」行に受け取られ、同列で県内財、移輸入財の消費に充てられます。なお県民経済計算は間接税に輸入税を含むため、消費に伴う輸入税の支払いを同列と「付加価値　生産・輸入品に課される税」行の交点に記録します。

　貯蓄は「**資本勘定**」行に受け取られます。そこでは資本移転等も加算され、同列でそれらを総固定資本形成、在庫変動に充てます。なお前述の通り、ここに固定資本減耗を負値で記録します。列方向に総固定資本形成、在庫変動、（控除）固定資本減耗を加算すると、和は純資本形成になります。

　本章の県民勘定行列は資本勘定を制度部門間で統合し、県内制度部門間の金融取引を捨象します。「資本勘定」列では「県外勘定　資本取引」行の交点に、県外に対する純貸出を正値で、県外からの純借入を負値で計上し、県外との資金の流出入を記録します。

　「**県外勘定　経常取引**」行は移輸入や県外部門の所得の受取を、同列は移輸出や県外部門の所得の支払を示します。経常県外収支を同列の「**県外勘定　資本取**

5）国民経済計算と異なり、県民経済計算では支出側に「統計上の不突合」を記録します。

引」行の交点に計上します。

2.3.3 県民勘定行列の意義

県民勘定行列には3つの意義があります。

第一は地域の経済循環の把握です。県民勘定行列は財貨・サービスの投入・産出、県内における所得の循環、実物面の投資及び資金調達、対外取引を、ひとつの経済循環のなかに整合的に捉えています。

県民勘定行列の整備により、私たちは経済成長に伴う経済循環の変容や、他地域と比べたときの当該地域の経済循環の特色などをより体系的に考察できます。

第二は経済循環の展開や統合、応用分析への拡張です。

県民勘定行列は行列であるため、他の統計や **RAS法** などを用いて、全体の経済循環を壊すことなく一部の取引が分割可能です。本章ではその性質を用いて、生産勘定の分割を行いました。同様にストック情報の拡充により経済循環の時点間の接続、地域間情報の拡充により経済循環の地域間の接続が可能です。

さらに行列の性質を用い「**均衡産出高モデル**」と同様に「**乗数モデル**」を構築、家計消費を内生化した産業連関分析を行うことができます。その方法について2.4で述べます。

第三は **計算可能な一般均衡**（Computable General Equilibrium；**CGE**）モデルのデータベースとしての活用です。CGE分析において県民勘定行列は当初の均衡状態（基準均衡）を示し、計上値は外生変数の値や内生変数の初期値、パラメターの算出に使われます。さらに県民勘定行列を変数表示し各部門の収支バランス式を求め、それらをモデルに組み込みます。

2.4 乗数モデル

2.4.1 乗数モデルの導出

勘定行列から「**乗数モデル**」を導出することにより、私たちは財貨・サービスの生産などが、県民勘定行列に示される経済循環を通じ、地域の生産、所得、消費、税収等に及ぼす効果を分析することができます。

「均衡産出高モデル」が投入係数を一定とするように「乗数モデル」は各部門の支出構成を一定とし、経済波及効果を分析します。具体的には以下の通りで

す。

第一に県民勘定行列の部門を内生部門と外生部門に区分します。

ここでは表2−1に示される部門のうち、「生産勘定」「最終消費支出　家計（個人企業を含む）」「可処分所得の使用勘定　家計（個人企業を含む）」などを**内生部門**としました。中間取引、付加価値の生産と家計や政府への分配、家計・政府間の経常移転、家計の可処分所得と消費支出が内生化されています。

一方、「最終消費支出 一般政府」「総固定資本形成」「県外勘定」などを**外生部門**としました。これら部門の支払は外生変数として扱われます。またこれら部門への支払はモデルからの漏れとなります。

第二に県民勘定行列から乗数モデルを導出します[6]。

県民勘定行列において第j列から第i行への支出係数a_{ij}を定義します。

$$a_{ij} = \frac{x_{ij}}{x_j} \qquad (i, j = 1, \cdots, n) \qquad (2.1)$$

nは県民勘定行列の大きさ、x_{ij}は県民勘定行列における第i行、第j列の交点の行列要素、x_jは第j列の支払計（列和）です。2.3.2で述べたように、県民勘定行列において各部門の受取計（行和）と支払計（列和）は一致しており、x_jを第j行の受取計と見ることもできます。

支出係数a_{ij}は当該年の第j列の平均的支出構造を金額ベースで捉えています。乗数モデルではこれを一定とみなし、当該列からのそれぞれの支払額はその部門の受取計に比例すると仮定します。

a_{ij}を行列表示、そこから前述の外生部門の支出係数を列方向に、同部門への支出係数を行方向に削除し、内生部門に関する支出係数行列$\mathbf{S}$を作成します。支出係数行列$\mathbf{S}$は投入係数、付加価値率、付加価値の県内分配係数、平均消費性向などを含みます。

$$\mathbf{S} = \begin{bmatrix} a_{11} & \cdots & a_{1n} \\ \vdots & \ddots & \vdots \\ a_{n1} & \cdots & a_{nn} \end{bmatrix} (i, j = 1, \cdots, n：ただし i, j \neq 外生部門) \qquad (2.2)$$

第i行（$i = 1, \cdots, n$：ただし$i \neq$外生部門。以下iについて同様）の受取計を、支払

6）以下、乗数モデルの導出は内閣府経済社会総合研究所国民経済計算部（2008）148-173頁における筆者による記述を、本章の県民勘定行列に適用しています。

計と同様、x_i とします。それらを要素とする列ベクトルを $\boldsymbol{X}$ で表します。

このとき内生部門から第 i 行への支払額は、a_{ij} の定義より $\boldsymbol{S}\cdot\boldsymbol{X}$ で表されます。

次に第 j 列（j＝外生部門。以下 j について同様）から第 i 行への支払額を f_{ij} とし、外生部門から各行への支払計を要素とする列ベクトルを $\boldsymbol{F}$ で表します。

第 i 行の受取計を表す列ベクトル $\boldsymbol{X}$ は、内生部門からの支払額 $\boldsymbol{S}\cdot\boldsymbol{X}$ と外生部門からの支払額 $\boldsymbol{F}$ の和に等しいです。この関係を $\boldsymbol{X}$ について解き、以下の乗数モデルを得ます。なお $\boldsymbol{I}$ は単位行列を表します。

$$\boldsymbol{X} = (\boldsymbol{I}-\boldsymbol{S})^{-1}\boldsymbol{F} \tag{2.3}$$

$(\boldsymbol{I}-\boldsymbol{S})^{-1}$ は外生ベクトル $\boldsymbol{F}$ の変化が、中間取引や家計の可処分所得、消費など内生化された取引を通じ、地域の生産、所得、消費、税収等に及ぼす効果を示します。

2.4.2 乗数モデルによる分析

ここでは本章の県民勘定行列に基づき $(\boldsymbol{I}-\boldsymbol{S})^{-1}$ を計算、家計消費を内生化した産業連関分析を行い、経済循環の観点から静岡県の各産業の特色を考察しました。

図2-1は各産業1単位の生産が誘発する家計可処分所得の大きさをグラフ化しています。「教育・研究」「医療・福祉」「その他の非営利団体サービス」は中間投入率が低く、中間取引を通じた生産波及の大きさは小さいですが、付加価値率が高いため、より家計可処分所得を多く誘発することが分かります。

2.5　次のステップへ

基礎統計に概念や定義の差異があり、県民勘定行列の産業分類は、県産業連関表に比べやや粗くなります。**県産業連関表**に基づくより詳細な分析と、**県民勘定行列**に基づくより包括的な分析を組み合わせ、行政による施策や移輸出の増減などが地域経済にもたらす影響を分析することが必要です。また分析を深めるため、今後、県民勘定行列に基づく地域版 CGE モデルを開発することが求められます。

図 2 - 1　各産業が誘発する家計可処分所得の大きさ　（静岡県、2011年）

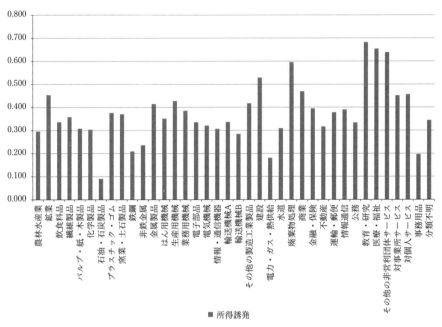

(出典）県民勘定行列に基づき筆者作成

参考文献

1．静岡県経営管理部統計利用課（2018）『平成27年度　静岡県の県民経済計算』

2．静岡県政策企画部統計利用課（2016）『平成23年静岡県産業連関表』

3．総務省（2015）『平成23年（2011年）産業連関表—総合解説編—』経済産業調査会

4．内閣府経済社会総合研究所国民経済計算部（2008）『季刊国民経済計算「地域における環境経済統合勘定の推計作業」報告書』メディアランド株式会社、No.137

5．内閣府経済社会総合研究所国民経済計算部（2017）『平成27年度　国民経済計算年報』メディアランド株式会社

第3章

企業規模別産業連関表で
県の経済構造をみる

3.1 事例解説

　地域にはよく名の知られた世界的な大企業もありますが、多くの中小企業もあります。企業の数でみると大企業は全体の企業数の0.3%、一方で中小企業は99.7%にも達します（2019年版中小企業白書）。地域内の各産業との取引関係や地域外との移出入、輸出入等の関係は大企業と中小企業とでは異なると思います。

　本章では、静岡県の各産業の大企業と中小企業とを分離した**企業規模別産業連関表**（以下規模別産業連関表と呼びます）を用いて、静岡県経済を分析しています[1]。分析年次は企業の海外進出が盛んだった1985年から2000年までです。本章では、機械工業の中心となる一般機械、電気機械、輸送機械の各部門について大企業と中小企業とを分離して分析しています。

　産業連関表の各部門を大企業と中小企業に分離した規模別産業連関表は中小企業庁によって作成されてきました。地域において規模別産業連関表を作成する試みは、章末の参考文献に掲載した宮本他（1979）、木下（1980）、井田（1999）、井田（2000）、居城（2007）、居城（2015）などで行われてきました[2]。本章では居城（2015）が作成した静岡県の規模別産業連関表による分析を紹介します[3]。

1）本章での大企業と中小企業の定義は、従業員数300人以上を大企業、300人未満を中小企
　としています。
2）スペインのアンダルシアでも Romero et al.（2007）の事例があります。

3.2　企業規模を区分した産業構造分析

3.2.1　生産額

　それでは、静岡県の産業構造の変化を次頁の**図3-1**の構成比の変化で見てみましょう。図中の一般機械（大）とあるのが一般機械の大企業の数値、一般機械（小）とあるのが一般機械の中小企業の数値です。

　目につくのは輸送機械の大企業の構成比の高さです。輸送機械には、自動車やトラック、鉄道車両、航空機、船舶などが含まれていますが、静岡県では自動車部門の大企業の生産額が大きいことが輸送機械の大企業の構成比の高さとなっています。

　また、一般機械では、大企業よりもむしろ中小企業の構成比が高くなっています。1980年代以降、全国的に製造業の拠点を海外に移転する動きが加速していきましたが、静岡県に関しては製造業の構成比は大きく変化しておらず、県内の生産拠点が維持されていたと考えられます[4]。

　続いて**図3-2**の静岡県の各産業の全国と比べた**特化係数**を見てみましょう。特化係数が1を上回ると、その産業の構成比は全国と比べて高いことになります。まずパルプ・紙・紙加工品の特化係数が高いことに気が付きます。これは富士市を中心とした製紙業の生産活動の結果でしょう。全産業中で特化係数が最も高いのは輸送機械の中小企業です。

　静岡県の輸送機械産業と聞くと、前述のように自動車産業の大企業というイメージが強いのですが、全国と比較した場合に輸送機械の中小企業の構成比が高いというのは興味深い結果です。

　このことは、産業全体を見た場合の規模別産業連関表を使って見えてくる静岡県経済の大きな特徴であると言えます。

3）地域の規模別産業連関表作成の詳細については、居城（2007）、居城（2015）を参照してください。井田（1999）、井田（2000）にも作成方法についての解説があります。本章で紹介する静岡県の規模別産業連関表は1985年、1990年、1995年、2000年の4時点の表になっています。また全国の接続産業連関表を用いて、価格の基準を2000年にそろえたいわゆる実質の地域産業連関表になっていることが特徴です。

4）神奈川県では、同時期に電気機械の大企業や輸送機械の大企業の生産額や構成比は大きく落ち込みました。神奈川については居城（2007）などを参照してください。

図 3-1　静岡県産業の生産額構成比（単位％）

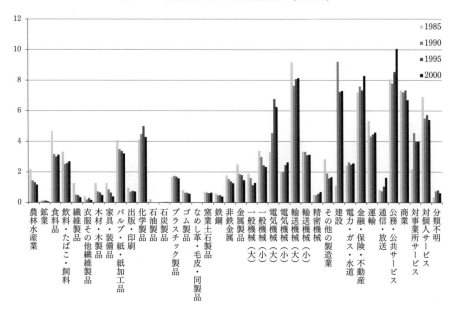

図 3-2　静岡県の特化係数

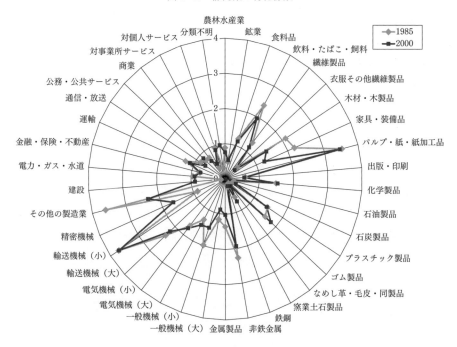

3.2.2 投入構造

　次に、各産業の技術構造の変化を、**表3-1**と**表3-2**の規模別の投入係数の変化によって見ていきましょう。投入係数は、その大きさの順に並べています。

　表3-1の一般機械の大企業の投入係数は、静岡県の一般機械では中小企業の生産額が大きいため、大企業も中小企業からの投入が大きくなっています。

　また電気機械からの投入が2000年に向けて増えていますが、これは一般機械の製品に対する電気機械部品を使用する割合が増えているからと考えられ、いわゆる製品のエレクトロニクス化の結果だと言えましょう。

　さらに、対事業所サービス業からの投入も大きく増えています。対事業所サービスにはリース業や広告業などが含まれており、一般機械の生産にあたって、リース業からの機械等のリース料や、広告費などが増えていることが考えられます。

　表3-2の一般機械の中小企業の投入係数を表3-1の大企業の投入係数と比較した場合、同じ産業分類になりますが、大企業と中小企業とでは投入係数が異なることにまず気が付きます。投入係数が異なるということは、技術構造が両者で異なっていること、地域に与える効果も異なるということになります。ただ、電気機械と対事業所サービスからの投入の増加といった1985年から2000年にかけての変化の傾向は似ています。

　表3-3、**表3-4**の電気機械の投入係数をみると、公務・公共サービスからの投入が1985年から2000年にかけて急速に増えています。電気機械の公務・公共サービスからの投入と聞くと不思議な気がするかもしれませんが、これは居城（2007）で述べたように、公務・公共サービス部門に含まれる企業内研究部門の影響によるものです。電気機械産業が研究開発費を多く投入する構造に変化したことにより、公務・公共サービスからの投入が増えているのです。

表3-5、**表3-6**の輸送機械では、大企業、中小企業ともに電気機械と同様に公務・公共サービスからの投入を増やしています。また輸送機械の大企業からの投入が大企業、中小企業ともに増えていることが特徴として挙げられます。

表3-1　一般機械（大）投入係数上位

	1985		2000
一般機械（小）	0.2440	一般機械（小）	0.1790
一般機械（大）	0.1167	一般機械（大）	0.1238
鉄鋼	0.0303	商業	0.0535
商業	0.0192	鉄鋼	0.0522
運輸	0.0144	対事業所サービス	0.0436
電気機械（大）	0.0128	電気機械（大）	0.0398
金属製品	0.0126	公務・公共サービス	0.0309
電気機械（小）	0.0122	金属製品	0.0299
ゴム製品	0.0118	非鉄金属	0.0206
金融・保険・不動産	0.0103	運輸	0.0200
電力・ガス・水道	0.0095	電気機械（小）	0.0176
公務・公共サービス	0.0089	分類不明	0.0158
非鉄金属	0.0078	電力・ガス・水道	0.0136
対事業所サービス	0.0052	金融・保険・不動産	0.0123
窯業土石製品	0.0046	ゴム製品	0.0105
化学製品	0.0040	プラスチック製品	0.0095
プラスチック製品	0.0036	化学製品	0.0081
精密機械	0.0029	窯業土石製品	0.0062
分類不明	0.0023	精密機械	0.0061
出版・印刷	0.0016	出版・印刷	0.0059

表3-2　一般機械（小）投入係数上位

	1985		2000
一般機械（小）	0.2521	一般機械（小）	0.1271
一般機械（大）	0.0752	鉄鋼	0.0627
鉄鋼	0.0669	商業	0.0499
商業	0.0327	一般機械（大）	0.0493
金属製品	0.0252	対事業所サービス	0.0438
運輸	0.0208	電気機械（大）	0.0383
電気機械（小）	0.0191	金属製品	0.0313
電気機械（大）	0.0174	公務・公共サービス	0.0306
公務・公共サービス	0.0169	非鉄金属	0.0227
金融・保険・不動産	0.0165	電気機械（小）	0.0213
非鉄金属	0.0163	運輸	0.0205
ゴム製品	0.0134	金融・保険・不動産	0.0186
電力・ガス・水道	0.0132	分類不明	0.0129
対事業所サービス	0.0091	電力・ガス・水道	0.0116
窯業土石製品	0.0074	ゴム製品	0.0076
プラスチック製品	0.0053	プラスチック製品	0.0072
化学製品	0.0047	窯業土石製品	0.0057
精密機械	0.0039	化学製品	0.0048
分類不明	0.0032	通信・放送	0.0045
通信・放送	0.0026	精密機械	0.0040

表3-3　電気機械（大）投入係数上位

	1985		2000
電気機械（小）	0.1976	電気機械（大）	0.1930
電気機械（大）	0.1673	電気機械（小）	0.0901
商業	0.0651	公務・公共サービス	0.0798
非鉄金属	0.0611	商業	0.0591
プラスチック製品	0.0606	対事業所サービス	0.0578
一般機械（小）	0.0393	プラスチック製品	0.0365
金融・保険・不動産	0.0338	非鉄金属	0.0342
対事業所サービス	0.0324	運輸	0.0196
金属製品	0.0273	鉄鋼	0.0175
公務・公共サービス	0.0261	金属製品	0.0154
運輸	0.0252	金融・保険・不動産	0.0126
鉄鋼	0.0249	電力・ガス・水道	0.0108
化学製品	0.0242	化学製品	0.0100
電力・ガス・水道	0.0236	窯業土石製品	0.0083
ゴム製品	0.0154	一般機械（小）	0.0079
窯業土石製品	0.0136	出版・印刷	0.0074
一般機械（大）	0.0129	分類不明	0.0063
家具・装備品	0.0103	ゴム製品	0.0053
出版・印刷	0.0077	建設	0.0048
パルプ・紙・紙加工品	0.0067	パルプ・紙・紙加工品	0.0048

表3-4　電気機械（小）投入係数上位

	1985		2000
電気機械（小）	0.1963	電気機械（大）	0.1753
電気機械（大）	0.1089	電気機械（小）	0.1100
非鉄金属	0.0655	公務・公共サービス	0.0684
商業	0.0568	商業	0.0507
プラスチック製品	0.0342	対事業所サービス	0.0478
一般機械（小）	0.0332	非鉄金属	0.0400
鉄鋼	0.0284	鉄鋼	0.0264
対事業所サービス	0.0281	プラスチック製品	0.0235
金属製品	0.0271	運輸	0.0230
公務・公共サービス	0.0238	金属製品	0.0227
運輸	0.0231	金融・保険・不動産	0.0097
金融・保険・不動産	0.0189	電力・ガス・水道	0.0085
化学製品	0.0176	化学製品	0.0081
電力・ガス・水道	0.0125	一般機械（小）	0.0077
一般機械（大）	0.0113	窯業土石製品	0.0071
ゴム製品	0.0097	パルプ・紙・紙加工品	0.0059
窯業土石製品	0.0090	分類不明	0.0049
家具・装備品	0.0088	ゴム製品	0.0046
パルプ・紙・紙加工品	0.0063	出版・印刷	0.0043
出版・印刷	0.0039	一般機械（大）	0.0043

表3-5 輸送機械（大）投入係数上位

	1985		2000
輸送機械（小）	0.3047	輸送機械（大）	0.3107
輸送機械（大）	0.1767	輸送機械（小）	0.1785
ゴム製品	0.0483	商業	0.0432
商業	0.0300	公務・公共サービス	0.0337
鉄鋼	0.0272	鉄鋼	0.0293
プラスチック製品	0.0196	対事業所サービス	0.0267
電気機械（小）	0.0174	電気機械（大）	0.0257
一般機械（小）	0.0150	運輸	0.0187
電気機械（大）	0.0149	プラスチック製品	0.0185
非鉄金属	0.0129	非鉄金属	0.0153
運輸	0.0118	ゴム製品	0.0149
公務・公共サービス	0.0105	電気機械（小）	0.0135
電力・ガス・水道	0.0104	電力・ガス・水道	0.0116
化学製品	0.0096	化学製品	0.0103
対事業所サービス	0.0091	金融・保険・不動産	0.0084
金融・保険・不動産	0.0081	金属製品	0.0077
一般機械（大）	0.0069	一般機械（小）	0.0073
金属製品	0.0069	一般機械（大）	0.0057
窯業土石製品	0.0061	窯業土石製品	0.0046
建設	0.0024	分類不明	0.0020

表3-6 輸送機械（小）投入係数上位

	1985		2000
輸送機械（小）	0.1632	輸送機械（大）	0.1564
鉄鋼	0.0798	輸送機械（小）	0.1444
ゴム製品	0.0541	鉄鋼	0.0624
輸送機械（大）	0.0530	電気機械（大）	0.0549
電気機械（小）	0.0456	商業	0.0381
商業	0.0378	非鉄金属	0.0326
非鉄金属	0.0311	公務・公共サービス	0.0321
電気機械（大）	0.0311	プラスチック製品	0.0260
プラスチック製品	0.0308	対事業所サービス	0.0251
一般機械（小）	0.0292	電気機械（小）	0.0231
金属製品	0.0149	ゴム製品	0.0168
対事業所サービス	0.0148	金属製品	0.0149
公務・公共サービス	0.0126	運輸	0.0148
運輸	0.0119	一般機械（小）	0.0134
化学製品	0.0108	化学製品	0.0115
一般機械（大）	0.0103	金融・保険・不動産	0.0096
金融・保険・不動産	0.0079	一般機械（大）	0.0092
電力・ガス・水道	0.0044	電力・ガス・水道	0.0060
窯業土石製品	0.0028	分類不明	0.0029
石油製品	0.0014	石油製品	0.0016

3.3 地域との関わりによる大企業と中小企業の分類

　ここでは、次の分析手法を用いて分析しました。Romero and Santos（2007）
では、スペイン・アンダルシア地方の大企業と中小企業が地域に与える連関効果
を**地域内投入比率**（RS 比率：ratio of regional suppliers）、**地域内産出比率**（ORM 比
率：ratio of orientation towards the regional market）という 2 つの側面から分類して
います。その産業がどれほど地域内から投入しているかという RS 比率は、次の
ように計算されます。

$$RS = \left[\frac{\sum_i X_{ij}^r}{\sum_i X_{ij}} \right] \tag{3.1}$$

　　　X_{ij}：競争移輸入型の中間財取引（移輸入分が入っている）

　　　X_{ij}^r：地域内の中間財取引

　また、その産業がどれほど地域内へ産出しているかという ORM（the ratio of
orientation towards the regional market）比率は次のような形で示されます。

図 3 - 3　RS 比率、ORM 比率を用いた類型化

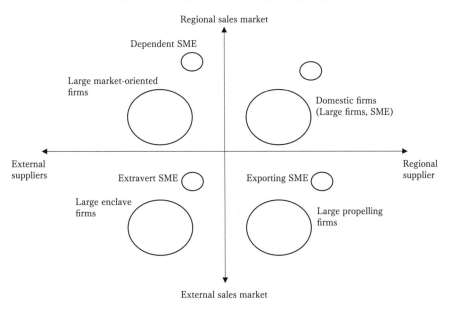

（出典）Romero and Santos（2007）より引用

$$ORM = \left[1 - \frac{e_j}{x_j} \right] \tag{3.2}$$

e_j：移輸出額　　x_j：地域内生産額

図 3 - 3 をもとに、RS 比率を縦軸に、ORM 比率を横軸に取ると 4 つの象限について、次のような分類が可能となります[5]。

第一象限にある企業は、域内投入・域内産出であるので域内を中心に活動する**域内企業**（Domestic firms）と呼びます。

第二象限にある企業は、域外から投入し、域内へ産出しているので、中小企業は域内市場へ依存する**従属中小企業**（Dependent SME）、大企業の場合は域内市場への供給を重視する**域内市場指向型大企業**（Large market-oriented firms）と呼びます。

第三象限は域外から投入し、域外へ産出するため、中小企業では、積極的に外

5）以下の分類は Romero and Santos（2007）によるものを用いています。

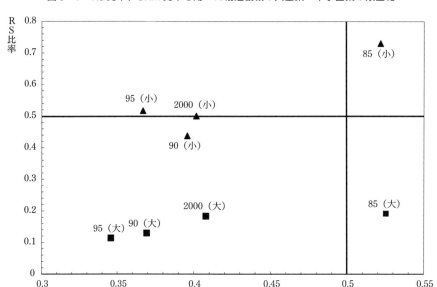

図 3 - 4　RS 比率、ORM 比率を用いた輸送機械の大企業・中小企業の類型化

の地域と取引しているということで、**外向型中小企業**（Extravert SME）とし、大企業の場合は、地域との連関が少なくその他地域との取引が主となるという意味で、**飛び地型大企業**（Large enclave firms）と呼びます。

　第四象限では、域内から投入し、域外へ産出するため、その地域にとっては多くの域外取引において黒字を稼いでいる企業といえます。中小企業では、**移輸出型中小企業**（Exporting SME）とし、大企業では**地域駆動型大企業**（Large propelling firms）と呼びます。

　この分類を用いて、静岡の輸送機械の大企業と中小企業を区分してみましょう。**図 3 - 4** では、RS 比率をタテ軸に、ORM 比率をヨコ軸に取り、輸送機械の大企業の1985年の値を85（大）のように示しています。

　1985年では、静岡の輸送機械の大企業は地域駆動型大企業、中小企業は域内企業に分類されます。その後、1990年、1995年、2000年になると、大企業は飛び地型大企業に、中小企業は従属中小企業ないしは外向型中小企業に分類される位置に変化してきています。大企業と中小企業とを比較してみると、投入は1985年から2000年にかけ両者とも県内から県外へ変化していますが、産出に関して、中小

企業は県内へ、大企業は県外へ産出する傾向が全般的に高いことがわかります。このことを踏まえれば、中小企業は大企業と比べ、より県内を中心として活動していることが分かります。

　静岡の一般機械における中小企業の構成比の高さや、輸送機械の中小企業の特化係数の高さなどと合わせて考えると、本章の結論としては、静岡の中小企業は非常に重要な役割を担っていると言えるでしょう。こうした分析を可能にするのが、地域の規模別産業連関表なのです。

参考文献

１．Romero I. and Santos F. J.（2007）"Firm size and regional linkages: a typology of manufacturing establishments in southern Spain," *Regional Studies* 41, pp.571-584

２．居城琢（2007）「神奈川における産業ネットワーク構造—1985-2000年神奈川県規模別産業連関表の作成を通じて」『産業連関—イノベーション＆ IO テクニーク』15巻２号、pp.57-70

３．居城琢（2015）「大企業・中小企業別に見た神奈川・愛知・静岡の地域経済：神奈川・愛知・静岡における規模別産業連関表の作成を通じた90年代の構造変化の分析」『横浜国際社会科学研究』19巻４・５号、pp.281-313

４．井田憲計（1997）「規模別産業連関表による中小企業部門の構造分析—全国と大阪における中小企業構造の比較」『産開研論集』vol.10, pp.1-7

５．井田憲計（2000）「規模別産業連関表からみた大企業・中小企業部門の構造変化—全国　他県と比較した大阪の中小企業部門の特徴」『産開研論集』vol.12, pp.1-11

６．木下滋（1980）「規模別産業連関表の評価と利用」『岐阜経済大学論集』第14巻１号、pp.43-87

７．佐倉致・中村隆英（1960）「産業連関の企業規模別分析」『経済研究』第11巻４号、pp.369-378

８．宮本憲一・保母武幸・土居英二・木下滋（1979）「公共投資はこれでよいのか—大都市防災型への転換こそ急務（共同研究）」『エコノミスト』1979年１月30日号、毎日新聞社、pp.34-45

９．中小企業庁『2019年版　中小企業白書』

第Ⅱ部

産業

第4章

企業誘致の業種別経済効果
―静岡県産業連関表を用いて―

4.1 事例解説

　企業誘致は、雇用を創出し定住人口を増やす効果が見込まれる施策として、全国の都道府県や市町村が力を入れて取り組んでいる事業です。地方創生の有力な切り札の一つと位置付けている地域も多いと思います。

　ある企業を誘致した場合の地域経済波及効果は、その企業の計画年間出荷額を最終需要の該当する産業部門に入れ、あとの産業部門の値を0として逆行列をかけて計算するだけで結果を求めることができます。

　本章は、ある特定の1企業の誘致の効果の分析ではなく、企業誘致が業種によって、地域経済への効果にどのような違いがあるのかを分析する方法を取り上げています。「企業誘致の効果の業種別一覧表のようなデータが作成できないか」という静岡市の企業誘致担当者の相談に応えるために行った作業を、本章はベースにしています。静岡市では、全業種について、仮にそれぞれの業種に年間1億円の出荷額を計画する企業誘致が実現した場合、市内への経済波及効果、雇用効果、税収効果を算出した一覧表を作成しました。

　元の分析は108部門で行っていますが、本章は農林水産業からサービス業まで全産業の効果を分かりやすく表示するために、静岡県統計利用課の「平成23(2011)年静岡県産業連関表（統合大分類：37部門）」を用いて計算しています。

4.2 逆行列係数表と列和、影響力係数

　生産誘発額（経済波及効果）の業種別の違いをみるデータとして、国や都道府

県、政令市などで作成されている産業連関表の付帯表の一つである**逆行列係数表**があります。逆行列係数表もいくつかパターンがありますが、ここでは地域産業連関分析で最もよく使われている

$$\left[I-\left(I-\widehat{M}\right)A\right]^{-1} \qquad (4.1)$$

型の逆行列係数表で説明しましょう。

　次ページの**表4-1**では、上段に農林水産業、鉱業、飲食料品の3つの産業部門について、それぞれ1単位（例えば100万円、1億円、10億円など）の最終需要があったとき、表側（ひょうそく：表の左欄）の37の産業部門に、それぞれいくらの生産を誘発するかを表しています。

　農林水産業の例で説明しましょう。農林水産業に1単位の最終需要があったとき、タテを読んでいくと同じ農林水産業に1.026、鉱業に0.000、飲食料品に0.020…の生産が誘発されます。1単位をいま1億円とした場合、農林水産業には1.026×1億円＝1億260万円の生産誘発があります。鉱業は0なので誘発は無く、飲食料品には0.020×1億円＝200万円の生産誘発があることを意味しています。

　タテ列の合計を「**列和**」と呼びます。この列和は、農林水産業に1単位の需要があったとき、全産業に及ぶ波及の合計が1.256倍の生産誘発があることとなります。鉱業では列和は1.481、飲食料品は1.283なので、この3つの産業部門では鉱業の生産誘発が地域に一番大きな影響を与えることが分かります。断っておきますが、この逆行列係数の値はあくまで平成23年時点における静岡県の場合です。地域や年次が変わると逆行列係数や列和の値も異なってきます。

　列和の値が大きければ大きいほど、その産業は、地域内の生産誘発効果（経済波及効果）が大きいことを意味しています。

　これを別の形で表す指標が「**影響力係数**」です。影響力係数は、次の算式で計算されます。

　　　影響力係数 ＝ 各産業部門の列和 ÷ 全産業の列和の平均値　　　(4.2)

　表4-1では省略している産業を含め、37の全産業部門の列和の平均値は1.324なので、この平均値で農林水産業の列和の値1.256を割ると0.948、鉱業の影響力係数は1.118、飲食料品では0.969となります（表4-1最下段）。

　このように影響力係数は、ある産業の波及効果の大きさが、全産業の平均的な

表4−1　逆行列表（一部）—平成23年静岡県産業連関表（統合大分類：37部門）

H23年静岡県産業連関表 (逆行列係数表)	01 農林水産業	06 鉱業	11 飲食料品	
01 農林水産業	1.026	0.000	0.042	
06 鉱業	0.000	1.000	0.000	
11 飲食料品	0.020	0.000	1.049	
15 繊維製品	0.001	0.001	0.000	
16 パルプ・紙・木製品	0.012	0.002	0.008	
20 化学製品	0.016	0.003	0.004	
21 石油・石炭製品	0.001	0.002	0.000	
22 プラスチック・ゴム	0.005	0.002	0.009	
25 窯業・土石製品	0.001	0.000	0.001	
26 鉄鋼	0.000	0.001	0.000	
27 非鉄金属	0.000	0.000	0.000	
28 金属製品	0.001	0.011	0.008	
29 はん用機械	0.000	0.001	0.000	
30 生産用機械	0.000	0.001	0.000	
31 業務用機械	0.000	0.000	0.000	
32 電子部品	0.000	0.000	0.000	[逆行列係数表の意味]
33 電気機械	0.000	0.000	0.000	タテ列を産業部門ごとに
34 情報・通信機器	0.000	0.000	0.000	下に読むと、その部門に
35 輸送機械	0.002	0.001	0.000	1単位（100万円でも1
39 その他の製造工業製品	0.001	0.003	0.003	億円でもよい）の需要が
41 建設	0.008	0.017	0.003	あった時、37の産業部
46 電力・ガス・熱供給	0.005	0.010	0.006	門のそれぞれにどれだけ
47 水道	0.001	0.004	0.003	の生産が誘発されるのか
48 廃棄物処理	0.001	0.003	0.001	を意味している
51 商業	0.039	0.024	0.046	
53 金融・保険	0.010	0.055	0.008	
55 不動産	0.005	0.012	0.005	
57 運輸・郵便	0.042	0.241	0.025	
59 情報通信	0.006	0.009	0.006	
61 公務	0.003	0.002	0.001	
63 教育・研究	0.004	0.003	0.009	
64 医療・福祉	0.000	0.000	0.000	
65 その他の非営利団体サービス	0.002	0.002	0.001	
66 対事業所サービス	0.029	0.061	0.037	
67 対個人サービス	0.001	0.001	0.002	
68 事務用品	0.001	0.001	0.001	
69 分類不明	0.013	0.007	0.003	
列和	1.256	1.481	1.283	←列ごとの生産誘発額の合計
影響力係数	0.948	1.118	0.969	←本文参照

波及倍率よりどの程度大きいか小さいかを示しています。

　この列和の値や影響力係数の値を全産業部門について並べてみると、誘致企業の業種別にみた地域内経済波及効果の大小を知る一助になります。逆行列係数表はこのように、誘致企業の業種ごとの地域内への影響力の大小を知るための貴重なデータなのです。

4.3　通常の逆行列による列和の値と影響力係数の限界

　しかし、逆行列係数の(4.1)式をみると、各産業の波及効果の大きさである列和や地域内への影響力の大きさは、自給率 $(I-\widehat{M})$ と投入係数 A だけに依存していることが分かります。

　自給率を別にすれば、この波及倍率を示す逆行列係数は、生産額に対する中間財の投入比率である投入係数 A に依存するので、産業への最終需要に対して「原材料ルート」を通じた波及（**直接効果＋間接一次効果**）しか表現していません（**図4-1**）。

　したがって、企業誘致に際して、通常の逆行列係数表の列和の値は、間接二次効果を含まないことから、この列和の値やそれから計算される影響力係数も、地域への生産誘発を十分な形で捕捉していないことになります。

図4-1　逆行列係数の波及内容

通常の逆行列係数表は、「原材料ルート」を通じた波及効果
である「直接効果＋間接一次効果」を意味している

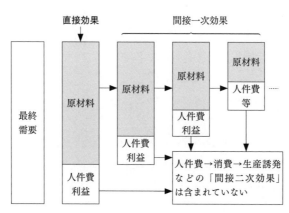

一般に、製造業は、財貨に含まれている原材料などの中間投入額が大きく、サービス業など第三次産業の多くは、逆に付加価値の割合が大きい傾向があります。したがって、企業誘致の地域への経済波及効果の本当の姿をみるためには、原材料ルートだけの直接効果と間接一次効果（足した値が生産誘発効果）だけでなく、付加価値ルートによる間接二次効果を含む新しい逆行列係数表と、それから計算される新しい列和や影響力係数の値を知ることが必要となります。

4.4　拡大逆行列係数表の列和と影響力係数

　生産誘発に伴って、そこに含まれる付加価値の誘発が、さらに生産を誘発する「付加価値ルート」からの生産誘発効果は、**間接二次効果**と呼ばれます。間接効果は2つのルートから生じます。

　一つは、付加価値の中の営業余剰（広義の企業利益）が民間企業の設備投資を誘発し、それが生産をさらに誘発するというルートです。民間企業の設備投資の誘発（投資の決定）については、経済理論で論じられてきている大きなテーマです。産業連関分析の理論においても、投資の誘発を理論モデルに組み込む**動学モデル**が開発されています。その説明は本書の課題を超えますので、ここでは触れないことにします。

　もう一つは、雇用者所得の誘発→家計所得の増加→家計消費の増加→生産誘発という波及効果です。間接二次効果という場合、この波及効果を指すことが多いです。これは、次のような手順で計算されます。

---

① 　通常のモデルで計算される生産誘発効果（直接効果＋間接一次効果）の計算を終えます。

② 　この生産誘発効果に雇用者所得比率（各部門の雇用者所得÷その部門の域内生産額）を乗じて雇用者所得の誘発額（合計値）を計算します。

③ 　雇用者所得（合計値）と民間消費支出（合計値）の比率（c）を②に乗じて民間消費支出の誘発額（合計値）を求めます。c は総務省統計局「家計調査」による収入と消費の比率（**平均消費性向または限界消費性向**）[1]、または産業連関表の雇用者所得（合計値）と民間消費支出（合計値）の比率を用いることもあります。

---

④ 民間消費支出の誘発額（最終需要増加）に、各部門に対応する自給率 $(I-\hat{M})$ を乗じて直接効果を求め、これに逆行列係数をかけて、生産誘発効果（間接二次効果）を求めます。

でも、この間接二次効果の計算では、逆行列は(4.1)式を2回別々に使っているだけなので、間接二次効果を含む企業誘致の生産誘発効果の業種別一覧を作ろうと思うと、産業部門毎に間接二次効果を計算しなければなりません。

この点で、雇用者所得の獲得とそれを消費に充てる家計の行動を理論モデルに組み込んだ**家計内生化モデル**による**拡大逆行列表**は優れものです。その中に間接二次効果を含んでいる逆行列係数なので、列和の値の産業部門別データは、企業誘致の経済波及効果の一覧になります。

なお、家計内生化モデルと、そこから導かれる拡大逆行列については、第Ⅱ部の後ろの「補論1　家計内生化モデルによる拡大逆行列係数の作り方」をご覧ください。より詳しい説明は、本書［基礎編］第6章「産業連関の家計内生化モデル」を参照してください。

4.5　分析結果─業種で差のある経済波及効果

静岡県の産業連関表を例に、拡大逆行列による列和と影響力係数を通常モデルのそれと比較したものが、次頁の**表4-2**です。誘致企業の計画出荷額が1億円の場合の波及効果による**雇用効果**（誘発就業者数）も計算して加えています。雇用効果の求め方は、本書［基礎編］第9章「雇用効果、税収効果、定住人口効果の計算」を参照してください。

表から、通常モデルの逆行列係数の列和と家計内生化モデルによる拡大逆行列係数の列和を比較すると、次のことが分かります。

第一は、家計内生化モデルの列和の値の方が全ての産業部門で大きく、その比率を通常モデルと比べると、第一次産業では1.244倍、第二次産業では1.361倍、

1）ケインズが『雇用、利子および貨幣の一般理論』（1936年）の中で用いた用語で、所得（Y）に対する消費（C）の割合（C/Y）を平均消費性向、所得の増加（ΔY）に対する消費の増加（ΔC）の割合（$\Delta C/\Delta Y$）を限界消費性向と呼びます。

表4-2　家計内生化モデルの列和、影響力係数の比較（平成23年静岡県産業連関表）

	列和の比較			影響力係数の比較			雇用効果の比較（人/1億円）		
	拡大逆行列	通常逆行列	比率(A÷B)	拡大逆行列	通常逆行列	比率(D÷E)	雇用係数	拡大逆行列	通常逆行列
	A	B	C	D	E	F	G	H＝G·A	I＝G·B
第一次産業	1.351	1.256	1.244	0.905	0.948	0.955	0.674	91.1	84.7
01 農林水産業	1.351	1.256	1.244	0.905	0.948	0.955	0.674	91.1	84.7
第二次産業	1.468	1.319	1.361	0.984	0.996	0.987	0.054	8.1	7.2
06 鉱業	1.667	1.481	1.404	1.117	1.118	0.999	0.075	12.5	11.1
11 飲食料品	1.384	1.283	1.252	0.927	0.969	0.957	0.027	3.7	3.5
15 繊維製品	1.467	1.276	1.481	0.983	0.963	1.020	0.137	20.1	17.4
16 パルプ・紙・木製品	1.530	1.396	1.307	1.025	1.054	0.972	0.045	6.9	6.3
20 化学製品	1.539	1.410	1.295	1.031	1.065	0.969	0.020	3.1	2.9
21 石油・石炭製品	1.192	1.159	1.093	0.799	0.875	0.913	0.003	0.4	0.4
22 プラスチック・ゴム	1.498	1.337	1.387	1.004	1.010	0.994	0.053	7.9	7.1
25 窯業・土石製品	1.461	1.310	1.370	0.979	0.989	0.990	0.054	7.9	7.1
26 鉄鋼	1.376	1.286	1.223	0.922	0.971	0.949	0.017	2.3	2.1
27 非鉄金属	1.357	1.260	1.248	0.909	0.951	0.956	0.036	4.8	4.5
28 金属製品	1.459	1.270	1.479	0.978	0.959	1.020	0.095	13.9	12.1
29 はん用機械	1.423	1.274	1.376	0.953	0.962	0.991	0.044	6.3	5.6
30 生産用機械	1.457	1.269	1.475	0.976	0.958	1.019	0.056	8.1	7.1
31 業務用機械	1.508	1.327	1.438	1.010	1.002	1.008	0.047	7.1	6.3
32 電子部品	1.527	1.357	1.403	1.023	1.024	0.999	0.070	10.7	9.5
33 電気機械	1.465	1.318	1.358	0.982	0.995	0.986	0.034	5.0	4.5
34 情報・通信機器	1.518	1.369	1.350	1.017	1.033	0.984	0.021	3.1	2.8
35 輸送機械	1.410	1.294	1.288	0.945	0.977	0.967	0.026	3.6	3.3
39 その他の製造工業製品	1.563	1.372	1.448	1.047	1.036	1.011	0.084	13.2	11.6
41 建設	1.566	1.339	1.546	1.049	1.011	1.038	0.135	21.2	18.1
第三次産業	1.532	1.335	1.484	1.026	1.008	1.021	0.064	9.8	8.3
46 電力・ガス・熱供給	1.497	1.342	1.372	1.003	1.013	0.990	0.019	2.8	2.5
47 水道	1.621	1.488	1.286	1.086	1.124	0.966	0.024	3.9	3.6
48 廃棄物処理	1.481	1.205	1.736	0.992	0.910	1.091	0.093	13.8	11.2
51 商業	1.539	1.295	1.606	1.031	0.977	1.055	0.143	22.1	18.6
53 金融・保険	1.524	1.322	1.491	1.021	0.998	1.023	0.037	5.6	4.8
55 不動産	1.273	1.217	1.148	0.853	0.919	0.928	0.011	1.5	1.4
57 運輸・郵便	1.512	1.322	1.461	1.013	0.998	1.015	0.059	8.9	7.8
59 情報通信	1.552	1.408	1.330	1.040	1.063	0.978	0.031	4.8	4.3
61 公務	1.500	1.269	1.583	1.005	0.958	1.049	0.058	8.7	7.3
63 教育・研究	1.559	1.222	1.884	1.044	0.923	1.131	0.078	12.2	9.5
64 医療・福祉	1.563	1.279	1.714	1.047	0.965	1.085	0.103	16.1	13.2
65 その他の非営利団体サービス	1.638	1.335	1.731	1.098	1.008	1.089	0.090	14.8	12.0
66 対事業所サービス	1.480	1.259	1.564	0.992	0.951	1.043	0.124	18.4	15.6
67 対個人サービス	1.488	1.302	1.459	0.997	0.983	1.014	0.156	23.3	20.4
68 事務用品	1.600	1.529	1.150	1.072	1.154	0.929	0.000	0.0	0.0
69 分類不明	1.682	1.571	1.227	1.127	1.186	0.950	0.002	0.4	0.3
列和平均値	1.493	1.324							
列和比率平均値（a÷b）	a	b	1.408						

第三次産業では1.484倍にもなることです。この倍率の差は、間接二次効果を含むか含まないかの違いによるものです。

　第二は、通常モデルによる第二次産業と第三次産業の列和の平均値は、それぞれ1.319、1.335とほぼ同じ値であるのに対し、拡大逆行列係数の列和は、第二次産業で1.468、第三次産業で1.532と後者の値が大きく、**付加価値率**（生産額に対する粗付加価値額の比率）の高い第三次産業の波及効果の高さが明らかになっていることです。影響力係数についても、拡大逆行列係数をみると通常モデルでは分からない第三次産業の波及倍率の高さが表れています。

　原材料の投入比率が高い製造業の企業誘致は、地域内に関連産業の集積が進んでいる場合を除いて、生産額は大きいものの原材料などの仕入れによって大きな額が地域外に流出します。それに対し第三次産業の企業の誘致や立地は大きな生産額は期待できませんが、労働集約的で人件費→家計所得→消費ルートによる生産誘発による地域内に回るお金の比率が大きいという特徴を持っています。

　以上みてきたように、経済波及効果の業種別比較という本章のテーマを考察するためには、通常モデルによる逆行列係数の列和や影響力係数では非力で、どうしても家計内生化モデルが必要になってきます。

　なお、第三次産業の波及効果の高さについては、第2章「県民勘定行列で地域の経済循環を包括的にみる」の中の乗数モデルによる静岡県の分析においても指摘されていますので、併せてご覧ください。

　企業立地、企業誘致の地域経済波及効果を分析するエクセルのツールや事例をホームページ上で公開している県や市がありますが、その十全な分析のためには、間接二次効果を含む拡大逆行列係数表によるシステムの構築を検討する必要があると思います。

参考文献
1．山田光男、中畑裕之、安岡優、村田千賀子（2008）「先端技術企業立地の地域経済への波及効果」『中京大学経済学論叢』19号
2．（財）静岡経済研究所（2018）『静岡市経済・産業構造基礎資料及び経済波及効果分析モデル作成業務報告書』
3．岩田和之、広田啓朗、田中健太（2017）「企業立地に伴う広域的経済波及効果の経済学的検証」（https://kaken.nii.ac.jp/grant/KAKENHI-PROJECT-16K13371/）

4．産業連関表による企業誘致の経済波及効果分析ツールや分析事例を HP 上に掲載した県や市があります（埼玉県、高知県、兵庫県、広島県、松山市、周南市など）。

第5章

木材の地産地消事業の地域経済効果
―「静岡ひのき・杉の家」推進事業の例―

5.1　事例解説

　静岡市は、北部の山間部が山梨県・長野県に接し、市域としては全国有数の広大な山林を有しています。この山林を背景として発展してきた静岡市の製材・木製品製造業は、出荷額で約276億円、1,200人を超える就業者数を有する規模となっています。静岡県内の製材・木製品製造業に占める静岡市の比率は、出荷額では17.9%、従業者数では24.0%を占めています。全国に占める比率も出荷額で1.2%、従業者数で1.3%と無視できない比重となっています（経済産業省「平成24年工業統計」市町村編）。

　木材業の有力市場である静岡市内の住宅建築は、平成23年では棟数で3,564棟、工事費予定金額で981億円にのぼっています（静岡市『平成24年静岡市統計書』建築着工統計）。

　しかし、木材業をめぐっては、安価な輸入外国産材に押されて国産材の利用が減少し、林業の衰退や山間部の森林地帯の荒廃が叫ばれて久しい歳月が流れています。本章では、静岡市内の木造住宅建築で市内産の木材の利用度を高め、木材の「**地産地消**」を進める取り組みが、静岡市内の産業経済にどのような影響をもたらすのか、その効果の検証方法を紹介します[1]。

　1）本章の元となった分析は、筆者（土居）が担当した静岡地域材活用住宅推進協議会（現オクシズ材活用協議会）「『静岡ひのき・杉の家推進事業』の静岡市内への経済波及効果分析結果」平成26年8月です。事業は現在も継続され同協議会 HP で紹介されています。事業内容等は平成26年時点であることをお断りしておきます。

表 5-1　静岡ひのき・杉の家推進事業の概要（平成25年度時点）

事業目的	静岡の森を育てていく方を応援（森林保全の意義については略）	
事業主体	静岡地域材活用住宅推進協議会（現オクシズ材活用協議会）	
	（構成）静岡木材業協同組合、清水港木材協同組合、静岡製材事業組合、静岡大工建築業協同組合、清水建築組合、(社)静岡県建築士会静岡支部、(社)静岡県建築士会清水支部)……10団体	
事業内容	（対象）市内に住宅を新築、建替え、増改築をし居住する人	
	（要件）市内で木材業を営む県産材取扱い業者で製材・加工された木材を利用し、かつ建築と施工管理が、市内で営業する建築士、大工、工務店が行なわれること（ほか略）	
	（支援）市産材（ひのき又は杉の床・羽目板の提供（1棟あたり金額換算で新築約30万円、増改築10万円。「ひのき・杉100本事業」と呼称。	
	（支援）年間約150棟	
実　績	平成25年度	（参考データ）
	（件数）201件	
	（請負金額）約50億1,854万円 　※　工事全体の金額	525億2,200万円 市内木造建築費合計　※1
	（市産材の割合）77.5%	25.2%（現状）　※2

※1　静岡市内の木造建設の市場規模（建設省「住宅着工統計」）「住宅着工統計」）の構造別の木造建築物の平成19年から平成23年の5年間の工事費予定額の平均値。年間525億2,200万円と推定される。
※2　静岡市「平成17年静岡市産業連関表（108業種）」による。製材・木製品の市内需要額299億2,300万円に対し、市内産材供給額は75億3,100万円であり、自給率は25.2%と計算される。

5.2　「静岡ひのき・杉の家」推進事業の概要

　静岡市の木材の地産地消を目的にした「静岡ひのき・杉の家推進事業」は、表5-1に示す通り、市内に住宅を新築、建替え、増改築をし、居住する人を対象に、市産材の床・羽目板を1棟あたり約10～30万円相当の材木で支援する事業です（平成25年度時点）。事業は、分かりやすく「ひのき・杉100本事業」と呼ばれています。木材の地産地消を推進するために、静岡市内の林業、木材加工、建築設計、住宅建築・販売に係る地元産業が連携した事業であることが、「木材の地産地消」を特徴づけています。

5.3　理論モデル

　経済波及効果分析のために用いた理論モデルは、家計内生化均衡産出高モデルです。このモデルは他の章でも使っていることから、「補論1　家計内生化モデルによる拡大逆行列係数表の作り方」で解説しましたので、そちらを参照してください。また、詳しくは本書［基礎編］の第6章「産業連関の家計内生化モデ

図 5 - 1　事業の内容と分析の前提条件

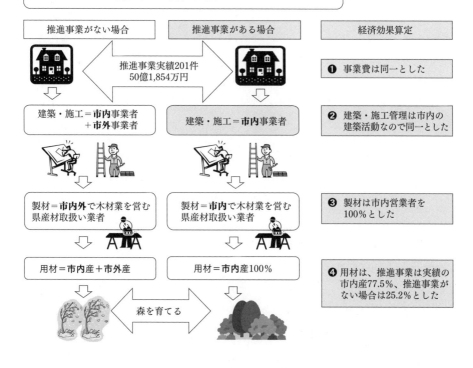

ル」を参照してください。

　分析に必要な投入係数や拡大逆行列係数などの諸係数は、筆者が作成した「平成17年産業連関表（統合小分類190部門）」から導いています。

5.4　分析の前提条件と自給率の調整

　木材の地産地消の最終需要については、**図5-1**に基づいて設定しました。図5-1は、住宅建築から林業まで木材関連産業を遡って、どの生産段階で「静岡ひのき・杉の家推進事業」が関わっているのかを図示したものです。

　木材の加工の流れに沿ったこの生産段階について、住宅建築などを「**下流産業**」、図の下の林業などを「**上流産業**」と呼ぶことがあります。産業連関分析では、これ

をそれぞれ流れの向きに沿って上流から下流の流れを「**前方連関**（forward link-age)」、下流から上流への流れを「**後方連関**（backward linkage)」と表現します[2]。

　図 5-1 では、最終生産段階にある建築に対する最終需要の額を、図の上段に示したように、「静岡ひのき・杉の家推進事業」の平成25年度の 1 年間の実績の201件、50億1,854万円としました。建築はすべて静岡市内で行われるため、産業連関表の原則に従い自給率を 1 とします。最終需要に自給率をかけた**直接効果**は50億1,854万円となります。木材の**地産地消**の分析にあたっては、下流の建築業から上流に向かって中間投入である製材・木製品製造業、さらにその上流産業である林業について、次の設定を行いました。

建築部門：平成25年度の本事業の工事実績（201件、50億1,854万円）を最終需要とし、補助の無い現状ケースと本事業の補助あるケースで経済波及効果を計算し、差額を本事業による経済波及効果としました[3]。

製材・木製品部門：経済波及効果の計算において、補助のあるケースの木材に静岡市産材を多く用いるため、建築部門の投入係数にかかるこの部門の自給率を調整します。具体的には逆行列係数表の中の投入係数にかかる自給率 $(I-\widehat{M})$ を、現状ケースはそのまま（0.252）、本事業のケースでは、本事業の実績データから得られる静岡市産材の投入率（0.775）を自給率とします。（表 5-1 ※欄を参照）

林業部門：投入係数表の中の林業部門の投入係数にかかる自給率係数 $(I-\widehat{M})$ についても静岡市の木材への需要が増えるため、上記と同様に事業がない場合とある場合についてそれぞれ0.252、0.775と調整します。

---

2 ）前方連関、後方連関については、環太平洋産業連関分析学会編（2010)『産業連関分析ハンドブック』東洋経済新報社。高瀬浩二（2017)「連関性指標の再検討：都道府県産業連関表を用いた実証分析」静岡大学『経済研究』21巻 4 号を参照して下さい。

3 ）実際は、補助金によって住宅建築価格が下がるため建築需要増加がありますが、無視しています。

現状と本事業との経済波及効果の推計方法を、**表5-2**と**表5-3**に掲げました。表5-2、表5-3の推計方法について説明を加えておきます。

　両表とも、最終需要は本事業で支援された実績201件の総建築費50億1,854万円です。上述したようにこの最終需要に乗じる自給率は、どちらも静岡市内での建築活動なので1とします。最終需要に自給率を乗じた結果である直接効果も、両ケースで同じ50億1,854万円となります。

　次に、両表の左欄に掲げているように、木造住宅建築の投入係数を使ってその原材料使用額を求めます。木造住宅建築の投入係数は、建設省「**建設部門分析用産業連関表**」の中の「木造住宅建築」部門に掲載されています。

　この木造住宅建築の原材料使用額は、市内から調達される原材料と市外から調達される原材料の合計額となっていますので、これに自給率を乗じて、市内から調達される原材料使用額を求めます。

　木材の地産地消の分析では、建築業の上流である原材料使用額に乗じる「自給率」の扱いが重要になります。自給率は「製材・木製品製造業」とその川上産業である「林業」の2つを変化させます。

　現状ケースの計算では、二つの部門とも、静岡市産業連関表から導かれる通常の自給率を使います。表5-2のように「製材・木製品製造業」は0.2517、「林業」は0.1453です。それに対して本事業のケースでは、表5-3のように、建築業の原材料の木材への助成金による調達額の実績を加味して計算された自給率0.775を「製材・木製品製造業」と「林業」の自給率と設定しています。

　原材料である「中間財の直接効果」欄では、現状ケースの場合、製材・木製品部門の調達額である1億7,400万円を含めて静岡市内には合計7億8,600万円が調達額の合計となります。これに対して本事業では、表5-3のように製材・木製品部門の調達額は5億6,000万円に増え、市内総調達額は12億500万円に膨れます。

　この段階では、木造建築の原材料投入額をみていますので、林業に対しては直接影響がありません。

　林業の自給率を現状の0.1453（表5-3）から、本事業の0.775に変える必要があるのは、木造住宅建築の一つ川上の製材・木製品製造業の投入係数なので、これは、逆行列係数に含まれる自給率を次のように変えることで処理できます。通常モデルで説明すると、次のようにします。

表5-2　木造建築の静岡市内への経済波及効果（現状ケース）

※ 建築の直接効果（工事実績）　△X1　**5,019**　　※ 地元建築従事者を50%と仮定

(100万円)

現状ケースの波及効果計算　　　項目 産業分類 (108部門)	現状（建築の中間財からの波及効果）						現状（経済波及効果合計）		
	木造建築投入係数 Ac	木造建築投入額 △F1×Ac	投入額自給率 (I-M̂)2	中間財の直接効果2 (I-M̂)2×△F2	間接効果	中間財の波及効果 △X2	建築就業者の消費 (I-M̂)△C	消費の波及効果 △X3	波及効果合計額 △X1+△X2+△X3
合計	1.0000	5,019		786	418	**1,204**	422	709	6,931
001 耕種農業	0.0002	1	0.1843	0	2	2	0	3	4
002 畜産	0.0000	0	0.0395	0	0	0	0	0	0
003 農業サービス	0.0000	0	1.0000	0	0	0	1	1	1
004 林業	0.0000	0	**0.1453**	0	3	**3**	0	0	**3**
005 漁業	0.0000	0	0.0741	0	0	0	0	0	1
006 金属鉱物	0.0000	0	0.0000	0	0	0	0	0	0
007 非金属鉱物	0.0020	10	0.1095	1	0	1	0	0	1
008 石炭・原油・天然ガス	0.0000	0	0.0000	0	0	0	0	0	0
009 食料品	0.0000	0	0.1068	0	11	11	1	12	23
010 飲料	0.0000	0	0.1444	0	3	3	0	5	8
011 飼料・有機質肥料（除別掲）	0.0000	0	0.3129	0	0	0	0	0	1
012 たばこ	0.0000	0	0.0000	0	2	2	0	1	3
013 繊維工業製品	0.0014	7	0.0008	0	0	0	0	0	0
014 衣服・その他の繊維既製品	0.0012	6	0.0145	0	2	2	0	1	3
015 製材・木製品	0.1116	560	0.2517	141	7	**148**	0	0	**148**
016 家具・装備品	0.0311	156	0.0317	5	0	5	0	0	5
017 パルプ・紙・板紙・加工紙	0.0090	45	0.1420	6	1	7	0	0	7
018 紙加工品	0.0000	0	0.2001	1	1	1	0	1	2
019 印刷・製版・製本	0.0003	2	0.2367	0	2	2	0	1	3
020 化学肥料	0.0000	0	0.0186	0	0	0	0	0	0
…									
065 建築	0.0000	0	1.0000	0	0	**0**	0	0	**5,019**
066 建設補修	0.0014	7	1.0000	7	9	16	0	15	31
067 公共事業	0.0000	0	1.0000	0	0	0	0	0	0
068 その他の土木建設	0.0000	0	1.0000	0	0	0	0	0	0
069 電力	0.0017	9	0.3186	3	6	9	1	8	17
070 ガス・熱供給	0.0006	3	0.4774	1	1	3	1	3	6
071 水道	0.0012	6	1.0000	6	5	11	6	10	20
072 廃棄物処理	0.0003	2	0.6100	1	1	2	0	2	4
073 商業	0.0776	389	0.3698	144	42	186	19	70	255
074 金融・保険	0.0132	66	0.9254	61	70	132	31	66	198
075 不動産仲介及び賃貸	0.0023	12	0.6009	7	7	14	0	5	19
076 住宅賃貸料	0.0000	0	1.0000	0	7	7	37	40	48
077 住宅賃貸料（帰属家賃）	0.0000	0	1.0000	0	32	32	163	178	209

（略）

表5-3 木造建築の静岡市内への経済波及効果（本事業ケース）

※ 建築の直接効果（工事実績） △X1 **5,019** ※ 地元建築従事者を100%と仮定

（100万円）

本事業ケースの波及効果計算 項目　　　　産業分類（108部門）	推進事業（建築の中間財からの波及効果）						本事業(経済波及効果合計)		
	木造建築投入係数 Ac	木造建築投入額 △F1×Ac	投入額自給率 (I-M̂)2	中間財の直接効果2 (I-M̂)2×△F2	間接効果	中間財の波及効果 △X2	建築就業者の消費 (I-M̂)△C	消費の波及効果 △X3	波及効果の合計額 △X1+△X2+△X3
合計		5,019		1,205	833	2,038	1,016	1,153	8,210
001 耕種農業	0.0002	1	0.1843	0	3	3	3	2	5
002 畜産	0.0000	0	0.0395	0	0	0	0	0	0
003 農業サービス	0.0000	0	1.0000	0	0	0	1	2	2
004 林業	0.0000	0	0.7750	0	75	76	0	0	76
005 漁業	0.0000	0	0.0741	0	0	0	0	0	1
006 金属鉱物	0.0000	0	0.0000	0	0	0	0	0	0
007 非金属鉱物	0.0020	10	0.1095	1	0	1	0	0	1
008 石炭・原油・天然ガス	0.0000	0	0.0000	0	0	0	0	0	0
009 食料品	0.0000	0	0.1068	0	17	17	12	10	27
010 飲料	0.0000	0	0.1444	0	5	5	5	4	9
011 飼料・有機質肥料（除別掲）	0.0000	0	0.3129	0	0	0	0	0	1
012 たばこ	0.0000	0	0.0000	0	3	3	0	1	4
013 繊維工業製品	0.0014	7	0.0008	0	0	0	0	0	0
014 衣服・その他の繊維既製品	0.0012	6	0.0145	0	3	3	0	2	5
015 製材・木製品	0.1116	560	0.7750	560	130	690	0	0	690
016 家具・装備品	0.0311	156	0.0317	5	0	5	0	0	5
017 パルプ・紙・板紙・加工紙	0.0090	45	0.1420	6	1	8	0	0	8
018 紙加工品	0.0000	0	0.2001	0	1	1	0	1	2
019 印刷・製版・製本	0.0003	2	0.2367	0	2	3	0	2	4
020 化学肥料	0.0000	0	0.0186	0	0	0	0	0	0
…									
065 建築	0.0000	0	1.0000	0	0	0	0	0	5,019
066 建設補修	0.0014	7	1.0000	7	14	21	0	28	48
067 公共事業	0.0000	0	1.0000	0	0	0	0	0	0
068 その他の土木建設	0.0000	0	1.0000	0	0	0	0	0	0
069 電力	0.0017	9	0.3186	3	11	14	9	7	21
070 ガス・熱供給	0.0006	3	0.4774	1	2	3	4	3	7
071 水道	0.0012	6	1.0000	6	6	12	12	18	30
072 廃棄物処理	0.0003	2	0.6100	1	2	3	1	3	5
073 商業	0.0776	389	0.3698	144	73	217	102	65	282
074 金融・保険	0.0132	66	0.9254	61	100	162	67	116	277
075 不動産仲介及び賃貸	0.0023	12	0.6009	7	9	16	1	7	23
076 住宅賃貸料	0.0000	0	1.0000	0	11	11	74	79	90
077 住宅賃貸料（帰属家賃）	0.0000	0	1.0000	0	48	48	325	348	396

（略）

（注）林業の自給率変更は、逆行列係数の中の自給率の変更をします。

$$\Delta X = \left[I - \left(I - \widehat{M}\right)A\right]^{-1}\left[\left(I - \widehat{M}\right)\Delta F\right]$$

     ↑   ↑

林業の自給率変更　製材・木製品部門の自給率変更

表5-4　「静岡ひのき・杉の家」推進事業の静岡市内への経済波及効果

(100万円)

記号・算式	静岡市内木造住宅建築（現状）	「静岡ひのき・杉の家推進事業」		現状に対する実績の効果	備考・資料出所（資料出所は本文参照）
		平成25年度「推進事業」の実績	平成25年度実績額を従来工法で実施した場合		
	A	B	C	D＝B－C	
【1】総数					
1．市内木造建築生産額	52,522	5,019	5,019		現状：平成19~23年平均値
2．建築棟数		201	201		
3．延床面積（坪）	94,973	7,591	7,591		
4．市内産木材使用率	25.2%	77.5%	25.2%		推進事業は他に設計士・大工など地元業者に発注
【2】経済効果					
①企業・産業への効果					
5．最終需要		5,019	5,019	0	施主からの注文（建築費）
6．直接効果		5,019	5,019	0	地元事業者の請負額
7．間接効果		3,191	1,913	1,278	関連産業への波及効果
8．生産誘発効果		8,210	6,931	1,278	直接効果＋間接効果
うち林業		76	3	73	
製材・木製品製造業		690	148	542	市内産材木を扱う業者への効果
建築業		5,019	5,019	0	（注1）参照
その他産業		2,425	1,761	664	市内関連産業への波及効果
9．波及倍率（8÷6）		1.64	1.38	0.25	
10．営業余剰誘発効果		679	435	244	広義の企業利益の増加額
②家計への効果					
11．雇用者所得誘発効果		4,395	4,134	261	雇用者の家計所得の増加額
12．就業者誘発効果（人）		677	577	100	就業者数の増加
③行政への効果					
13．税収効果		328	289	40	市税の税収効果
④静岡市経済への効果					
14．市内所得（市内総生産GDP）		5,783	2,878	2,905	

（注1）建築業の生産誘発効果は、建築の生産活動が行われる場所（市内）であれば、市外業者の施工でも市内業者と同じ自給率1とする産業連関分析の基準に則っているため、建築需要の増加をなしとすると差は0となる。

5.5　分析結果―地産木材での建築推進による経済波及効果

　オクシズ材利活用協議会「静岡ひのき・杉の家」推進事業の静岡市内へ及ぼす経済波及効果は、**表5−4**の通りです。

　生産誘発効果は、現状ケースが69億3,100万円であるのに対し、本事業のケースでは82億1,000万円、事業効果は差額の12億7,800万円です（18.5％増）。

　特に、地産地消では、中間原材料への間接効果が注目されます。本ケースの中間原材料を生産している製材・木製品製造業や林業などへの間接効果では、現状ケースが19億1,300万円であるのに対し、本事業のケースでは31億9,100万円と、12億7,800万円の増加、増加率は1.69倍となっています。うち製材・木製品製造業では5億4,200万円、林業では現状の300万円から7,300万円増えて7,600万円になります。

　雇用効果でも、現状の577人から677人へと100人増加し、新たな雇用機会の創出をもたらしています。税収効果は4,000万円です。本事業には約7,000万円の市税が投入されていますが、その57％にあたる金額が税収として還流していることになります。雇用効果、税収効果などの計算方法については本書［基礎編］の第9章「雇用効果、税収効果、定住人口効果の計算」に推計方法を取り上げていますので参照してください。

参考文献

1．稲垣憲治（2019）「設立相次ぐ『自治体新電力』、本当に地域にお金が回るのか」8、Nikkei Business Publications

2．吉本諭（2015）「長崎県における農業の経済波及効果―産業連関分析による定量的推計―」『長崎県立大学経済学部論集』第48巻第4号

3．伊東維年（2012）『地産地消と地域活性化』日本評論社

4．宮崎県県民政策部（2011）「第1次産業の地産地消の向上による経済波及効果分析」（あなたにもできる産業連関分析、第2章）

5．安藤信雄（2009）「地産地消の地域経済効果に関する考察」金沢星稜大学『星稜論苑』第37号

6．原田節也・人見哲子・友國宏一・河田員宏（2009）「農産物直売活動の立地的要因と地域経済効果の解明」美作大学・美作大学短期大学部『地域生活科学研究所所報』(5)

7．小野　洋（2008）「地産地消活動がもたらす経済波及効果の推計方法に関する考察—産業連関分析を対象として—」『関東東海農業経営研究』98号、pp.51-54

8．福島県企画調整部情報統計領域（2006）「地産地消による経済波及効果分析」アナリーゼふくしま No.14

9．七十七銀行調査部（2005）「東北地方・宮城県の地産地消の経済効果」七十七銀行『調査月報』2月号

第6章

魚のサプライチェーンによる
地域経済効果
―焼津さかなセンターの例―

6.1 事例解説

　焼津は、全国1位の水揚げ高（金額）を誇る「さかなのまち」です（2016年、2017年）。鮪・鰹の水揚げを背景に、水産物の加工業、水産食品の卸売・小売業が集積しています。「**焼津さかなセンター**」は、焼津市のこの産業特性を見事に活かした小売業の中核施設で、漁業（第一次産業）、水産食料品製造業（第二次産業）、水産食品卸小売業（第三次産業）などを有機的に結合した「魚の**サプライチェーン**」の一角を担う集客施設で、小売店舗数は約70店舗に達しています。

　焼津さかなセンターは、焼津市内はもちろん、近隣市町からの多くの買い物客で賑わうだけでなく、東は関東地方から西は中部地方、近畿地方のナンバープレートを付けた団体観光客のバスが集まっています。東名インターチェンジのすぐ側にあることも魅力となって、近隣都県を周遊する最後の立寄り地、宿泊地となっています。朝9時の開店後、センターの駐車場に並ぶ何台もの大型観光バスを見ると、焼津さかなセンターは、焼津市内のホテルや旅館へ観光客を呼び込む役割も果たしていることに気づきます。

　年間約170万人もの人が来場する「焼津さかなセンター」が、焼津市内の産業への生産誘発、雇用、税収、市内の定住人口にどれくらいの経済効果をもたらしているのか、明らかにしたいというのが本章のテーマです。

　健康長寿への効果を持つ「魚の食文化の発信源」としての焼津さかなセンターは、これからの日本と地域社会にとって、貴重な教訓になると思います。

6.2 理論モデル

　経済波及効果の分析のために用いた理論モデルは、家計内生化均衡産出高モデルです。家計内生化モデルについては「補論1　家計内生化モデルによる拡大逆行列係数の作り方」を参照してください。また、本書［基礎編］の第6章「産業連関の家計内生化モデル」ではより詳しく説明していますので、［基礎編］も参照してください。

　基礎データとして用いた産業連関表は、「平成17年焼津市産業連関表（統合小分類190部門）」です。本章は2013年に筆者が行った分析をベースにしています。

6.3 最終需要データの作成

　焼津さかなセンターの経済波及効果の起点となる最終需要は、**図6-1**のように4つに分けて推計しました。順に説明していきましょう。

6.3.1 焼津さかなセンター内小売店の年間粗利益額（最終需要1）

　最初の「最終需要1」は、焼津さかなセンター内の小売店の生産額（売上額－仕入額）で、金額は18億9,600万円になります。売上額から仕入額を引いた金額を最終需要として扱う理由を説明していきましょう。

　来場者の落とすお金が本来の最終需要です。これは焼津さかなセンター内小売店舗の売上額となり、小売業の生産を誘発します。本章では、この小売店が仕入れる鮮魚や水産加工品が、焼津産のものか他地域のものか、サプライチェーンの「**上流産業**」に遡って調べるため、この小売店の売上額から仕入額を引いた「**粗利（あらり）**」をまず、最初の経済波及効果の起点として捉えています。この粗利は、産業連関表では、**小売業の生産額**でもあります。

　この最終需要1の推計方法は、1人あたり購入額×年間購入者数の算式で求めています。

①購入者数

　焼津さかなセンターの年間来場者数は170万人と推定されています（平成23年度）。この数字はセンターの正面の3つの入口に設置された人の出入りを数えるカウンターの人数をもとに、センター内従業者や関係業者の出入り数を差し引いて推計されています。ただ、この来場者数には夫婦、親子など財布を1つにして

図6-1　焼津さかなセンターの経済波及効果の求め方

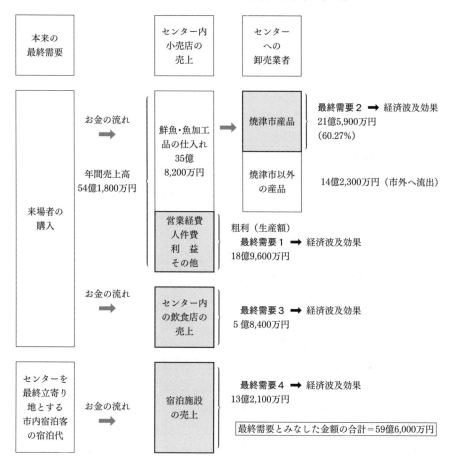

いる家族人数も含まれるため、「財布の数を数える」必要から、家族連れの人数を割り引いておく必要があります。このため、基礎資料である焼津さかなセンターの「焼津さかなセンターにおけるお客様アンケート調査結果」（平成23年度）から、家族連れの人数の割合（2〜3人連れの回答者数のそれぞれ2〜3分の1を乗じます）。購入者数は、1,700,000人×75.6%（家族連れの「連れ」の人数を除く比率）＝1,285,200人と推定しました。

②1人あたり購入額

　上述の「焼津さかなセンターにおけるお客様アンケート調査」から得られたデ

表 6-1 焼津さかなセンターの年間売上額の推計

曜日	祝日曜日・日	土曜日	平日	合計	記号	備考
年間日数（日）	64	56	242	362	A	正月3日閉店
1か月平均曜日数（日）	5	5	20	30	B	合計30.2日
年間来客者数（人）			1,700,000			C	魚センター公表資料
購入者数（家族＝1など）			1,285,200			D	C×0.756（本文参照）
1月～11月間の来客者数（人）			1,009,800			E	D×（11ケ月/14ケ月）（注）
1月～11月間の来場者1人あたり平均支出額（円）			3,808			F	曜日別1人あたり平均支出額
1月～11月の11か月間の売上高（100万円）			3,845			G	E×F÷1,000,000
12月来客数（人）			275,400			H	D÷3か月/14か月
12月1人平均支出額（円）			5,711			I	曜日別平均支出額3,869円×1.5倍
12月売上高（100万円）			1,573			J	H×I
年間売上高合計（100万円）			5,418			K	G（1月～11月）＋J（12月）

(注) 12月は1月～11月の月平均来客数の約3倍の来客があるため年間の月数を14ヶ月として計算しています。

ータをもとに、1人あたり購入額を推計しました。

③年間売上額と粗利（小売業生産額）の推計

　焼津さかなセンターの年間売上額は、**表6-1**のように、約54億1,800万円と推定されます。

　12月の歳末にはお正月用の魚介類や魚加工品を求める顧客が平常月の約3倍、1人あたり購入額は、通常月の約1.5倍の売上となるため、1人あたりの購入額と購入者数を1～11月と12月とに分けて推計しています。

　センター内小売店舗の年間売上額54億1,800万円に、売上額に占める商品仕入原価の比率（65％）を乗じて計算した約35億2,200万円が仕入額です。年間売上額からこの仕入額を差し引いた金額約18億9,600万円が、焼津さかなセンターの粗利（年間生産額）であり、これを最初の最終需要1とします。

6.3.2　小売店の仕入れに占める焼津産の額（最終需要2）

　次の最終需要2は、小売店の仕入額のうち焼津市産の商品の仕入れ額です。

　表6-2にその推計結果を掲げています。売上に占める仕入原価比率であるB欄の65％は、経済産業省「平成24年度中小企業基本調査」より得られた法人企業の就業者数5人未満の企業の商品仕入原価の比率を用いています。また、C欄で示した仕入先割合については、センター内の協同組合の役員へのヒアリングにより得たデータです。焼津産の商品の仕入額は年間で総額21億5,900万円となり、こ

表6-2　焼津さかなセンター内店舗の品目別産地別仕入額

項目	売上高A	仕入商品原価比率B	仕入原価C	地元産割合D	地元産仕入額E	産業連関表の対応分類
出所・算式（単位）	（100万円）	（%）	C＝A×B（100万円）	聞き取り（%）	E＝B×D（100万円）	
売上高	5,418					
鮮魚	2,883	0.65	1,874	0.7	1,312	海面漁業
魚加工品	1,643	0.65	1,068	0.7	747	水産食料品
お菓子	728	0.65	473	0.2	95	めん・パン・菓子類
お茶	164	0.65	107	0.05	5	その他の飲料
合計	5,418		3,522		2,159	

表6-3　焼津さかなセンターの年間売上額

品目 ＼ 調査日	2012/5/29 日曜日 雨天	2012/7/16 土曜日 晴天	2012/8/8 月曜日 晴天	月平均	1人あたり購入金額（円）	品目別年間売上額（100万円）
年間日数（日）	64	56	242	362		
1か月平均曜日数（日）	5	5	20	30		
鮮魚	41.1%	61.9%	54.4%	53.2%	2,243	2,883
魚加工品	49.0%	24.2%	26.8%	30.3%	1,278	1,643
菓子	6.3%	9.7%	16.2%	13.4%	567	728
お茶	3.6%	4.2%	2.6%	3.0%	127	164
合計（不明除く）	100.0%	100.0%	100.0%	100.0%	4,216	5,418

れを最終需要2として経済波及効果を計算します。なお、センター内には、お茶やお菓子の小売店もあります。センター内小売店の品目別売上額を推計した結果を表6-3に掲げましたが、これは、年間売上額約54億1,800万円に「焼津さかなセンターにおけるお客様アンケート調査」の品目別購入額の割合を乗じています。

6.3.3　焼津さかなセンター内外の飲食店の売上額（最終需要3）

　焼津さかなセンターには、小売店舗だけでなく、新鮮な海鮮丼や鮨などを提供する飲食店が大小13店舗存在しています。この飲食店舗の売上額を経済波及効果の起点となる最終需要3としています。年間売上額は5億8,400万円となります。売上高の推計方法の詳細については、本章末「補論3　従業者数から売上額を推計する方法」をご覧ください。

6.3.4　焼津さかなセンター関連観光客の宿泊料（最終需要4）

　東名高速道路の焼津ICに隣接している利便性から、焼津さかなセンターと市内

	宿泊者数 （人）	宿泊単価 （円）	年間売上額 （100万円）	さかなセンター関係 （100万円）
記号・算式	A	B	C＝A×B	D＝C×0.25
焼津市	438,822	12,040	5,283	1,321

（注1）焼津市宿泊者数は、静岡県文化・観光部観光局観光政策課「平成22年度静岡県観光交流の動向」

（注2）宿泊単価は同「静岡県における観光の流動実態と満足度調査」平成22年3月

（注3）さかなセンター関係売上額は、C欄の25％と仮定しています。

宿泊施設を最終宿泊地、立寄り点としてツアーコースに組んでいる団体観光バスがたくさんあります。こうした観光客の宿泊額は、表6−4のように年間13億2,100万円と推定されます。センター関係のバスの市内宿泊比率は25％としています。

6.4　分析結果─魚産業集積による経済波及効果

6.4.1　生産誘発効果

　経済波及効果の起点となる最終需要59億6,000万円を「平成17年焼津市産業連関表（190部門）」による理論モデルに代入して得られた生産誘発効果の分析結果が次頁の表6−5です。総額で113億1,200万円にのぼっています。

　焼津さかなセンターの経済波及効果の大きな特徴は、最終需要（ここではいずれの最終需要も自給率が1なので直接効果と同じ）を起点とした生産誘発効果の高い誘発倍率（1.90）です。このような高い誘発倍率は、焼津漁港・小川漁港の漁業（第一次産業）→水産食料品製造業（第二次産業）→焼津さかなセンター（卸・小売業：第三次産業）という供給網の連鎖（**サプライチェーン**）が市内で整っていることが理由でしょう。

6.4.2　雇用効果、税収効果、定住人口効果

　焼津さかなセンターが家計にもたらしている効果として就業者の誘発効果、いわゆる

焼津さかなセンターの就業者誘発人数＝1,118人 ‥‥（A） 焼津さかなセンターの就業者数＝281人 ‥‥‥‥‥‥（B） さかなセンター外部の就業者数＝837人 ‥‥‥‥‥‥（C） 雇用誘発倍率　C÷B＝2.98（倍）

表6-5　分析結果─さかなセンターの生産誘発効果　　　　　　表6-6　雇用効果

順位	生産誘発効果（108部門）	生産誘発効果（100万円）	構成比 (%)	累計
	合計	11,312	100.0%	
1	商業	2,563	22.7%	22.7%
2	宿泊業	1,381	12.2%	34.9%
3	漁業	1,372	12.1%	47.0%
4	食料品	1,194	10.6%	57.5%
5	飲食店	746	6.6%	64.1%
6	金融・保険	626	5.5%	69.7%
7	住宅賃貸料（帰属家賃）	608	5.4%	75.0%
8	自家輸送	169	1.5%	76.5%
9	その他の対事業所サービス	152	1.3%	77.9%
10	住宅賃貸料	142	1.3%	79.1%
11	飲料	140	1.2%	80.4%
12	通信	133	1.2%	81.6%
13	自動車・機械修理	125	1.1%	82.7%
14	建設補修	112	1.0%	83.6%
15	ガス・熱供給	107	0.9%	84.6%
16	道路輸送（除自家輸送）	105	0.9%	85.5%
17	娯楽サービス	100	0.9%	86.4%
18	運輸付帯サービス	100	0.9%	87.3%
19	その他の対個人サービス	98	0.9%	88.2%
20	洗濯・理容・美容・浴場業	91	0.8%	89.0%
21	不動産仲介及び賃貸	72	0.6%	89.6%
22	医療・保健	72	0.6%	90.2%
23	石油製品	68	0.6%	90.8%
24	教育	65	0.6%	91.4%
25	廃棄物処理	63	0.6%	92.0%
26	水道	57	0.5%	92.5%
27	鉄道輸送	55	0.5%	93.0%
28	乗用車	52	0.5%	93.4%
28	その他の公共サービス	52	0.5%	93.9%
28	電力	51	0.4%	94.3%

順位	産業部門	就業者誘発数（人）
	合計	1,118
1	商業	369
2	宿泊業	157
3	飲食店	142
4	漁業	133
5	食料品	72
6	その他の対事業所サービス	29
7	耕種農業	25
8	金融・保険	23
9	その他の対個人サービス	21
10	洗濯・理容・美容・浴場業	18
11	道路輸送（除自家輸送）	15
12	建設補修	10
13	自動車・機械修理	9
14	娯楽サービス	8
15	医療・保健	7
15	衣服・その他の繊維既製品	7
17	教育	6
17	運輸付帯サービス	6
17	廃棄物処理	6
17	その他の公共サービス	6
21	通信	4
22	住宅賃貸料	3
22	社会保障	3
22	ガス・熱供給	3
22	飲料	3
22	不動産仲介及び賃貸	3
27	情報サービス	2
27	鉄道輸送	2
27	研究	2
27	船舶・同修理	2

「雇用効果」があります。表6-6では、雇用効果の高い産業を上位30位まで掲載
しています。

　さかなセンター内の小売店舗や飲食店の就業者数は、本章の元となった調査に
協力して頂いた清水俊哉氏（焼津さかなセンター協同組合役員）の各店舗への聞き
取り調査によれば平成25年3月時点で226人でした。これに大食堂と敷地内でセ
ンターの建物に隣接している飲食店の就業者数55名を加えると、焼津さかなセン
ターの就業者数は281人となります。

表 6-7　分析結果—税収効果

(100万円)

市税税目 (一部交付金を含む)	課税標準関連項目 (産業連関表等)	H17年 焼津市産業 連関表より	H18年度 焼津市税収額 (旧大井川町 を含む)	税率係数・ 税額・課 税対象額 (円)	各誘発額	市税収 増加額
①市町村民税(個人)	雇用者所得合計	274,955	7,172	0.0261	3,035	79.2
②市町村民税(法人)	営業余剰合計	117,579	2,216	0.0189	1,511	28.5
③固定資産税				0.0140		
④軽自動車税	市内生産額合計	1,098,381	235	0.0002	11,311	2.4
⑤地方消費税交付金	家計消費支出合計	273,330	1,426	0.0052	3,017	15.7
⑥都市計画税	市内生産額合計	1,098,381	1,092	0.0010		
⑦市町村たばこ税	家計消費支出合計	273,330	4,561	0.0167	3,017	50.3
⑧軽油引取税	市内生産額合計	1,098,381	184	0.0002	11,311	1.9
⑨入湯税	家計消費支出合計	273,330	29	0.0001	3,017	0.3
⑩地方譲与税						
所得譲与税	雇用者所得等	274,955	1,106	0.0040	3,035	12.2
自動車重量譲与税	市内生産額合計	1,098,381	519	0.0005	11,311	5.3
⑪自動車取得税交付金	市内生産額合計	1,098,381	359	0.0003	11,311	3.7
市税及び生産・所得関連交付金合計						199.6

(注) 本章の元の調査は平成23 (2011) 年10月時点であるため現在の地方税制と一部異なる可能性があります。

　一方、表6-6のように雇用効果の合計が1,118人であることから、焼津さかなセンターは、その外部で1,118人−281人＝837人の雇用を創り出しています。焼津さかなセンター内の従業者数281人の約3倍の雇用機会が、間接的な形で焼津市内にもたらされています。焼津さかなセンターは、驚くべき高い雇用機会の創出効果を持っていることが分かります。この雇用効果から焼津市内外への家族を含めた定住人口効果は雇用効果の約2倍、少なくとも2,000人以上となるでしょう。

6.4.3　分析結果—税収効果

　焼津さかなセンターが行政(焼津市)にもたらしている税収効果を示したのが**表6-7**です。経済活動と関連する地方交付金を一部含めていますが、その総額は年間で1億9,960万円、約2億円近い大きな効果を毎年あげていることが分かります。なお、税収効果の考え方や計算方法の詳細については、本書［基礎編］の「第9章　雇用効果、税収効果、定住人口効果の計算」を参照してください。

参考文献

1．土居英二『焼津さかなセンターの経済波及効果について』（平成23年10月）、冊子

2．阿久根優子・石川良文・中村良平「消費内生化産業連関モデルによる六次産業化事業の地域経済効果—沖縄県を事例に—」『RIETI Discussion Paper』Series 15-J-052

3．芦谷恒憲・後藤啓「兵庫県内7地域産業連関表の推計による地域経済圏の経済分析」『産業連関』Vol.22、No.3（2015年4月）

第 7 章

都道府県別にみた TPP の経済的影響

7.1 事例解説

　環太平洋パートナーシップ協定（Trans-Pacific Partnership Agreement: TPP）は、当初平成17（2005）年に環太平洋地域の４か国の自由な経済取引をめざす包括的経済協定としてスタートしました。最終的には平成30（2018）年３月に、それまで中心となっていたアメリカのトランプ大統領が交渉からの脱退を表明し、11か国で署名式が行われました（**環太平洋パートナーシップに関する包括的及び先進的な協定：CPTPP** または **TPP11**）。貿易だけでなく、海外投資、人的交流、知的財産など広範囲な自由市場の拡大を目指す協定です[1]。

　日本では、平成22（2010）年の菅総理の参加検討表明、平成25（2013）年に安倍総理の交渉への参加表明、平成28（2016）年の国会での締結承認、という経緯を辿り、平成30（2018）年12月30日に他の５か国とともに条約の発効を迎えました。本章では、安倍総理が交渉参加表明をした平成25（2013）年当時に想定された**関税撤廃**の自由化の案（内閣官房「関税撤廃した場合の影響試算」平成25（2013年）

1）条約には、多国間における企業と政府との賠償を求める紛争の方法を定めた ISDS 条項を含んでいて、相手国の政府や自治体が自由な投資を妨げていると認定された場合、投資国の企業が相手国の政府や自治体を相手に損害賠償を求める条項が含まれています。また、環境や健康に配慮した社会的規制が、自由貿易を妨げている場合、規制緩和を求めることができるなど、TPP は単なる貿易や関税を超える広い分野で国民生活に影響を与える内容を含んでいます。本書の第５章で取り上げた事例のような政府や自治体が推進する「地産地消」の経済政策は、海外諸国の企業から「自由貿易を妨げる」といった理由で損害賠償を求められる可能性もあることに留意しておくことも必要でしょう。

3月15日発表）を対象に、日本と地域の経済にどのような影響が出るのかを検証した時の分析です。

　この政府統一見解に示された影響試算は、**7.3**の最終需要で示したように極めて簡単なもので、国民の仕事や暮らしにどのような影響がでるのか、不安を募らせていた国民は少なくない状況でした。交渉参加国が議論している条約案は国会で承認にかけられるまで、交渉参加国は秘密の厳守を義務づけられていたからです。

　このような状況のもとで、本章のもととなった試算は、甘利 TPP 担当大臣が、当時「都道府県別影響試算を公表すべきではないか」と国会で質問を受けて「都道府県別影響試算といった、いたずらに国民に不安を煽るような試算を発表するのはいかがなものか」と答弁した背景のもとで計算をしたものです[2]。

　なおこの影響試算は、アメリカを含めた当時の日本政府の影響試算（平成25年3月5日、内閣府公表）をもとにしているため、その後の条約内容とは同じではありません。本章で取り上げた時点に比べて軽減されるという政府の新しい影響試算は、本章末尾の参考文献を参照してください。

　本章では、国内輸入関税の撤廃や軽減という国際環境の変化が地域経済に与える影響の分析に地域産業連関表がどのように利用できるかを示しています。輸出促進など TPP のメリットはここでは取り上げていません。

7.2　理論モデル

　都道府県別影響試算にあたっては、各都道府県とそれ以外の全国との **2 地域間**

2）TPP の影響試算については、「TPP 参加交渉からの即時脱退を求める大学教員の会」（代表：醍醐聰（東京大学名誉教授））での研究会、講演会、北海道 JA 中央会へのヒヤリング、記者発表などで議論をする機会に恵まれました。共に研究にあたった醍醐聰氏、関耕平准教授（島根大学）、三好ゆう准教授（福知山公立大学）に心より感謝を申し上げます。

　なお本章の元となった分析は、①記者発表会見資料（第4次試算）（参議院会館、平成25年9月15日）、②全国農業協同組合中央会等主催「TPP シンポジウム―今こそ考えよう TPP と私たちの将来―」（於東京大学、平成25年6月16日）講演資料、③土居「反TPP　農業生産額の減少で都市部にも甚大な影響」（『現代農業』平成25年11月号）などです。

家計内生化産業連関モデルを用いました[3]。その理由は、関税撤廃の影響は、ある都道府県をみた場合、直接的にはその都道府県内の農林水産業などに影響しますが、一方で、農林水産業向けの肥料、資材や燃料、農機具、作業用の軽トラックなどを全国に向けて出荷している場合があるため、全国の農業生産額の減少は、その都道府県の農林水産業以外の産業の「移出」の減少による生産減少として跳ね返ることが予想されるからです。

後に見るように、TPPによって最も大きな生産減少にみまわれる都道府県は、意外にも第1位の東京都を始めとする大都市を抱えた道府県なのです。

したがって、ある都道府県の産業とそれ以外の「全国」の産業との相互の生産減少の**「跳ね返り効果」**を捉えるために、本章では、当該都道府県とそれ以外の「全国」との2地域間産業連関表を47都道府県について1つずつ作成し、47都道府県ごとに投入係数や逆行列係数表を作成し、都道府県とその都道府県を除く「全国」の**地域間産業連関モデル**を用いて分析しています。

2地域間産業連関表のイメージは、「補論3　地域間産業連関表の作り方と理論モデル」を参照してください。産業連関表はいずれも平成23年表（108部門）を用いています。より詳しい説明は、浅利一郎・土居英二（2016）『地域間産業連関分析の理論と実際』（日本評論社）を参照してください。

7.3　最終需要─政府試算とその前提

安倍内閣がTPP交渉への参加を表明した当時発表された、内閣官房「関税撤廃した場合の経済効果についての政府統一試算」（平成25年3月5日）において、その経済効果は、次のように極めて簡単な記載に留まりました。

> 試算結果
> （1）日本経済全体：GDP
> 　　　輸出＋0.55％（＋2.9兆円）　輸入▲0.60％（−2.9兆円）
> 　　　消費＋0.61％（＋3.0兆円）　輸出＋0.09％（＋0.5兆円）

3）本分析に際しては、理論モデルの構築、47都道府県の統一的な産業連関表の作表に際して、浅利一郎名誉教授（静岡大学）、黄愛珍教授（静岡大学）の多大な協力を頂きました。

結果　0.66％、3.2兆円増加
　（2）農林水産物生産額
　　　3.0兆円減少

　この試算は、農林水産省が、関税率10％以上、国内生産額が年間10億円以上の
個別33品目が、関税撤廃でそれぞれどのような影響を受けるのかを試算した資料
「（別紙）「農林水産物への影響試算の計算方法について」から算出された直接的
影響（農林水産物の生産減少額は上記3.0兆円）や、輸出や投資増加の仮定値を、多
国間の国際貿易のシミュレーションモデルである **GTAP**（国際貿易のために開発さ
れた **応用一般均衡分析：CGE**)[4] 」に代入して得られた結果です。

　本章の最終需要の算定の前提としたのは、内閣官房「（別紙）「農林水産物への
影響試算の計算方法について」の33品目の国内生産減少額です（**表7 - 1**）。表7 -
1を、農林水産省「生産農業所得統計」などの統計をもとに都道府県別に按分し
た**表7 - 2**が、都道府県とその他全国の2地域に与える最終需要です。

7.4　分析結果─TPP による都道府県別影響

　表7 - 2の品目別生産減少額（最終需要）を、都道府県とその他全国の2地域間
産業連関表を用いてマイナスの経済波及効果を計算した結果が、**表7 - 3** です。
　起点となる生産減少額（最終需要）は、政府試算では生産減少の影響がほとん
どないとされている品目について、ヒヤリング結果を織り込んだケースの数字で
す。表7 - 2の上段にあるように3兆2,174億円と内閣府の影響試算（2兆9,600億
円）を上回っています。
　最終需要は、表7 - 3の左欄「TPP による農林水産物等の生産減少額」の「合
計A」欄の金額3兆1,860億円を用いました。この金額には上記の金額に、独自
試算を行った道県の農作物の生産減少額を反映させています（○を付けた道県で
す）。

4）CGE（Computable General Equilibrium Analysis）は、複数の財の価格、需要量、供給
　　量の3変数を相互に関連づけた連立方程式で、ある変数の変化の影響を分析する手法
　　です。

表 7 - 1 　関税を撤廃した33品目の国内生産減少額

品目名	生産量減少率	生産減少額	試算の考え方
米	32%	約 1 兆100億円	国内生産量の約 3 割が輸入に置き換わる。それ以外の国内生産は残るが、価格は下落。
小麦	99%	約770億円	国内産小麦をセールスポイントとした小麦粉用小麦を除いて置き換わる。
大麦	79%	約230億円	主食用（押麦）及び味噌用（裸麦）は残り、ビール用、焼酎用、麦茶用等は置き換わる。
いんげん	23%	約30億円	高級和菓子用、煮豆用等を除いて置き換わる。
小豆	71%	約150億円	高級和菓子用を除いて置き換わる。
落花生	40%	約120億円	殻付き（莢入り）は残り、むきみは置き換わる。
砂糖	100%	約1,500億円	品質格差がなく、すべて置き換わる。
でん粉原料作物	100%	約220億円	品質格差がなく、すべて置き換わる。
こんにゃくいも	－	－	TPP交渉関係国からの輸入実績がほとんどないことを考慮。
茶	－	－	TPP交渉関係国からの輸入実績がほとんどないことを考慮。
加工用トマト	100%	約270億円	ケチャップ等のトマト加工品は品質格差がなく、すべて置き換わる。
かんきつ類	8%	約60億円	ストレート果汁は残り、濃縮果汁及び缶詰は一部を除いて置き換わる。
りんご	8%	約40億円	ストレート果汁は残り、濃縮果汁は一部を除いて置き換わる。
パインアップル	80%	約10億円	缶詰は置き換わる。これに伴って缶詰用と同じ株から生産される生果用が減少する。
牛乳乳製品	45%	約2,900億円	乳製品では、鮮度が重視される生クリーム等を除いて全て置き換わる。飲用乳では、都府県の飲用乳の大部分が北海道産に置き換わる。
牛肉	68%	3,600億円	4 等級及び 5 等級は残り、3 等級以下は一部を除いて置き換わる。
豚肉	70%	4,600億円	銘柄豚は残り、その他は置き換わる。
鶏肉	20%	約990億円	業務・加工用の 1 / 2 が置き換わる。
鶏卵	17%	約1,100億円	業務・加工用のうち弁当等用と加工用の 1 / 2 が置き換わる。
農産物計		約 2 兆6,600億円	
林産物(合板など)	6%	約480億円	関税相当分の価格低下により減少する生産量の国産品が輸入品に置き換わる。
あじ	47%	約90億円	加工向けは一部を除いて置き換わり、鮮度をはじめとする品質面で国産品が優位となる生鮮食用向けは残る。
さば	30%	約210億円	国産品と品質的に同等の生鮮食用は一部を除いて置き換わり、安価で貿易に適さない加工向けは残る。
いわし	45%	約230億円	加工用は一部を除いて置き換わり、鮮度をはじめとする品質面で国産品が優位となる生鮮食用向けは残る。
ほたて貝	52%	約410億円	漁獲生産品は一部を除いて置き換わり、ブランド力を有する養殖生産品は残る。
たら	52%	約90億円	生で流通するものが一部を除いて置き換わり、冷凍品が残る。
いか・干しするめ	41%	約200億円	加工向けは一部を除いて置き換わり、生鮮食用向けが残る。
かつお・まぐろ類	27%	約570億円	缶詰のうち下級品と鰹節類が一部を除いて置き換わり、生鮮食用向け並びに高級缶詰が残る。
さけ・ます類	57%	約690億円	缶詰のうち下級品と塩蔵品・乾燥品が一部を除いて置き換わり、生鮮用向け並びに高級缶詰が残る。
林水産物合計		約3,000億円	
総額		約 2 兆9,600億円	

（資料）　内閣官房「（別紙）農林水産物の影響試算の方法について」（平成25年 3 月15日）。こんぶなど除く。

表 7 - 2　国内生産減少額の都道府県別配分（最終需要）（単位：億円）

最終需要		合計（全国）	01 北海道	02 青森県	03 岩手県	04 宮城県	05 秋田県	06 山形県	07 福島県	08 茨城県	09 栃木県	10 群馬県	11 埼玉県
都道府県	耕種農業	-13,271	-1,974	-330	-312	-428	-571	-470	-395	-485	-410	-110	-259
	食料品	-16,370	-2,687	-479	-587	-342	-182	-190	-303	-628	-673	-525	-174
	林業	-554	-33	-3	-10	-34	-52	-3	-8	-8	-5	0	0
	漁業	-1,878	-446	-152	-106	-227	-3	-5	-32	-53	0	0	0
	畜産	-101	-101	0	0	0	0	0	0	0	0	0	0
	小計	-32,174	-5,241	-964	-1,015	-1,031	-808	-668	-738	-1,174	-1,088	-635	-433
全国	耕種農業		-10,526	-12,170	-12,188	-12,072	-11,929	-12,030	-12,105	-12,015	-12,090	-12,390	-12,241
	食料品		-11,504	-13,712	-13,604	-13,849	-14,009	-14,001	-13,888	-13,563	-13,518	-13,666	-14,016
	林業		-457	-487	-480	-456	-438	-487	-482	-482	-485	-490	-490
	漁業		-2,041	-2,336	-2,381	-2,260	-2,484	-2,483	-2,455	-2,434	-2,487	-2,487	-2,487
	畜産		0	-101	-101	-101	-101	-101	-101	-101	-101	-101	-101
	小計		-24,528	-28,805	-28,754	-28,738	-28,961	-29,101	-29,031	-28,595	-28,681	-29,134	-29,336
	合計		-29,769	-29,769	-29,769	-29,769	-29,769	-29,769	-29,769	-29,769	-29,769	-29,769	-29,769

最終需要		12 千葉県	13 東京都	14 神奈川県	15 新潟県	16 富山県	17 石川県	18 福井県	19 山梨県	20 長野県	21 岐阜県	22 静岡県	23 愛知県
都道府県	耕種農業	-390	-4	-34	-520	-277	-185	-185	-49	-725	-153	-139	-207
	食料品	-629	-21	-134	-285	-62	-70	-31	-51	-209	-235	-265	-612
	林業	-4	-3	-4	-7	-11	-5	-5	-1	-95	-13	-37	-33
	漁業	-46	-3	-1	-2	-6	-14	-3	0	0	0	-314	-1
	畜産	0	0	0	0	0	0	0	0	0	0	0	0
	小計	-1,069	-31	-173	-814	-355	-273	-223	-101	-1,029	-401	-755	-854
全国	耕種農業	-12,110	-12,496	-12,466	-11,980	-12,223	-12,315	-12,315	-12,451	-11,775	-12,347	-12,361	-12,293
	食料品	-13,562	-14,170	-14,057	-13,906	-14,129	-14,121	-14,160	-14,140	-13,981	-13,956	-13,925	-13,578
	林業	-486	-487	-486	-483	-479	-486	-485	-489	-395	-477	-453	-457
	漁業	-2,441	-2,484	-2,486	-2,485	-2,482	-2,473	-2,485	-2,487	-2,487	-2,487	-2,174	-2,487
	畜産	-101	-101	-101	-101	-101	-101	-101	-101	-101	-101	-101	-101
	小計	-28,700	-29,738	-29,596	-28,955	-29,414	-29,496	-29,546	-29,668	-28,740	-29,368	-29,014	-28,915
	合計	-29,769	-29,769	-29,769	-29,769	-29,769	-29,769	-29,769	-29,769	-29,769	-29,769	-29,769	-29,769

最終需要		24 三重県	25 滋賀県	26 京都府	27 大阪府	28 兵庫県	29 奈良県	30 和歌山県	31 鳥取県	32 島根県	33 岡山県	34 広島県	35 山口県
都道府県	耕種農業	-181	-178	-115	-47	-277	-70	-96	-76	-130	-211	-154	-168
	食料品	-220	-71	-87	-24	-307	-53	-39	-143	-142	-182	-179	-94
	林業	-10	0	-10	-22	-11	-9	0	-9	-31	-14	-10	-10
	漁業	-43	0	-1	0	-4	0	-1	-18	-22	0	-2	-2
	畜産	0	0	0	0	0	0	0	0	0	0	0	0
	小計	-454	-249	-213	-93	-599	-132	-136	-246	-325	-407	-345	-274
全国	耕種農業	-12,319	-12,322	-12,385	-12,453	-12,223	-12,430	-12,404	-12,424	-12,370	-12,289	-12,346	-12,332
	食料品	-13,970	-14,120	-14,104	-14,167	-13,884	-14,137	-14,152	-14,048	-14,049	-14,009	-14,012	-14,097
	林業	-480	-490	-480	-468	-479	-481	-490	-481	-459	-476	-480	-480
	漁業	-2,445	-2,487	-2,487	-2,487	-2,483	-2,487	-2,486	-2,469	-2,465	-2,487	-2,485	-2,485
	畜産	-101	-101	-101	-101	-101	-101	-101	-101	-101	-101	-101	-101
	小計	-29,315	-29,520	-29,557	-29,676	-29,171	-29,637	-29,633	-29,523	-29,444	-29,362	-29,424	-29,495
	合計	-29,769	-29,769	-29,769	-29,769	-29,769	-29,769	-29,769	-29,769	-29,769	-29,769	-29,769	-29,769

最終需要		36 徳島県	37 香川県	38 愛媛県	39 高知県	40 福岡県	41 佐賀県	42 長崎県	43 熊本県	44 大分県	45 宮崎県	46 鹿児島県	47 沖縄県
都道府県	耕種農業	-60	-69	-76	-76	-279	-161	-83	-203	-85	-171	-196	-1,507
	食料品	-137	-101	-179	-21	-321	-1,064	-286	-651	-216	-1,065	-1,141	-274
	林業	-5	0	-10	-1	-12	-3	0	-9	-1	-3	-1	0
	漁業	-11	-8	-41	-29	-24	-26	-124	-6	-30	-26	-34	-11
	畜産	0	0	0	0	0	0	0	0	0	0	0	0
	小計	-213	-178	-306	-128	-636	-1,254	-493	-869	-332	-1,255	-1,372	-1,793
全国	耕種農業	-12,440	-12,431	-12,424	-12,424	-12,221	-12,339	-12,417	-12,297	-12,415	-12,339	-12,304	-10,993
	食料品	-14,054	-14,090	-14,012	-14,169	-13,870	-13,127	-13,905	-13,540	-13,975	-13,126	-13,050	-13,917
	林業	-485	-490	-480	-489	-478	-488	-490	-481	-489	-488	-489	-490
	漁業	-2,476	-2,480	-2,446	-2,458	-2,463	-2,461	-2,363	-2,481	-2,457	-2,461	-2,453	-2,476
	畜産	-101	-101	-101	-101	-101	-101	-101	-101	-101	-101	-101	-101
	小計	-29,556	-29,591	-29,463	-29,641	-29,133	-28,515	-29,276	-28,900	-29,437	-28,515	-28,397	-27,977
	合計	-29,769	-29,769	-29,769	-29,769	-29,769	-29,769	-29,769	-29,769	-29,769	-29,769	-29,769	-29,769

表7-3 分析結果─47都道府県別TPPの影響分析

○:道県独自試算がある都道府県 △JA等試算 ●:土居独自試算			TPPによる農林水産物等の生産減少額					経済波及効果による都道府県			
			10億円以上、関税10%以上の品目				合計 A	都道府県内への影響			合計 B
			耕種農業・畜産	食料加工品	林業	漁業		自県の生産減少による影響	他県の生産減少による影響	設備投資の減少効果	
政府統一試算			−11,200	−15,500	−500	−2,500	**−29,700**	−	−	−	−
本試算全国計			−13,096	−16,370	−554	−1,878	**−31,860**	−63,867	−51,477	−33,882	**−149,226**
01	北海道	○	−2,075	−2,687	−33	−446	−5,241	−12,472	−1,918	−2,109	−16,499
02	青森県	●	−330	−479	−3	−152	−964	−1,826	−509	−300	−2,636
03	岩手県	○	−312	−587	−10	−106	−1,015	−1,999	−440	−379	−2,817
04	宮城県	○	−428	−342	−34	−227	−1,031	−1,985	−969	−572	−3,527
05	秋田県	○	−571	−182	−52	−3	−808	−1,616	−306	−320	−2,242
06	山形県	○	−470	−190	−3	−5	−668	−1,250	−382	−300	−1,933
07	福島県	○	−395	−303	−8	−32	−738	−1,233	−947	−486	−2,665
08	茨城県	○	−485	−628	−8	−53	−1,174	−1,996	−1,510	−919	−4,425
09	栃木県	○	−410	−673	−5	0	−1,088	−1,825	−879	−555	−3,259
10	群馬県	○	−110	−525	0	0	−635	−1,116	−790	−569	−2,475
11	埼玉県	○	−259	−174	0	0	−433	−842	−1,831	−1,107	−3,780
12	千葉県	○	−390	−629	−4	−46	−1,069	−1,953	−2,160	−1,138	−5,250
13	東京都	●	−4	−21	−3	−3	−31	−55	−10,851	−6,225	−17,131
14	神奈川県	●	−34	−134	−4	−1	−173	−317	−2,655	−1,737	−4,709
15	新潟県	○●	−520	−285	−7	−2	−814	−1,549	−921	−584	−3,054
16	富山県	●		−62	−11	−6	−78	−616	−394	−306	−1,316
17	石川県	●	−185	−70	−4	−14	−273	−461	−325	−305	−1,091
18	福井県	●	−185	−31	−5	−3	−223	−380	−288	−222	−890
19	山梨県	●	−49	−51	−1	0	−101	−165	−241	−198	−604
20	長野県	○△	−725	−209	−95	0	−1,029	−1,934	−691	−755	−3,380
21	岐阜県	●	−153	−235	−13	0	−401	−792	−526	−443	−1,762
22	静岡県	●	−139	−265	−37	−314	−755	−1,245	−1,873	−1,131	−4,249
23	愛知県	●	−207	−612	−33	−1	−854	−1,615	−2,566	−2,092	−6,273
24	三重県	○	−181	−220	−10	−43	−454	−742	−859	−554	−2,154
25	滋賀県	○	−178	−71	0	0	−249	−441	−1,198	−521	−2,161
26	京都府	●	−115	−87	−10	−1	−213	−373	−1,200	−582	−2,154
27	大阪府	●	−47	−24	−22	0	−93	−172	−3,557	−2,131	−5,861
28	兵庫県	●	−277	−307	−11	−4	−599	−1,051	−1,662	−1,127	−3,840
29	奈良県	●	−70	−53	−9	0	−132	−251	−277	−180	−708
30	和歌山県	○	−96	−39	0	−1	−136	−254	−393	−212	−859
31	鳥取県	○	−76	−143	−9	−18	−246	−478	−193	−102	−772
32	島根県	○	−130	−142	−31	−22	−288	−581	−179	−140	−899
33	岡山県	○	−211	−182	−14	0	−407	−757	−875	−473	−2,105
34	広島県	△●	−154	−179	−10	−2	−345	−654	−769	−706	−2,129
35	山口県	○	−168	−94	−10	−2	−274	−493	−637	−302	−1,432
36	徳島県	○	−60	−137	−5	−11	−213	−368	−32	−39	−440
37	香川県	○	−69	−101	0	−8	−178	−334	−413	−190	−937
38	愛媛県	○	−76	−179	−10	−41	−306	−534	−669	−268	−1,471
39	高知県	○	−76	−21	−1	−29	−128	−266	−166	−92	−524
40	福岡県	●	−279	−321	−12	−24	−636	−1,336	−1,497	−907	−3,740
41	佐賀県	○	−161	−1,064	−3	−26	−1,254	−2,332	−336	−271	−2,939
42	長崎県	○	−83	−286	0	−124	−493	−997	−371	−224	−1,591
43	熊本県	○	−203	−651	−9	−6	−869	−1,980	−474	−407	−2,861
44	大分県	○	−85	−216	−1	−30	−332	−606	−429	−252	−1,286
45	宮崎県	○	−161	−1,065	−3	−26	−1,255	−2,698	−414	−369	−3,480
46	鹿児島県	○	−196	−1,141	−1	−34	−1,372	−3,093	−707	−440	−4,240
47	沖縄県	○	−1,507	−274	0	−11	−1,793	−3,836	−197	−644	−4,676

表 7-3 （続き） （単位：億円、人）

内産業の生産減少額			所得	雇用の影響
産業別内訳（再掲）			県内総生産減少額（GDP）	就業者減少数(人)兼業農家の離農者を含む
第一次産業	第二次産業	第三次産業		
−	−	−	−	−
−25,606	−50,460	−73,161	**−58,451**	**−2,270,834**
−4,563	−4,846	−7,090	−7,231	−188,346
−819	−774	−1,043	−1,166	−50,688
−803	−950	−1,065	−1,209	−79,645
−950	−934	−1,643	−1,496	−66,406
−864	−387	−991	−1,054	−81,704
−680	−490	−763	−868	−48,246
−630	−871	−1,165	−1,187	−63,492
−864	−2,059	−1,502	−1,643	−60,708
−685	−1,541	−1,032	−1,165	−84,010
−281	−1,317	−877	−836	−28,772
−339	−1,478	−1,963	−1,379	−49,453
−728	−2,058	−2,465	−2,022	−66,025
−36	−1,753	−15,342	−6,179	−121,582
−82	−2,235	−2,392	−1,408	−29,714
−757	−928	−1,370	−1,347	−35,476
−389	−435	−492	−558	−44,421
−267	−308	−515	−436	−16,551
−242	−225	−424	−366	−36,594
−92	−260	−252	−210	−8,109
−1,027	−835	−1,518	−1,430	−100,855
−283	−774	−705	−659	−27,407
−650	−1,962	−1,636	−1,499	−58,631
−420	−3,209	−2,644	−1,936	−49,972
−348	−1,136	−670	−782	−26,824
−222	−882	−1,056	−999	−37,042
−166	−817	−1,172	−957	−28,051
−85	−1,666	−4,110	−2,081	−41,930
−431	−1,705	−1,704	−1,337	−48,886
−110	−261	−337	−283	−12,236
−167	−370	−321	−319	−15,523
−178	−291	−303	−329	−14,099
−269	−249	−382	−422	−32,204
−331	−1,014	−760	−797	−41,730
−247	−880	−1,002	−757	−34,025
−247	−692	−493	−555	−42,851
−113	−190	−136	−182	−8,315
−146	−390	−402	−366	−16,080
−276	−631	−565	−552	−25,431
−181	−90	−252	−238	−17,696
−472	−1,139	−2,129	−1,529	−53,216
−422	−1,436	−1,081	−1,174	−39,013
−390	−495	−706	−703	−35,847
−592	−1,089	−1,180	−1,184	−62,525
−255	−572	−460	−496	−22,485
−824	−1,362	−1,294	−1,362	−42,572
−951	−1,713	−1,576	−1,696	−47,470
−1,730	−760	−2,186	−2,070	−127,975

表 7-4　減少額順位（単位：億円）

1	東京都	−17,131
2	北海道	−16,499
3	愛知県	−6,273
4	大阪府	−5,861
5	千葉県	−5,250
6	神奈川県	−4,709
7	沖縄県	−4,676
8	茨城県	−4,425
9	静岡県	−4,249
10	鹿児島県	−4,240
11	兵庫県	−3,840
12	埼玉県	−3,780
13	福岡県	−3,740
14	宮城県	−3,527
15	宮崎県	−3,480
16	長野県	−3,380
17	栃木県	−3,259
18	新潟県	−3,054
19	佐賀県	−2,939
20	熊本県	−2,861
21	岩手県	−2,817
22	福島県	−2,665
23	青森県	−2,636
24	群馬県	−2,475
25	秋田県	−2,242
26	滋賀県	−2,161
27	京都府	−2,154
28	三重県	−2,154
29	広島県	−2,129
30	岡山県	−2,105

7.4.1　農林水産業の生産減少

　最も大きな影響を受けるのは、北海道（−5,241億円）、沖縄県（−1,793億円）、鹿児島県（−1,372億円）、宮崎県（−1,255億円）、佐賀県（−1,254億円）と続き、1,000億円を超える県では、他に岩手県、宮城県、茨城県、栃木県、千葉県、長野県などとなっています。道県の産業で農林水産業が相対的に大きな比重を占めている地域が、まずは関税撤廃により直撃を受ける形です。

7.4.2　経済波及効果の分析結果─第1位の東京都を含め大都市部への影響も

　表7-3の中ほどの「経済波及効果による都道府県内産業の生産減少額」は、合計で−14兆9,226億円にのぼります（合計B）。起点の表7-2の最終需要額−3兆2,174億円で割った波及倍率は4.63倍となり5倍近くに影響が広がることが分かります。**波及倍率**は、生産誘発額÷直接効果で計算しますが、ここでの直接効果は、最終需要にかける自給率は各都道府県内の生産が減少する額なので1となり、最終需要額と直接効果額とは同額となります。

　波及効果の金額−14兆9,226億円の内訳の都道府県の合計額をみてみると、「自県の生産減少による影響」は−6兆3,867億円、「他県の生産減少による影響」は−5兆1,477億円、農機具などの「設備投資の減少効果」は−3兆3,882億円となります。**地域内表**だけでは計算できない「他県の生産減少による影響」を計算できるのが、2地域間産業連関表の長所です。

　波及効果額の減少が大きい都道府県を順に並べたのが**表7-4**です。

　第1位は東京都で1兆7,131億円の減少、第2位が北海道の1兆6,499億円の減少、第3位が愛知県の6,273億円の減少、第4位が大阪府の5,861億円の減少と続いています。TPPは、直接にはそれぞれの都道府県の農林水産業の問題ですが、全国で約3兆円の生産減少が起きる時、単に農林水産業だけでなく関連産業への広い範囲へ及ぶ波及効果を含めて考える必要があることを教えてくれます。

7.4.3　国内総生産と雇用への影響

　−14兆9,226億円の生産減少効果に伴い、粗付加価値（国内総生産：GDP）の減少額も−5兆8,451億円にのぼります。平成25暦年の国内総生産（GDP）を1.2%減少させる計算値です。また、**表7-5**では都道府県別のマイナスの雇用効果（就業者数の減少）を掲げました。全国の就業者の減少は─2,270,834人の規模と

表7-5　都道府県別にみた雇用（就業者数）への影響（単位：人）

1	北海道	−188,346	17	埼玉県	−49,453	33	神奈川県	−29,714
2	沖縄県	−127,975	18	兵庫県	−48,886	34	群馬県	−28,772
3	東京都	−121,582	19	山形県	−48,246	35	京都府	−28,051
4	長野県	−100,855	20	鹿児島県	−47,470	36	岐阜県	−27,407
5	栃木県	−84,010	21	富山県	−44,421	37	三重県	−26,824
6	秋田県	−81,704	22	山口県	−42,851	38	愛媛県	−25,431
7	岩手県	−79,645	23	宮崎県	−42,572	39	大分県	−22,485
8	宮城県	−66,406	24	大阪府	−41,930	40	高知県	−17,696
9	千葉県	−66,025	25	岡山県	−41,730	41	石川県	−16,551
10	福島県	−63,492	26	佐賀県	−39,013	42	香川県	−16,080
11	熊本県	−62,525	27	滋賀県	−37,042	43	和歌山県	−15,523
12	茨城県	−60,708	28	福井県	−36,594	44	鳥取県	−14,099
13	静岡県	−58,631	29	長崎県	−35,847	45	奈良県	−12,236
14	福岡県	−53,216	30	新潟県	−35,476	46	徳島県	−8,315
15	青森県	−50,688	31	広島県	−34,025	47	山梨県	−8,109
16	愛知県	−49,972	32	島根県	−32,204		全国	−2,270,834

なります（兼業農家の離農を含んでいるので算出結果は実人数より多く出ています）。

　北海道（第1位）、沖縄県（第2位）、長野県（第4位）といった農林水産業の比重が大きい道県の他、東京都（第3位）などの大都市部への影響も無視できない規模です。就業機会を確保し、定住人口の増加を目指している全国各地の**地方創生**の取り組みとは逆に、人口減少を加速させる恐れを表7-5は示しています。

参考文献

1．内閣官房（2013）「関税撤廃した場合の経済効果についての政府統一試算」、同「（別紙）農林水産物への影響試算の計算方法について」
2．内閣官房TPP政府対策本部（2015）「TPP協定の経済効果分析」、同「TPP協定の経済効果分析について」、同「（別紙）農林水産物の生産額への影響について」
3．鈴木宣弘・天笠啓祐・山岡淳一郎・色平哲郎（2013）『TPPで暮らしはどうなる?（岩波ブックレット）@』岩波書店

補論1　家計内生化モデルによる拡大逆行列係数の作り方

　この補論1は、**補論1-図1**の簡単なひな型をもとに、家計内生化モデルの**拡大逆行列係数**の作り方と、それから導かれる新しい列和の特徴について説明します。

　図1の一番上の産業連関表は、産業 A と産業 B の2部門の産業連関表です。図1の左側が通常の産業連関モデル、右側が家計内生化モデルの各係数の算出過程を表しています。輸出・輸入や移出・移入などの他地域との取引はここではないものとしています。

　左と右の係数表で違いが出てくるのは、逆行列を求める一つ前の段階です。

　通常の理論モデルでは、単位行列 I から投入係数行列 A を引いた行列 $(I-A)$ を、エクセルの関数（MINVERSE）により逆行列 $(I-A)^{-1}$ として求めるのですが、家計内生化モデルでは $(I-A)$ の2行2列の下に1行、右に1列を追加します。この作業で移輸入がある場合は $\left(I-\left(I-\widehat{M}\right)A\right)$ 表の右に1列と下に1行追加します。

　下に追加する1行は、図1の通り最初の取引基本表の雇用者所得を域内生産額で割った**雇用者所得係数 v** にマイナス符合を付けた値です。

　また右に追加する1列は、**消費係数 c** にマイナス符合を付けた値を配置します。消費係数はここでは、最初の表の産業 A と産業 B の雇用者所得の合計100を分母として、表の家計消費をタテに割った係数です。移輸入のある場合は、この消費係数に自給率 $(I-\widehat{M})$ をかけます。

　家計内生化モデルの理論式は、次のように表現します。

$$\begin{bmatrix} \Delta X \\ \Delta V \end{bmatrix} = \begin{bmatrix} I-\left(I-\widehat{M}\right)A & -\left(I-\widehat{M}\right)c \\ -v & 1 \end{bmatrix}^{-1} \begin{bmatrix} \left(I-\widehat{M}\right)\Delta F \\ 0 \end{bmatrix} \qquad (\text{付}.1)$$

記号：ΔX：生産誘発額（列ベクトル）、ΔV：雇用者所得誘発額（スカラー）、I：単位行列、$\widehat{M}$：移輸入係数行列、A：投入係数行列、v：雇用者所得率係

補論 1-図 1 　家計内生化モデルによる拡大逆行列係数の作り方と列和の比較

[通常の産業連関モデル]

投入＼産出	産業A	産業B	家計消費	設備投資	域内生産額
産業A	20	50	20	10	100
産業B	30	50	40	80	200
雇用者所得	40	60			
その他粗付加価値	10	40			
域内生産額	100	200			

↓

投入係数 A	0.20	0.25
	0.30	0.25

↓

単位行列 I	1	0
	0	1

↓

$I-A$	0.80	-0.25
	-0.30	0.75

[家計内生化モデル]

投入＼産出	産業A	産業B	家計消費	設備投資	域内生産額
産業A	20	50	20	10	100
産業B	30	50	40	80	200
雇用者所得	40	60			
その他粗付加価値	10	40			
域内生産額	100	200			

↓

投入係数 A	0.20	0.25
	0.30	0.25

↓

単位行列 I	1	0
	0	1

↓

$I-A$	0.80	-0.25
	-0.30	0.75

（拡大逆行列の作成準備）

消費係数 $(-c)$：家計消費÷雇用者所得総計 ↓

$I-A$		$-c$	0.80	-0.25	-0.20
			-0.30	0.75	-0.40
$-v$		1	-0.40	-0.30	1.00

雇用者所得率 $(-v)$：$-$（雇用者所得÷生産額）　　数字の 1 を置く

（MINVERSE関数で拡大逆行列の作成）　　（点検）投資

拡大逆行列 $(I-A, -c, -v, 1)$	2.03	1.00	0.80	×	10
	1.48	2.32	1.22		80
	1.25	1.09	1.69		0

逆行列 $(I-A)^{-1}$	1.43	0.48	×	最終需要 $\triangle F$	30
	0.57	1.52			120

↓

| 逆行列の点検 | | | | | 100 |
| $\triangle X=(I-A)^{-1}\triangle F$ | | | | | 200 |

拡大逆行列の点検：生産額＝拡大逆行列×投資拡大逆行列と家計消費を除く最終需要を用いて生産額を計算する。正しく処理されていれば原表の生産額と一致する

100
200
100

（列和の意味）　　　　　最終需要 $\triangle F$

逆行列 $(I-A)^{-1}$	1.43	0.48	×	1	0
	0.57	1.52		0	1

↓　　↓

誘発生産額 $(I-A)^{-1}\triangle F$	産業A、Bに最終需要1を与え誘発生産額を計算	1.43	0.48
		0.57	1.52

1 列ずつ計算

列和	2.00	2.00

⟺

拡大逆行列	2.03	1.00	0.80
	1.48	2.32	1.22
	1.25	1.09	1.69

←最終行は列和に加えない

↓　　↓

列和	3.50	3.31

※四捨五入の関係で列和の合計は一致しない

数行列（行ベクトル）、c：消費係数行列（列ベクトル）、1：（スカラー）、ΔF：市内最終需要増加額（列ベクトル）、0：（スカラー）

$$\begin{bmatrix} \left[I-\left(I-\widehat{M} \right)A \right] & -\left(I-\widehat{M} \right)c \\ -v & 1 \end{bmatrix}^{-1}：拡大逆行列（係数表）$$

　図1の例で、2つの逆行列係数表を比べてみましょう。

　左側の通常の逆行列係数表では、産業Aのタテは1.43と0.57、産業Bのタテは0.48と1.52となっています。それぞれ産業Aと産業Bに1単位の需要があったとき、産業Aと産業Bに誘発される生産額の比率を表しています。そのタテ列の合計（列和）は、どちらの産業も2.00となり、最終需要の2倍の生産が誘発されることを意味しています。

　右側の拡大逆行列係数表では、1行1列大きいのですが、その下の最終需要欄のように、どちらの産業にも1単位の需要があった場合、生産誘発額は、拡大逆行列係数表の最初の2行2列に表れている係数になります。つまり拡大逆行列係数表の中の産業Aと産業Bがクロスする2行2列の値が、通常のモデルに対応する生産誘発倍率を示しているのです。拡大逆行列係数にかける最終需要の3行目は図1のように、数字の0を入れて計算します。

　拡大逆行列の3行目は、各産業に1単位の需要があった時、消費係数の分母とした雇用者所得が産業Aと産業Bにどれだけ誘発されるのかという比率を意味しています。

　このことから、家計内生化モデルによる拡大逆行列の列和は、一番下の行を除くそれぞれタテ列について、ヨコ2行の値の合計であることが分かります。通常の産業連関モデルに比べて大きくなっています。大きくなっている理由は、通常の逆行列係数が、直接効果＋間接一次効果（原材料ルートの波及効果）の合計値としての波及倍率を意味しているのに対し、家計内生化モデルによる拡大逆行列係数は、これに間接二次効果（付加価値ルートの波及効果※）を含んでいるからです。（※生産誘発→雇用者所得誘発→消費誘発→生産誘発→雇用者所得誘発→…という波及過程が収束するまで計算されています。）

　家計内生化モデルの拡大逆行列係数の列和は、このように通常の均衡産出高モデルの逆行列係数の列和よりも地域内の産業に与える影響を、本来のあるべき十

全な形で捉えていることが分かります。

　家計内生化モデルの詳細については、本書［基礎編］の第6章「産業連関の家計内生化モデル」で詳しく説明していますので参照してください。

（注）本書のいくつかの章では、経済波及効果を算出するために家計内生化モデルを用いています。各章での同じ説明の繰り返しを避けるために、各章では解説せずこの補論1で解説しています。

補論2 従業者数から売上額を推計する方法（回帰分析の利用）

　最終需要データを作成する際に、工場や店舗、宿泊施設などの年間生産額や売上額を知りたい時があります。市町村の産業連関表を作成する際にも、ある産業部門の年間生産額を知りたい場合がありますが、探しても見つからないことが多いです。

　そのような時、従業者数から年間生産額や売上額を推計する方法があります。年間生産額や売上額の集計表が掲載されている統計として、総務省統計局「経済センサス（活動調査）」や経済産業省「工業統計調査」、同「商業統計調査」などがあります。これらの中から、従業者規模別にみた年間売上（収入）額や生産額を表示している統計表を見つけます。

補論2-表1で静岡県の「老人福祉・介護事業」を例にとって説明していきましょう。出典は総務省統計局「平成28年経済センサス（活動調査）」です。

　この表では、従業者数を1〜4人、5〜9人、10〜19人、20〜29人、30〜49人、50人以上の6段階の区分に分け、事業所数（A）、従業者数（B）、売上（収入）金額（D）の数字が掲載されています。この表をもとに「**1事業所あたり従業者数（C）**」と「**1事業所あたり売上額（E）**」の欄を作ります（グレーの欄）。

　この2つのデータが、従業者数から年間売上額を推計するための基礎データとなります。推計式の作り方を次に説明します。

① 補論2-表1の老人福祉・介護事業のC欄を左側に、E欄を右側に並べた表を作ります。左側のデータをX軸、右側をY軸にするためです。

② エクセルの「挿入」→「グラフ」→「散布図」を選ぶと、白紙のグラフ用の台紙が出てきます。

③ 台紙の上で右クリックをし、「データの選択」を選んで、表の数字を範囲指定して「OK」を押します。グラフ上に5つの点（ドット）が表示されます。

④ 次にグラフ上の5つの点のどれか一つにマウスのポインタを合わせて左クリックします。そしてそのまま右クリックをし、メニューから「近似曲線の追加」を選びます。

補論2-表1　医療、福祉産業の従業者規模別にみた売上（収入）金額（一部）

静岡県	従業者数（1〜4人）				
産業細分類	事業所数	従業者数(人)	1事業所あたり従業者数(人)	売上(収入)金額(百万円)	1事業所あたり売上額(百万円)
	A	B	C＝B/A	D	E＝D/A
851 社会保険事業団体	14	38	2.7	8,433	602
53 児童福祉事業	80	223	2.8	728	9
854 老人福祉・介護事業	335	882	2.6	6,866	20
855 障害者福祉事業	167	380	2.3	2,553	15
859 その他の社会保険など	27	67	2.5	431	16

（出典）平成28年経済センサス−活動調査　事業所に関する集計−産業別集計（医療、福祉）
　　　　第1表　産業（細分類）、単独・本所・支所（3区分）、経営組織（4区分）、従業者規模（7区分）
　　　　別民営事業所数、従業者数、売上（収入）金額

⑤　「指数近似」「線形近似」…と近似曲線のメニューが表示されますが、ここでは「多項式近似」（次数：2）を選びます。すると補論2-図1の二次曲線が表示されます。

⑥　数式を表示します。まず「切片」にチェックを入れて0にします。従業者数が0だと収入額も0となるため、曲線がグラフの原点を通るようにします。

⑦　「グラフに数式を表示する」と「グラフにR-2乗値を表示する」にチェックを入れ近似式を表示させます。この式に例えばXに10（人）を代入し、従業者数10人の施設の年間収入額を計算します。答は4,030万円となります。

　上記の例に限らず一般に、従業者数と年間売上額のようなデータセット(x_i, y_i) $i = 1, 2, 3, ..., n$がある時、x_iのとき、y_iの値と近似曲線（または直線）上の$\bar{y_i}$値の差の二乗の和$\sum(y_i - \bar{y_i})^2$を最小にする最小二乗法の計算式から式の形を決める係数や定数などパラメータを求め、近似式を導きます（補論2-図2）。グラフでは「近似式を表示する」で作成できます。

　最小二乗法で求めた近似式を回帰式と呼びます。回帰分析は、できあがった回帰式に既知のxの値を代入することによって、知りたい未知のyの値を推測したり、将来のyの値を予測する方法です。回帰式は直線の一次関数だけでなく、二次関数、指数関数などさまざまな形があり、あてはまりのよい直線や曲線を選択します。

　回帰式の右辺の説明変数xが1つの場合を単回帰分析、2つ以上の場合を重

補論2-図1　従業者数と収入額との関係（近似式：二次曲線）

	1事業所あたり従業者数（人）	1事業所あたり収入金額（百万円）
1～4人	2.6	20
5～9人	6.9	
10～19人	14.2	59
20～29人	23.7	98
30～49人	36.9	165
50人以上	90.3	478

（空欄はそのままでよい）
推計式パラメータ（係数定数）は、グラフより

X^2	0.0158
X	3.8696

従業者数が10人の時
Xに10を代入し収入額を求めると

10.0	40.3

→　よって年間収入額は**4,030万円**と推計される

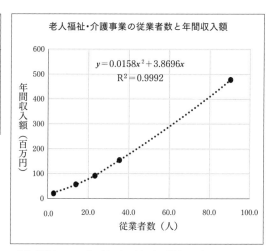

老人福祉・介護事業の従業者数と年間収入額

$$y = 0.0158x^2 + 3.8696x$$
$$R^2 = 0.9992$$

（注）従業者5～9人の欄の収入額は秘匿数字Xで表示できないが、散布図を作るのには影響しない

補論2-図2　最小二乗法と回帰式

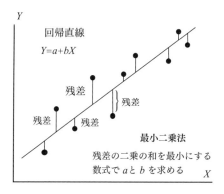

回帰直線
$Y = a + bX$

残差

最小二乗法
残差の二乗の和を最小にする
数式でaとbを求める

回帰分析と呼びます。データと回帰式とのあてはまり具合（精度）をみるためにR^2（アール二乗値）という相関係数を二乗した**決定係数**などが使われます。R^2値が1に近いほど当てはまり具合がよい式だと判断します。

　従業者数から年間売上額を推計するこの回帰分析の方法は、本書では、第6章、第15章などで最終需要を求めるために用いています。

補論3　地域間産業連関表の作り方と理論モデル

　地域間産業連関表は、ある地域と別の地域の産業連関表を連結して地域間の経済取引を把握できる産業連関表のことを言います。

　連結する地域の数や範囲は、分析目的によって設定します。本書では地域間産業連関表による分析を**補論3-表1**に掲げた各章で用いています。

補論3-表1　本書における地域間産業連関表の利用

章	テーマ	分析対象地域	連結する地域	地域数	地域間産業連関表を用いた理由
7章	TPPの影響	各都道府県	その他全国	2	当該県への影響は自県の農林水産の減少だけでなく、間接的に他県からの農機具や肥料などの需要減少の影響を受けるため
12章	花火大会	静岡市	その他全国	2	波及効果を包括的に把握するため
13章	静岡空港	静岡県	愛知県、山梨県、神奈川県、東京都、千葉県、その他全国	7	他県を移動するインバウンド客の旅先での支出が静岡県に跳ね返る効果を捉えるため
14章	伊豆縦貫道	伊豆南部1市5町	伊豆南部他の市町、南部を除く伊豆地域、伊豆地域を除く静岡県、静岡県を除く全国	9	伊豆南部1市5町（賀茂地域）相互の経済的結びつきを中心に分析するため
16章	公立病院	静岡県	静岡県を除く全国	2	波及効果を包括的に把握するため
18章	人口減少	静岡市	その他全国	2	静岡市の人口減少は主に第三次産業、全国の人口減少は第一次産業、第二次産業のうちの製造業へ違った影響をもたらすため
19章	移住者	静岡市	その他全国	2	波及効果を包括的に把握するため
20章	人口ビジョン	14章とおなじ		9	14章とおなじ

　2地域間産業連関表のイメージは、**補論3-図1**の通りです。

補論3-図1　2地域間産業連関表のひな型

投入 ＼ 産出			中間需要				最終需要				地域内生産額合計
			静岡市		「全国」		静岡市		「全国」		
			産業A	産業B	産業A	産業B	消費	投資	消費	投資	
中間投入	静岡市	産業A	静岡市から静岡市へ		静岡市から「全国」へ		静岡市から静岡市へ		静岡市から「全国」へ		静岡市内生産額
		産業B									
	「全国」	産業A	「全国」から静岡市へ		「全国」から「全国」へ		「全国」から静岡市へ		「全国」から「全国」へ		「全国」生産額
		産業B									
付加価値			静岡市の付加価値		「全国」の付加価値						
地域内生産額合計			静岡市内生産額		「全国」生産額						

補論3-図2　地域間産業連関表の作り方

[第1ステップ] ● 両表の項目を揃えておきます。不要な項目は省いても構いません（輸出入を略しています）

静岡市	産業A	産業B	消費	投資	域内需要	移出	移入	域内生産
産業A	20	50	10	20	100	10	−10	100
産業B	30	50	40	30	150	100	−50	200
付加価値	50	100						
域内生産	100	200						

「全国」（注）	産業A	産業B	消費	投資	域内需要	移出	移入	域内生産
産業A	40	100	20	40	200	10	−10	200
産業B	60	100	80	60	300	50	−100	250
付加価値	100	200						
域内生産	200	400						

● 「全国表」に移出欄と移入欄を作成
● 両表の移出欄と移入欄に符合を変えて入れます

[第2ステップ] ● 静岡市と「全国」の移入を各域内需要の構成比で按分した表を作成しておきます（M表）

静岡市	産業A	産業B	消費	投資	（計）
産業A	2	5	1	2	10
産業B	10.0	16.7	13.3	10.0	50

「全国」	産業A	産業B	消費	投資	（計）
産業A	2	5	1	2	10
産業B	20	33.3	26.7	20	100

● 按分比率の分母は域内需要の数字

● 静岡市の移入を域内需要の項目の比率で按分します
● 「全国」の移入を域内需要の項目の比率で按分します

[第3ステップ] ● 静岡市と全国の地域間産業連関表の枠組みを作り、[M]表の数字を該当欄に入れます

投入＼産出		静岡市 産業A	静岡市 産業B	全国 産業A	全国 産業B	静岡市 消費	静岡市 投資	全国 消費	全国 投資	域内生産
静岡市	産業A			2	5			1	2	100
静岡市	産業B			20	33.3			26.7	20	200
「全国」	産業A	2	5			1	2			200
「全国」	産業B	10	16.7			13.3	10			250
付加価値		50	100	100	200					
域内生産		100	200	200	400					

● 空欄は第1ステップの原表の数字から第3ステップに入れた数字を引いて埋めます

[第4ステップ] ● あとは投入係数、逆行列係数を通常の方法で求めていきます。輸入輸出は両地域とも通常の産業連関表通り扱います（輸入係数など）

(注) 「全国」は静岡市を除く全国表を表しています。表内の数字も全国−静岡市で計算しておきます。

　地域間産業連関表のしくみと作成方法を簡単な数値例で説明したのが、上の**補論3-図2**です。静岡市と静岡市以外の「全国」を取り上げています。

　分析のための地域間産業連関理論モデルは、次の通りです。

$$\begin{bmatrix} \Delta X \\ \Delta V \end{bmatrix} = \begin{bmatrix} I-TA & -Tc \\ -v & I \end{bmatrix}^{-1} \begin{bmatrix} T\Delta Fd + \Delta E \\ 0 \end{bmatrix}$$ 　　（補論3.1）

記号：ΔX：生産誘発額　ΔV：粗付加価値誘発額　I：拡大単位行列

補論3-図3　地域間産業連関表における交易係数とその作成方法

ステップ1
●A市と全国の産業連関表を同じ形式に揃える（全国表に移出、移入欄を作る）
●全国表からA市の表を差し引いて、A市を全国から分離する
●A市の移出を、符合をマイナスに変えて全国の移入の欄に記入する
●A市の移入を、符合をプラスに変えて全国の移出の欄に記入する

A市		中間需要			最終需要						市内資産額
		第一次産業	第二次産業	第三次産業	消費	投資	移出	輸出	移入	輸入	
中間投入	第一次産業										
	第二次産業										
	第三次産業										
粗付加価値	雇用者所得										
	営業余剰										
	資本減耗										
市内生産額											

ステップ2
●ステップ1とは別に、下の地期間産業連関表の枠組みを作り（数字なし）、数字を順に埋めてゆく
●A市の移出を全国の域内需要の比率で配分する
●全国の移出をA市の域内需要の比率で配分する

			中間需要						最終需要					輸出	輸入
			A市			全国			A市		全国				
			第一次産業	第二次産業	第三次産業	第一次産業	第二次産業	第三次産業	消費	投資	消費	投資			
中間投入	A市	第一次産業				①	②	③			④				
		第二次産業													
		第三次産業													
	全国	第一次産業	⑤	⑥	⑦				⑧						
		第二次産業													
		第三次産業													
粗付加価値		雇用者所得													
		営業余剰													
		資本減耗													
域内生産額															

［A市の移出先の配分方法］

A市の第一次産業の移出額 ×

$$\underset{①}{\frac{\text{全国の第一次産業の中間需要}}{\text{全国の域内需要合計}}} \cdots \quad \underset{②}{\frac{\text{全国の第二次産業の中間需要}}{\text{全国の域内需要合計}}} \cdots$$

$$\underset{③}{\frac{\text{全国の第三次産業の中間需要}}{\text{全国の域内需要合計}}} \cdots \quad \underset{④}{\frac{\text{全国の消費}}{\text{全国の域内需要合計}}}$$

［A市の移入先の配分方法］

全国の第一次産業の移出額 ×

$$\underset{⑤}{\frac{\text{A市の第一次産業の中間需要}}{\text{A市の域内需要合計}}} \cdots \quad \underset{⑥}{\frac{\text{A市の第二次産業の中間需要}}{\text{A市の域内需要合計}}} \cdots$$

$$\underset{⑦}{\frac{\text{A市の第三次産業の中間需要}}{\text{A市の域内需要合計}}} \cdots \quad \underset{⑧}{\frac{\text{A市の消費}}{\text{A市の域内需要合計}}}$$

ステップ3
●移出、移入の配分が終わったら、A市の原表の中間需要から移入を引いてA市×A市の取引　欄を埋める。以下A市の残りと、全国も同じ方法で数字を埋める
●すべての欄に数字を入れたら、A市と全国の同じ欄の数字を合計し、原表の数字と一致していることを確かめる

T：地域交易係数行列　A：拡大投入係数行列　ΔFd：域内最終需要

ΔE：輸出　v：雇用係数行列　c：消費係数行列

$$\begin{bmatrix} I-TA & -Tc \\ -v & I \end{bmatrix}^{-1}$$：拡大逆行列（家計内生化地域間産業連関モデル）

　地域交易係数 T は、**補論3-図3**で示した、①〜⑧の分数で表現された係数です。

　この交易係数は、ある地域のある産業の財の相手地域への移出先の配分係数であり、逆に言えば相手地域のある産業の財からのある地域への移入先の配分係数です。

　詳しい説明は、浅利一郎・土居英二（2016）『地域間産業連関分析の理論と実際』（日本評論社）を参照してください。

第Ⅲ部

観光とイベント

第8章

静岡県内インバウンド宿泊客による
経済波及効果

8.1 事例解説

　近年、日本を訪れる外国人観光客（以下、インバウンド観光客）が急速に増加しています。

　日本政府は観光産業を成長戦略の柱と位置付け、さまざまな訪日観光促進策を打ち出すとともに、自治体や民間企業レベルでも、案内表示板やパンフレットの多言語表記、Wi-Fi環境の整備など、インバウンド観光客の受入体制を強化する動きが拡大しています。これらの取組みが結実する形で、2017年のインバウンド観光客数は2,869万人と、5年連続で過去最高を更新しました。

　中国人観光客による家電製品や化粧品などの"爆買い"、ラグビーワールドカップ観戦客のビールの大量消費が大きな注目を集めたように、インバウンド観光客の旺盛な消費活動は、大都市部を中心に、小売業や宿泊・飲食サービス業といった関連産業に特需をもたらし、国内景気を押し上げています。政府は2020年の東京オリンピック・パラリンピック開催に合わせて「4,000万人訪日・8兆円消費」を目標に掲げ、さまざまな施策を打ち出す方針を示しており、今後、インバウンド観光客が消費主体として存在感を一層強めていくことは間違いありません。

　本章では、観光庁の公表している資料をもとに、2017年に静岡県を訪れたインバウンド宿泊客数を国・地域別に推計し、それぞれの消費単価を乗じることで、静岡県内における消費支出総額と経済波及効果を推計します。

図8-1　全国のインバウンド観光客数の推移

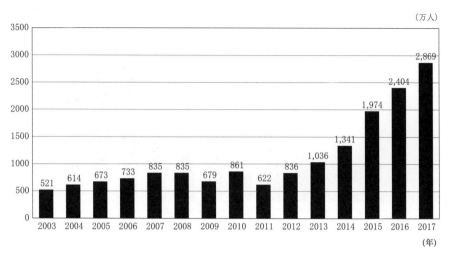

(出典）日本政府観光局「訪日外客数の動向」

8.2　インバウンド観光客の推移

8.2.1　全国のインバウンド観光客数の推移

　日本政府観光局（JNTO）「訪日外客数の動向」によれば、**図8-1**のとおりイインバウンド観光客数は2012年までは1,000万人を下回る水準で推移していましたが、13年以降急速に増加し、2017年は2,869万人と10年前（2007年）の3.4倍の水準に達しました。

　2007年から17年にかけての変化率を国・地域別で比較すると、大半の国・地域からの来訪者が増加していますが、とりわけアジア諸国からの増加が目立ちます。日本への観光客数が最も多い中国は、伸び率で7.8倍と大幅に増えたほか、ベトナム（9.7倍）、タイ（5.9倍）、インドネシア（5.5倍）などの東南アジア諸国も高い伸び率を示しています。

　ここ数年でアジア諸国からのインバウンド観光客が急増した要因として、現地諸国における中間所得層の拡大や、円安の進展で訪日旅行の割安感が強まったことに加えて、日本政府によるアジア諸国向けのビザ発給要件の段階的緩和や、消費税免税対象品目の拡大、LCC（格安航空会社）誘致の取組みが奏功したことなどがあります。また、地域の交流人口の拡大に向けて、インバウンド観光客の獲

図8-2　静岡県内のインバウンド宿泊客数の推移

（万人）

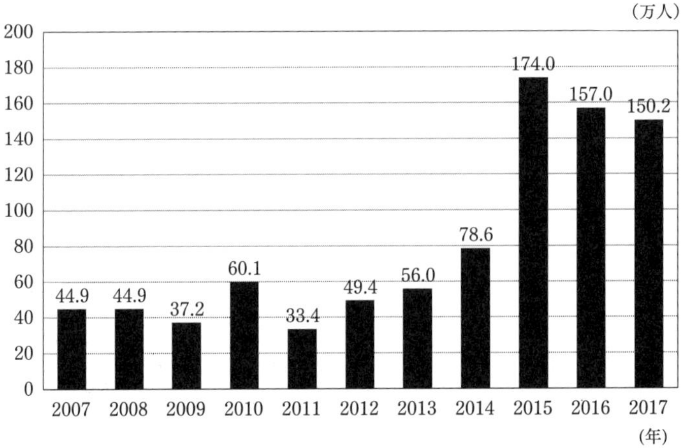

（出典）観光庁「宿泊旅行統計調査」

得に向けた施策に注力する自治体が増えていることも一因とみられます。

8.2.2　静岡県内のインバウンド宿泊客数の推移

　次に、観光庁の「宿泊旅行統計調査」で、静岡県内のインバウンド宿泊客数の推移をみてみましょう。**図8-2**では東日本大震災が発生した2011年に大きく落ち込んだものの、2012年から3年連続で前年比2ケタの高い伸び率を示すと、2015年には前年の2.2倍という突出的な伸びを記録しました。同年は、中国人による"爆買い"がピークを迎えた年であり、富士山静岡空港と中国各地を結ぶ定期路線が13路線に増加するなどの好材料が重なったことが要因と考えられています。

　ただし、2016年頃から、県内宿泊客の多くを占める中国人の旅行スタイルが徐々に変わり、直近となる2017年のインバウンド宿泊客数は150万人と2年連続で前年を下回り、急速な増加傾向には陰りが生じつつあるようです。

8.2.3　国・地域別の静岡県内インバウンド宿泊客数の推計

　ここからは、静岡県内のインバウンド宿泊客による消費支出総額を推計するため、国・地域別のインバウンド宿泊客数を把握します。2017年の静岡県内におけるインバウンド宿泊客数（2017年・確報値）は、150万1,920人です。ただし、この

表8-1　国・地域別の静岡県内インバウンド宿泊客数（推計値）

（単位：人）

順位	国・地域名	県内宿泊客数推計	構成比
1	中国	964,193	64.2
2	台湾	144,333	9.6
3	韓国	71,014	4.7
4	アメリカ	45,417	3.0
5	香港	36,277	2.4
6	タイ	34,141	2.3
7	マレーシア	18,088	1.2
8	ベトナム	16,806	1.1
9	インドネシア	13,872	0.9
10	イタリア	13,277	0.9
11	インド	13,243	0.9
12	ドイツ	10,680	0.7
13	シンガポール	9,814	0.7
14	フランス	9,724	0.6
15	オーストラリア	8,656	0.6
16	イギリス	7,375	0.5
17	カナダ	5,891	0.4
18	フィリピン	4,598	0.3
19	スペイン	2,192	0.1
20	ロシア	1,922	0.1
―	その他	70,407	4.7
	合計	1,501,920	100

（出典）観光庁「宿泊旅行統計調査」をもとに推計

確報値には、国・地域別の人数が公表されていません。

　そこで、同調査の「参考表」で示されている「国籍別外国人延べ宿泊者数（従業者10人以上の施設）」のデータを利用します。これは、従業者10人以上の県内の宿泊施設が回答した20カ国・地域別のインバウンド宿泊客数を積み上げた結果で、合計で133万6,020人（国籍不詳者7,710名を含む）に上ります。これをもとに、国・地域別の宿泊客数の構成比を割り出します。なお、本章では国籍不詳者を便宜上「その他」に含めました。

　この結果を表8-1でみますと、県内インバウンド宿泊客の国籍は、中国が宿泊客全体の64.2％と突出して多く、以下、台湾（9.6％）、韓国（4.7％）、アメリカ（3.0％）、香港（2.4％）と続きました。この構成比に県内のインバウンド宿泊客総数（150万1,920人）を乗じて、国・地域別のインバウンド宿泊客数を推計します。

表 8-2 インバウンド宿泊客の県内における一人当たり消費支出額（推計値）

(単位：円)

国・地域名	県内支出額	宿泊料金	飲食費	交通費	娯楽サービス費	買物代	その他
中国	21,136	4,375	3,512	1,678	509	10,947	114
台湾	18,783	4,916	3,881	2,132	665	7,141	47
韓国	16,697	5,204	4,287	1,742	852	4,542	68
アメリカ	13,194	5,559	3,028	2,064	478	2,034	30
香港	25,091	6,998	5,431	2,883	759	9,019	1
タイ	12,532	3,659	2,305	1,455	407	4,685	21
マレーシア	14,918	4,674	3,106	2,319	495	4,319	4
ベトナム	5,206	1,388	1,231	465	67	2,054	0
インドネシア	10,435	3,435	1,862	1,789	411	2,938	0
イタリア	14,617	6,622	3,027	2,746	430	1,779	12
インド	6,816	3,009	1,351	947	141	1,367	0
ドイツ	11,755	5,286	2,518	1,798	274	1,879	0
シンガポール	21,335	8,193	4,326	2,468	573	5,760	16
フランス	13,531	5,534	2,867	2,477	519	2,127	8
オーストラリア	17,109	6,747	3,793	2,680	1,067	2,818	4
イギリス	17,655	7,976	4,204	2,655	558	2,262	0
カナダ	13,009	5,214	3,026	2,197	514	2,052	7
フィリピン	5,769	1,597	1,206	678	274	2,013	0
スペイン	15,864	5,817	3,663	3,394	535	2,447	8
ロシア	10,270	3,254	2,139	1,284	468	3,119	6
その他	14,447	5,625	3,185	2,397	473	2,702	65

（出典）観光庁「訪日外国人消費動向調査」をもとに推計

8.3 インバウンド宿泊客による消費支出額の推計

8.3.1 一人当たり消費支出額の設定

　次に、国・地域別のインバウンド宿泊客の一人当たり消費支出額を設定するため、観光庁が実施している「訪日外国人消費動向調査」の「一人当たりの旅行支出」を利用します。これは、アンケートにより、日本を訪れた外国人に一人当たりの消費支出額や滞在日数などを尋ねたものです。

　表 8-2 は静岡県内での滞在日数を 1 日と仮定し、一人当たりの旅行支出額を平均泊数で除して算出しています。

　一人当たりの消費支出額は、さらに「宿泊料金」「飲食費」「交通費」「娯楽サービス費」「買物代」「その他」といった費目別内訳も公表されています。「買物代」については、菓子類や電気製品といった品目別の購入者単価と購入率のデー

表 8 - 3　インバウンド宿泊客の県内における消費総額（推計値）

（単位：100万円）

国・地域名	消費総額	宿泊費	飲食費	交通費	娯楽サービス費	買物代	その他
中国	20,379	4,219	3,387	1,618	491	10,555	110
台湾	2,711	710	560	308	96	1,031	7
韓国	1,186	370	304	124	61	323	5
アメリカ	599	252	138	94	22	92	1
香港	910	254	197	105	28	327	0
タイ	428	125	79	50	14	160	1
マレーシア	270	85	56	42	9	78	0
ベトナム	87	23	21	8	1	35	0
インドネシア	145	48	26	25	6	41	0
イタリア	194	88	40	36	6	24	0
インド	90	40	18	13	2	18	0
ドイツ	126	56	27	19	3	20	0
シンガポール	209	80	42	24	6	57	0
フランス	132	54	28	24	5	21	0
オーストラリア	148	58	33	23	9	24	0
イギリス	130	59	31	20	4	17	0
カナダ	77	31	18	13	3	12	0
フィリピン	27	7	6	3	1	9	0
スペイン	35	13	8	7	1	5	0
ロシア	20	6	4	2	1	6	0
その他	1,017	396	224	169	33	190	5
合計	28,919	6,973	5,246	2,726	801	13,044	129

（出典）観光庁「宿泊旅行統計調査」「訪日外国人消費動向調査」をもとに推計

タまで公表されているので、両者を乗じて品目別構成比を設定しました。

8.3.2　消費総額の推計

　続いて、国・地域別のインバウンド宿泊客数に、一人当たり消費支出額を乗じて、消費総額を試算します。試算した結果が**表 8 - 3**です。インバウンド宿泊客の64.2％を占め、一人１泊当たり消費単価が２万1,136円と高い中国人の消費総額は203億7,900万円と、県内インバウンド宿泊客全体の７割を占めます。

　また、中国人観光客の消費スタイルとして、支出総額の半分以上を買物代が占めている点が特徴で、特に「化粧品・香水」や「医薬品・健康グッズ・トイレタリー」、「菓子類」などが多くなっています。小売事業者を中心に、需要取込みに向けた積極的な販促活動が期待される一方、産業連関分析の視点に立てば、県外

や海外で生産された商品が多く売れたとしても、県内への経済波及効果や雇用創出効果は限られてしまいます。したがって、後述の通り宿泊費や飲食費といったサービス支出の拡大を促す方策も必要と言えるでしょう。

8.4 理論モデル

観光客による消費支出額が確定すれば、平成23年静岡県産業連関表を用いて経済波及効果を測定します。分析モデルは、移輸入が地域内需要に比例して決定される競争輸入型の均衡産出高モデルを利用します。

均衡産出高モデルの詳細は、「補論4 直接効果・間接効果・生産誘発効果とは」に掲載していますので、参照してください。

最終需要に自給率を乗じて県内にもたらされる直接効果が波及過程の起点となりますが、自給率の設定について以下に説明しておきます。

今回設定した一人当たり消費支出額は、静岡県内に1日間滞在することを前提に、交通費を除いて静岡県内での支出を想定しています。すなわち、交通費以外のサービス支出額は、支払場所が県内に限定されることから、県内自給率 $(I-\widehat{M})$ = 1とします。

ただし、買物代は、貨物運賃や製造原価に県外分が含まれるため、最終需要発生額 (ΔFd) に静岡県表から導かれる県内自給率 $(I-\widehat{M})$ を乗じて、直接効果を算出します。また、交通費は、当日中に県外への移動を伴うケースがあるとみられますが、県内分と県外分の区分が困難なため、便宜的に一律に県内自給率 $(I-\widehat{M})$ を乗じて、直接効果を算出しました。

8.5 分析結果―外国人旅行者による経済波及効果―

8.5.1 静岡県内インバウンド宿泊客による経済波及効果

インバウンド宿泊客の県内消費総額（総支出額）を推計すると、**表8-4**の通り289億2,000万円となります。このうち、県内産業が直接受け取る金額（直接効果）は216億4,500万円となり、経済波及効果（一次・二次生産誘発額の合計）は332億3,600万円と推計されます。中国人による経済波及効果額が226億円と全体の7割

表8-4　インバウンド宿泊客による静岡県内への経済波及効果

（単位：100万円）

| | 総支出額 | 直接効果 | 経済波及効果（生産誘発額） | | | 付加価値誘発額 | 雇用誘発数（人） |
			合計	一次	二次		
中国	20,379	14,701	22,625	19,234	3,391	12,706	2,177
台湾	2,711	2,097	3,211	2,739	472	1,801	311
韓国	1,186	990	1,511	1,292	219	846	149
香港	910	717	1,098	937	162	617	107
アメリカ	599	522	795	681	114	444	78
タイ	428	335	512	437	75	287	49
マレーシア	270	218	333	285	49	187	32
シンガポール	209	174	266	227	39	149	26
イタリア	194	170	258	221	37	144	25
オーストラリア	148	128	195	167	28	109	19
インドネシア	145	116	177	152	26	99	17
フランス	132	110	168	144	24	94	15
イギリス	130	115	175	150	25	98	17
ドイツ	126	109	167	143	24	93	16
インド	90	77	117	100	17	65	11
ベトナム	87	68	104	88	15	58	10
カナダ	77	66	101	86	15	56	10
スペイン	35	30	45	39	6	25	4
フィリピン	27	21	32	27	5	18	3
ロシア	20	16	24	21	4	14	2
その他	1,017	867	1,322	1,131	190	739	129
合計	28,920	21,645	33,236	28,301	4,935	18,651	3,209

近くを占め、以下、宿泊客数に比例して台湾（32億円）、韓国（15億円）が上位に続きました。また、インバウンド宿泊客の消費によって創出された雇用人数は3,209人と推計され、県内総生産（GDP）の押し上げ分に相当する付加価値誘発額は186億5,100万円となりました。

8.5.2　インバウンド観光客による経済波及効果を高めるために

　今後、県内でのインバウンド観光客による経済波及効果を高めていくためには、集客策の強化はもとより、県内での滞在期間を１日でも伸ばし、より多くのお金を地域に落としてもらうための知恵と工夫が求められます。とりわけ、静岡県産の食材や特産品などを活かした商品・サービスの提供は、他県にはない静岡ならではの魅力を訴求できるだけでなく、原材料費などの域外への流出を防ぎ、県全体の経済波及効果を高めることにもつながります。そのためには、県内の農

漁業者や商工業者、サービス業者が連携を深め、共同で新商品・サービスを開発していくことが重要なカギになるでしょう。

最後に、本章における推計結果で、留意すべき点が2つあります。1つは、本章では統計データが公表されている"宿泊客"に絞って経済波及効果を推計していますが、静岡県はインバウンド観光客に人気の「ゴールデンルート」上に位置しており、日帰りで観光地や観光施設に立ち寄り、消費活動を行うケースも多いとみられます。

2つ目は、今回、一人当たり消費支出額の前提条件として用いた「訪日外国人消費動向」の調査対象サンプルには、「留学」や「研修」、「親族・知人訪問」といった観光・レジャー以外を目的とした来日者も含まれており、純然たる外国人旅行者の消費支出としては過少評価となっている可能性があります。

したがって、実態としては静岡県を訪れているインバウンド観光客の消費総額や経済波及効果は、本推計結果よりも大きな金額になると考えられます。

参考文献
1．観光庁「宿泊旅行統計調査」
2．観光庁「訪日外国人消費動向調査」
3．日本政府観光局（JNTO）「訪日外客数の動向」
4．（一財）静岡経済研究所（2018）「存在感増すインバウンド観光客」『SERI Monthly』2018年10月号
5．観光庁観光戦略課観光統計調査室（2019）「経済波及効果」https://www.mlit.go.jp/kankocho/siryou/toukei/kouka.html
6．青木卓志（2018）「訪日外国人における地域経済効果—北陸3県の事例分析—」『日本地域学会　第55回（2018年）年次大会学術発表論文集』
7．青木卓志（2013）「地域のインバウンド政策分野における経済効果分析」『地域学研究』43巻4号
8．（株）日本政策投資銀行産業調査部（2016）「訪日外国人旅行者とインバウンド消費の動向」『今月のトピックス No250-1（2016年2月19日）』
9．日本政府観光局（JNTO）（2007）『訪日外国人旅行の経済波及効果調査報告書』

第9章

富士山の世界文化遺産登録による
経済波及効果

9.1　事例解説

　2013年6月、富士山が世界文化遺産に登録されました。世界文化遺産への登録は、富士山の自然や文化を適切に保全し、後世に遺すべく、保護管理体制を整備することが第一義ですが、登録によって存在価値が高まり、世界規模での情報発信や観光客誘致による地域活性化に向けた地元の期待も大きくなっています。

　本章では、富士山に年間どれだけの観光客が訪れ、静岡県内にどれだけの経済波及効果をもたらし、それが世界文化遺産登録によりどのように変化したか、という観点からの分析方法とその結果を紹介します。

9.2　世界文化遺産登録による効果

9.2.1　富士山の構成資産

　世界文化遺産に登録された名称は「富士山—信仰の対象と芸術の源泉」です。表9-1の構成資産には、山体である富士山域をはじめ、神社、史跡、遺跡など、信仰や歴史、文化に関するものから、溶岩樹型、湖沼、滝など自然景観として優れたものなど、多様な要素が含まれます。白糸ノ滝や三保松原など、すでによく知られていた景勝地もありますが、それまでなじみの薄かった構成資産も多く、世界文化遺産としての認知度の向上とともに観光客数の増加も期待されます。

9.2.2　登録による観光客の増加

　まず、静岡県の「観光交流客数」により、世界遺産登録前後の富士山地域の観

表 9-1　世界文化遺産に登録された富士山の構成資産

構成資産	所在地	構成資産	所在地
1　**富士山（富士山域）**	**静岡県・山梨県**	8　冨士御室浅間神社	富士河口湖町
1-1　**山頂の信仰遺跡群**	**静岡県・山梨県**	9　御師住宅（旧外川家住宅）	富士吉田市
1-2　**大宮・村山口登山道** 　　（現在の富士宮口登山道）	**富士宮市**	10　御師住宅（小佐野家住宅）	富士吉田市
1-3　**須山口登山道** 　　（現在の御殿場口登山道）	**御殿場市**	11　山中湖	山中湖村
1-4　**須走口登山道**	**小山町**	12　河口湖	富士河口湖町
1-5　吉田口登山道	富士吉田市、富士河口湖町	13　忍野八海（出口池）	忍野村
1-6　北口本宮冨士浅間神社	富士吉田市	14　忍野八海（お釜池）	忍野村
1-7　西湖	富士河口湖町	15　忍野八海（底抜池）	忍野村
1-8　精進湖	富士河口湖町	16　忍野八海（銚子池）	忍野村
1-9　本栖湖	富士河口湖町、身延町	17　忍野八海（湧池）	忍野村
2　**富士山本宮浅間大社**	**富士宮市**	18　忍野八海（濁池）	忍野村
3　**山宮浅間神社**	**富士宮市**	19　忍野八海（鏡池）	忍野村
4　**村山浅間神社**	**富士宮市**	20　忍野八海（菖蒲池）	忍野村
5　**須山浅間神社**	**裾野市**	21　船津胎内樹型	富士河口湖町
6　**冨士浅間神社** 　　（須走浅間神社）	**小山町**	22　吉田胎内樹型	富士河口湖町
		23　**人穴富士講遺跡**	**富士宮市**
7　河口浅間神社	富士河口湖町	24　**白糸ノ滝**	**富士宮市**
		25　**三保松原**	**静岡市**

（注）太字は静岡県内
（出典）静岡県富士山世界遺産課

光客数の変化をみてみます。富士山は、静岡県の東部や伊豆半島各地域にとっ
て、重要な観光資源といえますが、ここでは、富士山地域とは、世界遺産登録に
向けて当初より活動してきた「静岡県世界文化遺産登録推進協議会」（のちに山梨
県との合同組織発足）のメンバーである10市町（静岡市、沼津市、三島市、富士宮市、
富士市、御殿場市、裾野市、清水町、長泉町、小山町）を対象とします。ただし、静
岡市については、静岡市の調べによる三保松原のみを含めます。

　なお、構成資産は静岡・山梨の両県にまたがっていますが、今回の分析は、静
岡県側に限っています。

　図 9-1の富士山地域の観光交流客数の推移をみると、富士山が世界文化遺産
に登録された2013年度には435万人と、前年比で35万人（+8.7%）増加し、以降
も増加を続けるなど、底上げがなされたことがわかります。

　表 9-2で登録前後の市町別の観光交流客数を比較してみると、2013年度は、
富士山地域のすべての市町で観光交流客数は前年を上回っています。

　中でも静岡市の三保松原は、対前年比約2.5倍の大幅増となっており、登録時
のイコモス（国際記念物遺跡会議：International Council on Monuments and Sites）の勧

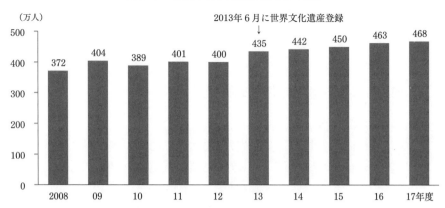

図9-1　富士山地域の観光交流客数の推移

2013年6月に世界文化遺産登録

(注) 富士山地域：富士市、富士宮市、御殿場市、裾野市、沼津市、三島市、小山町、長泉町、清水町および三保松
原
(出典) 静岡県観光政策課「静岡県の観光交流の動向」（三保松原は静岡市調べ）

表9-2　登録前後の観光交流客数の変化

市町名	年間観光交流客数			
	2012年度 （千人）	2013年度 （千人）	増加数 (13-12) （千人）	増加率 (12/13) （%）
富士市	588	618	30	5.1
富士宮市	556	588	32	5.8
御殿場市	1,287	1,332	45	3.5
裾野市	228	237	9	3.9
沼津市	324	370	45	14.0
三島市	444	532	88	19.7
小山町	428	431	3	0.7
長泉町	35	37	2	5.9
清水町	50	52	1	2.9
三保松原	63	156	94	150.4
富士山地域計	4,003	4,353	350	8.7
静岡県計	13,808	14,497	689	5.0

(出典) 図9-1と同じ

告により対象から除外されることが取りざたされ、ニュースなどでも再三映像と
ともに取り上げられるなど、構成資産の中でも特に注目を集めたことが要因とみ
られます。

　このように、富士山の世界文化遺産への登録は、観光客数の増加を通じて、地
域経済の活性化効果をもたらしたことがうかがわれます。

そこで次に、富士山世界文化遺産登録前後の観光客数を消費単価に乗じることで、年間の観光客による消費支出額を推計し、静岡県内への経済波及効果を測定します。

9.3　観光客による消費支出額の推計

9.3.1　消費単価の設定

　まず、消費単価は、静岡県文化・観光部で実施している「静岡県における観光の流動実態と満足度調査」の「一人当たりの旅行費用総額」を利用します。これは、アンケートにより静岡県内の旅行者に、旅行中の静岡県内における一人当たりの消費支出額を聴取したもので、宿泊客、日帰り客に分けて、県内客、県外客別に集計しています。

　富士山の世界文化遺産登録直前の平成24年度調査によれば、静岡県内の旅行者の一人当たりの旅行費用総額は、**表9-3**のように県内日帰り客3,476円、県外日帰り客6,934円、県内宿泊客24,084円、県外宿泊客27,495円となっています。日帰り客より宿泊客、県内客より県外客の方が、支出が多いことがわかります。

9.3.2　年間観光客数の推計

　次に、観光客数は、静岡県文化・観光部で公表している「観光交流客数」を利用して推計します。**表9-4**の「観光交流客数」は、「宿泊客数」と「観光レクリエーション客数」を合計したものです。観光交流客数は、年度によるバラつきもあるので、登録前後の年間客数の推計に際しては、登録前は2008〜2012年度、登録後は2013〜2017年度の各5年間の平均値とします。年間平均の観光交流客数は、登録前については宿泊客数2,427千人、観光レクリエーション客数36,902千人、登録後は宿泊客数3,061千人、観光レクリエーション客数42,117千人となります。

9.3.3　年間観光客実人数の推計

　ところで、「観光交流客数」の「宿泊客数」は、対象とする宿泊施設の延べ宿泊者数、「観光レクリエーション客数」は対象とする立寄り観光施設等の入込客数を集計したもので、両者とも延べ人数であることに留意する必要があり、しか

表9-3　静岡県内旅行客の一人あたり旅行費用総額（円）

（単位：円）

	日帰り客		宿泊客	
	県内客	県外客	県内客	県外客
旅行費用総額	3,476	6,934	24,084	27,495
交通費	768	1,204	2,649	4,339
宿泊費	0	0	12,377	13,347
飲食費	900	1,480	3,545	3,736
買物・土産	1,331	3,807	4,088	4,376
食品類	725	1,832	2,301	3,464
土産・雑貨類	569	1,942	1,700	826
日用品類	37	33	87	86
入場・施設利用料	384	400	1,177	1,310
その他	93	43	248	387

（出典）「平成24年度静岡県における観光の流動実態と満足度調査足度調査」

表9-4　富士山地域の観光交流客数の推移

	年度	観光交流客数（千人）		
		宿泊客数	観光レクリエーション客数	合計
登録前	2008	2,420	34,741	37,161
	2009	2,184	38,255	40,439
	2010	2,231	36,639	38,870
	2011	2,545	37,602	40,147
	2012	2,755	37,275	40,029
登録後	2013	2,972	40,554	43,526
	2014	3,032	41,211	44,243
	2015	3,178	41,847	45,026
	2016	2,966	43,300	46,266
	2017	3,157	43,673	46,830
登録前平均		2,427	36,902	39,329
登録後平均		3,061	42,117	45,178

（出典）図9-1と同じ

も両者が重複する可能性も排除されていません。つまり、「2泊」の行程で3カ所の観光施設に立ち寄った人は、「観光交流客数」としては5人分カウントされることになります。したがって、今回利用する消費単価が意味する「旅行者一人1回当たりの消費支出額」に乗じるためには、延べ人数から実人数に換算する必要があります。

　ここでは「平成24年度静岡県における観光の流動実態と満足度調査」の富士地域におけるデータを用いて、以下のような手順で実人数に換算しました。

　まず、宿泊客数を平均宿泊日数（1.55日）で割って宿泊客の実人数とします

図9-2 観光客実人数の推計方法

宿泊客数					日帰り客数				
	備考	登録前	登録後	単位		備考	登録前	登録後	単位
A 宿泊客数（延数）	資料①	2,427	3,061	千人	G 観光レク客数（延数）	資料①	36,902	42,117	千人
B 平均宿泊日数	資料②	1.55	1.55	日	H 平均立寄施設数	資料②	1.9	1.9	カ所
C 宿泊客数（実数）	A÷B	1,566	1,975	千人	I 観光レク客数（実数）	G÷H	19,422	22,167	千人
D 宿泊客県内率	資料②	7.5	7.5	%	J 日帰り客比率	資料②	68.6	68.6	%
E 宿泊客数（県内）	C×D	117	148	千人	K 日帰り客数（実数）	I×J	13,324	15,206	千人
F 宿泊客数（県外）	C−E	1,448	1,827	千人	L 日帰り客県内比率	資料②	54.8	54.8	%
					M 日帰り客数（県内）	K×L	7,301	8,333	千人
					N 日帰り客数（県外）	K−M	6,022	6,873	千人

資料①：静岡県観光政策課「静岡県観光交流の動向」
資料②：静岡県観光政策課「平成24年静岡県における観光の流動実態と満足度調査」

（図9-2）。登録前の宿泊客数2,427千人に対して、実人数は1,566千人となります。次に、観光レクリエーション客数を平均立寄施設数（1.9カ所）で割り、さらに日帰り客比率（68.6%）を乗じて日帰り客の実人数とします。登録前の観光レクリエーション客数36,902千人に対して、日帰り客実人数は13,324千人となります。これらをそれぞれ、「平成24年静岡県における観光の流動実態と満足度調査」の観光客の居住地内訳により、県内客、県外客に按分します。登録後についても同じように推計します。

9.3.4 年間観光客による消費支出額の推計

観光客数の実人数が決まれば、一人当たりの旅行費用総額に乗じて、富士山地域の観光客による年間消費支出額を世界文化遺産登録前、登録後、それぞれ推計することができます。

表9-5に示した推計結果は、登録前は、宿泊客、日帰り客合わせて、買物・土産394億6,300万円、飲食費213億1,200万円 など、合計で1,097億8,800万円となります。登録後は、買物・土産458億5,800万円、宿泊費262億1,600万円など、合計で1,304億2,100万円となります。

なお、登録後の消費支出額の推計に際して、消費単価等の設定に利用する「静岡県における観光の流動実態と満足度調査」については、直近の平成29年度調査のデータも利用可能ですが、今回は、観光客数以外は同一条件での比較とするために、同じ平成24年度のデータを利用しています。

表9-5　富士山地域の観光客による年間消費支出額

(単位:100万円)

	登録前				合計	登録後合計(内訳略)	産業連関表(37部門)の業種配分
	宿泊客		日帰り客				
	県内客	県外客	県内客	県外客			
年間消費支出額	2,828	39,822	25,380	41,759	109,788	130,421	―
交通費	311	6,284	5,607	7,251	19,454	22,994	運輸・郵便
宿泊費	1,453	19,331	0	0	20,784	26,216	対個人サービス
飲食費	416	5,411	6,571	8,913	21,312	25,022	対個人サービス
買物・土産	480	6,338	9,718	22,927	39,463	45,858	商業/運輸・郵便（原価分は下記）
食品類	270	5,017	5,294	11,033	21,614	25,302	飲食料品
土産・雑貨類	200	1,196	4,154	11,695	17,246	19,850	繊維製品他
日用品類	10	125	270	199	604	705	その他の製造工業製品
入場・施設利用料	138	1,897	2,804	2,409	7,248	8,517	対個人サービス
その他	29	561	679	259	1,528	1,814	対個人サービス

9.4　理論モデル

　観光客による消費支出額が確定すれば、平成23年静岡県産業連関表を用いた均衡産出高モデルにより経済波及効果を測定します。

　モデルの詳細については、「補論4　直接効果・間接効果・生産誘発効果とは」に掲載していますので、参照してください。

　最終需要に乗じる自給率については、本章では以下のように設定しています。今回消費単価として利用した「静岡県における観光の流動実態と満足度調査」におけるアンケート調査は、静岡県内の旅行者に対して、「静岡県内での消費支出額」を聴取したアンケートであることに留意する必要があります。さらに、観光客数の推計に利用した「観光交流客数」についても、「宿泊客数」「観光レクリエーション客数」いずれも静岡県内における観光客数を集計したものです。つまり、交通費、飲食費といった観光客のサービス支出は、いずれも県内産業により産出されたものであり、移輸入により賄われる余地はなく、県内自給率 $(I-\widehat{M})$ は1に調整します。移輸入が含まれる可能性があるのは、買物などで購入された商品の製造原価分などに限られます。

　サービス支出については、いずれも自給率を1とし、「買物・土産」の製造原価分および貨物運賃のみ、静岡県基本表の自給率 $(I-\widehat{M})$ を乗じています。

また、「買物・土産」については、総務省「平成23年産業連関表・購入者価格表」を用いて、製造原価、商業マージン、貨物運賃に分割し、商業マージンについては、小売を想定しています。平均消費性向は、総務省「家計調査年報」（勤労者世帯・東海地方）より、世界遺産登録前の直近3年間（平成22〜24年）の平均値（平均消費性向）をとり、71.5％としています。

9.5 分析結果─観光客増加による経済波及効果

9.5.1 世界文化遺産登録前の観光客による経済波及効果

表9-6をみると世界文化遺産登録前には、実人数換算で年間平均宿泊客1,566千人、日帰り客13,324千人、合計で14,889千人の観光客が訪れていたと推計されます。これらの観光客による消費支出額は、買物・土産、飲食費、宿泊費など、合計で、1,097億8,800万円となります。

消費支出額のうち、静岡県内産業の売上増加に直結したとみられる直接効果は、912億3,900万円、直接効果による県内産業の売上増加が、産業相互間の取引関係を通じて県内他産業の原材料等の需要を発生させることによる生産誘発額の総額、すなわち間接一次効果は279億6,400万円、さらに直接効果や間接一次効果が雇用者所得を発生させ、これが家計支出を通じてもたらされる二次誘発額213億1,500万円を合わせて、経済波及効果は1,405億1,800万円となります。誘発効果（直接効果に対する経済波及効果の比率）は1.54倍です。

また、県内総生産に相当する付加価値誘発額は797億5,800万円、生産額の増加により誘発される雇用者数は12,539人となります。

9.5.2 世界文化遺産登録後の観光客による経済波及効果

同じ計算を、世界文化遺産登録後のデータで行うと、表9-6の右の欄のとおり観光客数は、宿泊客1,975千人、日帰り客15,206千人、合計で17,181千人。これらの観光客による消費支出額は、買物・土産、宿泊費、飲食費など、合計で1,304億2,100万円となります。さらに、直接効果は、1,088億6,600万円、経済波及効果は、合計で1,676億4,000万円、付加価値誘発額は951億3,600万円、雇用誘発数は14,992人となります。

表9-6　富士山の世界文化遺産登録による静岡県内への経済波及効果

		登録前 (a)	登録後 (b)	増加分 (b−a)	増加率 (b/a) %
観光客実人数 （千人）	宿泊客数	1,566	1,975	409	26.1
	日帰り客数	13,324	15,206	1,883	14.1
	観光客数計	14,889	17,181	2,292	15.4
観光客による 消費支出額 （百万円）	交通費	19,454	22,994	3,540	18.2
	宿泊費	20,784	26,216	5,431	26.1
	飲食費	21,312	25,022	3,711	17.4
	買物・土産	39,463	45,858	6,395	16.2
	入場・施設利用料	7,248	8,517	1,269	17.5
	その他	1,528	1,814	287	18.8
	消費支出額計	109,788	130,421	20,632	18.8
経済波及効果 （百万円、人）	直接効果(A)	91,239	108,866	17,627	19.3
	間接一次効果	27,964	33,360	5,396	19.3
	二次誘発額	21,315	25,414	4,099	19.2
	経済波及効果計(B)	140,518	167,640	27,122	19.3
	誘発効果(B/A)	1.54	1.54	–	–
	付加価値誘発額	79,758	95,136	15,378	19.3
	雇用誘発数	12,539	14,992	2,453	19.6

（出典）平成23年静岡県産業連関表をもとに筆者が算出

9.5.3　富士山の世界文化遺産登録による経済波及効果

　登録前と登録後の試算結果の比較による増加分を、富士山の世界文化遺産登録効果とするならば、観光客数で2,292千人（15.4％増）、消費支出額で206億3,200万円（18.8％増）、経済波及効果は271億2,200万円（19.3％増）となります。

　なお、観光客数の増加率をみると、日帰り客（14.1％増）より、宿泊客数（26.1％増）の方が大きく、より遠方から泊りがけで来た観光客が増えていることがうかがわれます。これが、宿泊費支出の増加などにより、観光客数の増加以上の消費支出額の増加、経済波及効果の増加にも結び付いており、こうした平均消費単価の上昇、すなわち観光消費支出における付加価値の向上も、富士山の世界文化遺産登録効果の一つであるといえます。

参考文献

1．静岡県観光政策課「平成24年度静岡県における観光の流動実態と満足度調査」
2．総務省統計局「平成23年産業連関表・購入者価格表」
3．総務省統計局「家計調査年報」（勤労者世帯・東海地方）

4．塩野敏晴・冨田洋一（2013）「富士山「世界文化遺産」の登録効果を検証〜環境保全と観光振興の両立を〜」『SERI Monthly』October 2013. No.586

5．公益財団法人堺都市政策研究所（2017）「『百舌鳥・古市古墳群』世界文化遺産登録による経済波及効果」

6．服藤圭二（2004）世界遺産登録による経済波及効果の分析＝「四国八十八ヶ所」を事例として＝」（財団法人えひめ地域政策研究センター）

第10章

ラグビーワールドカップ2019による
静岡県内への経済波及効果

10.1　事例解説

　2019年9月20日から11月2日まで、「ラグビーワールドカップ2019」が国内12会場で合計48試合が開催される予定です。ラグビーワールドカップ（以下「ラグビーW杯」と略称）は、ファンの規模から夏季オリンピックやサッカーFIFAワールドカップと並ぶ世界的なスポーツイベントと評されています。

　静岡会場（小笠山総合運動公園エコパスタジアム、以下「エコパスタジアム」と略称）では、「日本 vs. アイルランド」（9月28日）や「南アフリカ vs. イタリア」（10月4日）、「スコットランド vs. ロシア」（10月9日）、「オーストラリア vs. ジョージア」（10月11日）の4試合が開催される予定となっています。

　また、静岡市と浜松市ではファンゾーンが設置され、日本代表戦を含む10日間程度のパブリックビューイングの放映、ステージイベントや飲食ブースの出展などが計画されています。さらに、浜松市、静岡市、掛川市・磐田市、御前崎市の5市4地域は8チームの公認キャンプ地に選定されており、静岡県外や海外から訪れる観戦客に地域の魅力をアピールする絶好の機会と言えます。

　そこで、本章では、ラグビーW杯2019開催に伴う総需要を把握・整理した上で、静岡県内における経済波及効果の試算結果を紹介します。

　なお、本章は執筆時点で判明している情報や過去に県内で開催されたイベントの実績等をもとに、独自に試算条件を設定しているため、実態とは異なる可能性がある点に留意してください。

10.2　イベント開催により発生する総需要の整理

　まず、イベント開催により、地域にどのような支出や需要が発生するか、試算対象となる事象を整理しておく必要があります。以下では、ラグビーW杯2019開催に伴う静岡県内での総需要を①主催者側の運営支出、②来場者消費支出に大別し、その内訳を詳しくみていきます。

10.2.1　主催者側の運営支出

　主催者側の運営支出とは、会場運営費やプロモーション費など、イベント運営に伴って発生する支出です。ここでは、ラグビーW杯2019の主催者として、①独立行政法人日本スポーツ振興センター、②静岡県、③キャンプ地自治体、④拠点事業（関連イベント）開催自治体の4者を想定します。

　通常、主催者支出を把握するには主催者側の公表資料・提供資料等に基づいて精緻に情報を収集しますが、今回の場合、原稿執筆時点では未確定・未判明の情報が多く、試算に当たっての前提条件を設定する必要があります。

　まず、独立行政法人日本スポーツ振興センターの支出額には、開催準備費や事業開催費などが含まれます。同センターの開催都市別の支出額は公表されていないため、公表資料内で示された大会運営費総額180億円を、静岡県内で開催される試合数（全48試合中4試合）で按分し、15億円と仮定します。

　続いて、静岡県、キャンプ地自治体、拠点事業開催自治体の支出額を推計していきます。これらの支出額も執筆時点では明らかになっていないため、2002年に静岡県内（エコパスタジアム）で3試合が開催された「2002FIFA ワールドカップ」の実績を参考に支出額を想定してみます。

　静岡県の支出には、警備費や、エコパスタジアム内の仮設水洗トイレ整備、Wi-Fi設置といった会場整備費などが対象に含まれます。本章ではFIFA ワールドカップ開催時と同額の15億1,100万円と仮定します。

　続いて、キャンプ地自治体の支出をみると、FIFA ワールドカップ開催時は5市4地域（磐田市、藤枝市、旧清水市、裾野・御殿場市）合計で4億8,700万円でした。今回も5市4地域（浜松市、静岡市、掛川市・磐田市、御前崎市）での誘致が予定されており、そのまま同額の4億8,700万円と仮定します。

　また、2002年に拠点事業を開催した県内自治体の支出額は、3市（三島市、沼

表10-1　ラグビーW杯2019主催者側の運営支出推計値（静岡県内）

費目	総支出額 (100万円)	産業連関表（37部門） への業種別配分
日本スポーツ振興センターの支出（a）	1,500	—
競技運営費等	150	対個人サービス
大会サポート費等	1,050	対事業所サービス
警備費等	300	対事業所サービス
静岡県の支出（b）	1,511	—
会場整備費等	639	建設
委員会経費等	28	公務
警備費等	537	対事業所サービス
ボランティア保険料等	14	金融・保険
情報発信事業費等	293	対事業所サービス
キャンプ地自治体の支出（c）	487	—
ハード整備費等	13	建設
ソフト関連費等（情報発信事業等）	474	対個人サービス
拠点事業開催都市の支出（d）	6	—
イベント開催費等	6	対事業所サービス
主催者側の運営支出計（a＋b＋c＋d）	**3,504**	

津市、静岡市）合計で400万円（エコパ推進協議会の支出額を除く）でした。今回は、
5市合計で12回（静岡市と浜松市は各3回、袋井市、磐田市、掛川市の3市は各2回）
の関連イベントが企画されており、1回当たりの支出額を50万円、総計で600万
円と仮定します。

　以上の試算条件をもとにした主催者側の運営支出額は、**表10-1**のように総額
で35億400万円と推計されます。

10.2.2　来場者消費支出

　続いて、来場者による消費支出額の把握に移ります。まず、①エコパスタジア
ムへの来場者数、②ファンゾーン（静岡、浜松会場）への来場者数、③キャンプ地
への来場者数（ファンや報道関係者等を含む）、④拠点事業への参加者数について設
定し、想定される消費単価を乗じて、来場者消費支出額を推計します。

　本章では、ラグビーW杯が世界的な人気スポーツイベントであることから、
エコパスタジアムの来場者が各試合とも満員となり、4試合で20万人が来場する
ケースを想定します。**表10-2**のスタジアム来場者のうち、静岡県内客や県外客、
海外客によって消費支出額（単価）や支出対象（内訳）が異なると考えられるた
め、過去に県内で開催されたイベントを参考に、静岡県内客を40％（8万人）、県

表10-2 ラグビーW杯2019への静岡県内来場者数（予測値）

	エコパスタジアム			ファンゾーン	キャンプ地			拠点事業
	静岡県内客	県外客	海外客	静岡県内客	静岡県内客	県外客	海外客	静岡県内客
来場者数（人）	80,000	80,000	40,000	80,000	68,000	12,750	4,250	120,000
居住地別内訳（%）	40.0	40.0	20.0	100.0	80.0	15.0	5.0	100.0

外客40％（8万人）、海外客20％（4万人）に区分します。

　なお、近年、政府や地方自治体、観光事業者等による訪日外国人観光客の受入環境の整備で、海外客が大幅な増加傾向にあることから、今回の試算条件では、その比率をFIFAワールドカップ（16.7％）よりもやや高めに見積もっています。

　次にファンゾーンについては、静岡市と浜松市の2都市において、それぞれ10日程度実施される見込みで、総勢8万人が来場するケースを想定します。ファンゾーンへの入場は無料で、ラグビー愛好家だけでなく、一般の地元住民の来場者も多いと想定されることから、ここでは静岡県内客の比率を100％とします。

　キャンプ地への来場者数は、FIFAワールドカップ開催時と同規模の8.5万人とみなし、内訳を静岡県内客80％（68,000人）、県外客15％（12,750人）、海外客5％（4,250人）と仮定します。

　また、静岡市、浜松市、袋井市、磐田市、掛川市の5市では各回1万人規模の拠点事業（イベント）が合計で12回開催される予定となっており、総計12万人の来場者が見込まれています。これも県内客が大半を占めるとみられることから、ここでは県内客の比率を100％とします。

　続いて、来場者一人当たりの消費支出額を設定します。エコパスタジアムへの来場者の一人当たりの消費支出額は、**表10-3**のとおり静岡県内客11,100円、県外客27,000円、海外客35,000円と設定します。また、前述の通り、ファンゾーン来場者は静岡県内客の比率を100％と仮定しており、その消費支出額を4,000円と見積もります。

　キャンプ地への来場者は、静岡県内客5,000円、県外客15,500円、海外客19,500円とします。さらに、拠点事業への参加者は、ファンゾーン同様、県内客のみとみなし、その消費支出額を3,600円とします。各会場とも交通費以外の支出額は、静岡県内での支出を想定しています。

　いずれもFIFAワールドカップをはじめ、県内で開催された過去のイベント

表10-3　ラグビーW杯2019来場者一人当たり消費支出額

(単位：円)

費目	エコパスタジアム			ファンゾーン	キャンプ地			拠点事業
	静岡県内客	県外客	海外客	静岡県内客	静岡県内客	県外客	海外客	静岡県内客
一人当たり支出額	11,100	27,000	35,000	4,000	5,000	15,500	19,500	3,600
交通費	2,000	10,000	10,000	1,000	3,000	10,000	10,000	800
宿泊費	100	3,000	10,000	0	100	2,000	3,000	200
飲食費	2,000	4,000	5,000	1,500	1,300	1,500	1,500	1,000
買物代（土産等）	2,000	5,000	5,000	1,500	600	2,000	5,000	1,600
関連グッズ費	5,000	5,000	5,000	0	0	0	0	0

表10-4　ラグビーW杯2019来場者の消費支出額推計値

(単位：100万円)

費目	エコパスタジアム				ファンゾーン(b)	キャンプ地				拠点事業(d)	総合計(a+b+c+d)	産業連関表への業種別配分(37部門)
	静岡県内	静岡県外	海外	合計(a)	静岡県内	静岡県内	静岡県外	海外	合計(c)	静岡県内		
支出額計	888	2,160	1,400	4,448	320	340	198	83	621	432	5,821	―
交通費	160	800	400	1,360	80	204	128	43	374	96	1,910	運輸・郵便
宿泊費	8	240	400	648	0	7	26	13	45	24	717	対個人サービス
飲食費	160	320	200	680	120	88	19	6	114	120	1,034	対個人サービス
買物代（土産等）	160	400	200	760	120	41	26	21	88	192	1,160	飲食料品/繊維製品/電気機械等に配分
関連グッズ費	400	400	200	1,000	0	0	0	0	0	0	1,000	繊維製品/その他の製造工業製品

の実績を参考に設定した金額ですが、海外客の消費支出額については、他のイベント等に比べてやや高めに見積もっています。その理由として、ラグビーW杯の開催期間が44日間と長期にわたること、大会参加国の多くがヨーロッパやオセアニアなど比較的所得水準の高い国・地域で、観戦客の旺盛な消費需要が見込まれることがあげられます。特に、参加国の多くはビールを大量に消費することで知られており、会場周辺の飲食店などでは特需が期待されています。

　さらに、それぞれの来場者数（居住地別）と来場者一人当たり消費支出額を乗じて、来場者消費支出額を表10-4のとおり推計します。なお、土産品などの買物代の品目内訳についても、FIFAワールドカップをはじめ、過去に県内で開催されたイベントをもとに配分しています。

　来場者消費支出額の推計結果は、県内の"メイン会場"となるエコパスタジアム来場者44億4,800万円（うち静岡県内客8億8,800万円、県外客21億6,000万円、海外

客14億円）、ファンゾーン来場者 3 億2,000万円、キャンプ地来場者 6 億2,100万円（うち静岡県内客 3 億4,000万円、県外客 1 億9,800万円、海外客8,300万円）、拠点事業参加者 4 億3,200万円で、合計58億2,100万円と推計されます。

10.3 理論モデル

ラグビー W 杯2019開催による地域産業への支出額を確定後、平成23年静岡県産業連関表を用いて、均衡産出高モデルにより静岡県内への経済波及効果を試算していきます。均衡産出高モデルとその詳細については、「補論 4 直接効果・間接効果・生産誘発効果とは」を参照してください。

最終需要に乗じる自給率については、本章では以下の設定をしています。

来場者一人当たり消費支出額は、交通費を除いていずれも静岡県内での支出を想定しています。すなわち、交通費以外のサービス支出額は、支払場所が県内に限定されることから、県内自給率（$I - \widehat{M}$）は 1 としています。

買物代は、貨物運賃や製造原価に県外分が含まれるため、最終需要に静岡県表から導かれる県内自給率（$I - \widehat{M}$）を乗じて、直接効果を算出します。

交通費は、静岡県内客の支出額は全額を県内での支出とみなすことができますが、県外・海外来場者については県内分と県外分の区分が困難なため、便宜的に一律に県内自給率（$I - \widehat{M}$）を乗じて、直接効果を算出しました。

来場者消費支出等の「買物」については、総務省「平成23年産業連関表・購入者価格表」を用いて、商業マージン、貨物運賃を分離しています。また、平均消費性向は、総務省「家計調査年報」（勤労者世帯・静岡市と浜松市の平均）より、直近 5 年間（平成25～29年）の平均値をとり、72.2%に設定しています。

10.4 分析結果—スポーツイベントによる経済波及効果—

10.4.1 ラグビー W 杯2019開催による静岡県内への経済波及効果

ラグビー W 杯2019開催による総支出額は表10-5のとおり、主催者側の運営支出35億400万円、来場者消費支出58億2,100万円、総支出額（＝総需要）は合計で93億2,500万円です。

表10- 5　ラグビー W 杯2019開催に伴う静岡県内への経済波及効果

（単位：100万円、倍、人）

	総支出額	直接効果 (A)	経済波及効果 (生産誘発額)			誘発効果			付加価値誘発額	雇用誘発数 (人)
			(B)	1次	2次	(B/A)	1次	2次		
主催者運営支出	3,504	3,504	5,376	4,472	904	1.53	1.28	0.26	3,157	524
来場者消費支出	5,821	4,318	6,630	5,651	979	1.54	1.31	0.23	3,742	572
スタジアム来場者	4,448	3,198	4,916	4,185	731	1.54	1.31	0.23	2,778	431
ファンゾーン来場者	320	262	400	342	58	1.54	1.31	0.22	226	35
キャンプ地来場者	621	518	795	681	115	1.53	1.31	0.22	447	61
拠点事業参加者	432	339	518	443	75	1.53	1.31	0.22	292	45
合計	9,325	7,822	12,006	10,123	1,883	1.53	1.29	0.24	6,899	1,095

（出典）平成23年静岡県産業連関表をもとに筆者が試算

　総支出額のうち、静岡県内産業の売上増加に直結したとみられる直接効果は、主催者側の運営支出、来場者消費支出、合計で78億2,200万円となります。総支出額からの減額分（直接効果に含まれないもの）としては、来場者による買物などの購入品（土産物など）の製造原価分のうちの県外生産分などで、支出額に県内自給率（$I-\hat{M}$）を乗じることで、直接効果を推計しています。

　直接効果による県内産業の売上増加が、産業相互間の取引関係を通じて県内他産業の原材料需要等を発生させることによる生産誘発額の総額、すなわち間接一次効果は合計で101億2,300万円、さらに直接効果や間接一次効果が雇用者所得を発生させ、これが家計支出を通じて県内他産業の需要を発生させることによる二次誘発額合計18億8,300万円を合わせて、経済波及効果は、合計で120億600万円です。誘発効果（直接効果に対する経済波及効果の比率）は、合計で1.53倍となります。

　なお、県内総生産の概念にほぼ相当する付加価値誘発額は、68億9,900万円となり、サービス業（「対事業所サービス」や「対個人サービス」）を中心に1,095人の雇用誘発効果が見込まれます。

10.4.2　業種別の経済波及効果

　最後に、表10- 6でラグビー W 杯2019開催によって、恩恵を大きく受ける静岡県内の業種を産業37部門表別でみると、経済波及効果（一次・二次生産誘発額の合計額）のトップは、「対事業所サービス」（34億3,000万円）となりました。大会開

表10-6　ラグビーＷ杯2019開催に伴う静岡県内への経済波及効果（業種別）

（単位：100万円、％）

順位	業種（37部門表）	経済波及効果	全体に占める割合	順位	業種（37部門表）	経済波及効果	全体に占める割合
1	対事業所サービス	3,430	28.6	7	金融・保険	357	3.0
2	対個人サービス	2,282	19.0	8	情報通信	266	2.2
3	運輸・郵便	1,864	15.5	9	不動産	261	2.2
4	商業	1,217	10.1	10	その他の製造工業製品	157	1.3
5	建設	754	6.3	-	その他業種合計	1,056	8.8
6	飲食料品	363	3.0	-	全業種合計	12,006	100.0

催に伴う警備・誘導案内や広報・PR 業務など、関連する多様な需要が発生すると考えられ、県内の経済波及効果全体の３割近くを占めました。

　「対事業所サービス」に次いで波及効果の大きい業種は、飲食店や宿泊業などを中心とした「対個人サービス」（22億8,200万円）、鉄道やバス、タクシー事業者などを含む「運輸・郵便」（18億6,400万円）、「商業」（12億1,700万円）の順となりました。「対個人サービス」や「商業」などの観光関連事業者は、集客策の強化や、単価の高い商品・サービスの提供を通じて、より多くの消費需要を喚起していく姿勢が求められます。会場周辺の観光資源や特産品にも目を向けてもらい、"試合観戦"以外の場面でもいかに消費を促せるか、地域関係者の取組みが注目されます。

参考文献

１．（一財）静岡経済研究所（2018）「イベント開催に伴う経済波及効果を高めるために」『SERI Monthly』2018年７月号
２．（一財）静岡経済研究所（2002）「2002FIFA ワールドカップ静岡開催がもたらしたもの」『SERI Monthly』2002年12月号
３．（公財）ラグビーワールドカップ2019組織委員会「THE ECONOMIC INPACT OF RUGBY WORLD CUP 2019 ラグビーワールドカップ2019 大会前経済効果分析レポート」

第11章

静岡ホビーショー開催による経済波及効果

11.1 事例解説

「静岡ホビーショー」は、プラモデル、ラジコン、鉄道模型などの国内メーカーが一堂に会し、新製品を発表する見本市として、毎年5月に静岡市内で開催され、2019年で58回目という、長い歴史を誇ります。

開催期間は、通常、木曜日〜日曜日の4日間で、業者招待日である前半2日は、国内外からのバイヤーにより商談が進められ、後半2日は、一般公開日として、全国からホビー愛好者が集まり、大いににぎわうビッグイベントです。

もともと、静岡のプラモデル産業は、静岡市を中心とする木工技術の集積を活かした木製模型飛行機などが基盤でしたが、戦後に素材としてプラスチックが導入され、アニメなどのキャラクター商品、ラジコンカーなどのブームともあいまって発展を遂げ、現在では、静岡県のプラモデル産業は、出荷額の全国シェア90％（平成28年、静岡県調べ）を誇る地場産業へと成長しました。

このように「静岡ホビーショー」は、全国から集客のある一大イベントであるとともに、「見本市」として地域産業の振興を下支えする側面も持っています。本章では、「静岡ホビーショー」開催により、地域産業にもたらされた投資・支出額等による経済波及効果の試算結果を紹介します。

なお、本章は、静岡経済研究所が静岡産業振興協会からの委託により2016年に実施した調査に、若干の補足・更新を加えて再計算したもので、対象は、同年開催の「第55回静岡ホビーショー」、使用したデータ等も当時のものです。

11.2 イベント開催により発生する需要の整理

まず、イベント開催により、地域産業にとってどのような支出や需要がもたらされるか、試算対象となる事象を整理しておく必要があります。ここでは、①主催者側の運営支出、②来場者消費支出、③成約額、の3つを対象としました。それぞれの支出額や産業連関表上の業種部門を確定させることが、経済波及効果試算のスタートとなります。

11.2.1 主催者側の運営支出

主催者側の運営支出とは、会場設営費など、イベント運営に伴って発生する支出です。「静岡ホビーショー」の主催者は「静岡模型教材協同組合」ですが、この他に、出展者による運営支出も対象となります。また、当日の会場スタッフには、消費支出が発生します。この他、主催者側の関係者として「モデラーズクラブ」があります。これは、一般公開日に、全国から愛好者グループが自慢の作品を持ち寄って展示するものです。モデラーズクラブにも搬入費用や作品製作費などの運営支出が掛かっている可能性がありますが、推計するだけの情報がないため、今回は、運営支出は考慮せず、参加者による消費支出のみを加えました。

推計方法は、主催者支出については、主催者の情報提供によります。出展者支出は、主催者を通じて、出展企業等にアンケートを行い、その集計結果より1社当たりの支出額を求め、出展者数（81社）を乗じて推計しました。

会場スタッフ、モデラーズクラブ参加者の消費支出については、消費単価に人数を乗じて推計しています。消費単価は、次項の業者招待日の消費単価を利用しましたが、会場スタッフの費目は飲食費と買物代のみとしました（交通費や宿泊費は、主催者・出展者運営支出に含まれています）。主催者スタッフ人数、モデラーズクラブ参加者数は、主催者把握による人数、出展者のスタッフ人数はアンケート結果からの推計によります。

このケースのように複数の支出者がある場合には、地域産業の需要の発生という観点から、誰が支払ったか、ではなく、最終的にどの産業が売上として受け取るか、という視点で整理する必要があります。たとえば、出展者から主催者に出展料や協力金が支払われている場合、その資金は主催者による支出の財源となるはずなので、単純に合算すると二重計上されることになります。

表11-1　第55回静岡ホビーショー主催者側の運営支出

（単位：100万円）

費目	総支出額	産業連関表（37部門）の業種配分
主催者・出展者運営支出計（a）	441	—
会場設営費	105	対事業所サービス
会場使用料	65	対個人サービス
搬入・搬出費	5	運輸・郵便
チラシ等製作費	30	対事業所サービス
出展製品開発製作費	201	その他の製造工業製品
担当者旅費宿泊費	9	運輸・郵便
その他	26	対事業所サービス
会場スタッフ※消費支出計（b）	78	—
往復の交通費	30	運輸・郵便
飲食費	12	対個人サービス
買物代（土産等）	6	（来場者消費支出参照）
買物代（ホビー）	20	その他の製造工業製品/商業/運輸
宿泊費	9	対個人サービス
駐車料	1	不動産
その他の支出	1	対個人サービス
主催者側の運営支出計（a＋b）	520	—

（注）※モデラーズクラブ参加者を含む
〈主な算出条件〉
出展者数：81（県、市およびモデラーズクラブを除く）
会場スタッフ人数：1,505人（主催者・出展者計、アンケート結果による推計）
モデラーズクラブ参加人数：2,550人（主催者調べ）

　なお、出展者運営支出、出展者スタッフによる消費支出、モデラーズクラブ参加者の消費支出は、いずれも住所別（静岡市内、市外県内、県外）に推計しています。これは、出展者やスタッフの住所により、直接効果算出時の取り扱いが異なるためです（詳細後述）。

　表11-1の推計結果は、主催者・出展者の運営支出は、出展製品開発製作費、会場設営費など、合計4億4,100万円、また、会場スタッフによる消費支出額は、交通費、買物代、飲食費など、合計7,800万円、以上、主催者側の運営支出額は合計で5億2,000万円となります。

11.2.2　来場者消費支出

　第55回静岡ホビーショーでは、主催者発表によれば、業者招待日6,500人、一般公開日70,000人、合計で76,500人の来場者がありました。これらの来場者による消費支出が対象となります。主催者側の運営支出が、イベントの成否にほとん

表11- 2　第55回静岡ホビーショー来場者一人当たり消費支出額

(単位:円)

費目	業者招待日				一般公開日			
	静岡市	静岡県内	静岡県外	海外	静岡市	静岡県内	静岡県外	海外
支出額計	2,926	27,320	29,786	157,334	6,833	10,195	27,448	192,333
往復の交通費	556	3,320	14,256	105,667	566	2,604	12,218	76,667
飲食費	926	1,200	4,330	12,000	1,216	1,605	3,376	10,000
買物（土産等）	148	840	2,394	7,667	353	687	1,762	15,000
買物（ホビー）	815	21,080	3,493	10,000	4,598	5,055	7,590	73,333
宿泊費	0	0	4,569	22,000	0	36	2,180	17,333
駐車料	481	880	414	0	100	193	269	0
その他の支出	0	0	330	0	0	15	53	0
住所内訳（%）	10.5	9.7	78.7	1.2	23.8	32.1	43.8	0.3

ど左右されない固定的な支出であるのに対し、来場者消費支出は、来場者数に比例するため、多くの集客が経済波及効果を大きくすることにもつながります。

　まず、来場者一人当たりの消費支出額は会場でアンケート調査を実施し、業者招待日、一般公開日それぞれ住所別に集計しました。回答数は業者招待日258人、一般公開日858人、合計1,116人です。**表11- 2**が集計結果で、業者招待日の来場者一人当たり消費支出額は、静岡市2,926円、静岡県内27,320円、静岡県外29,786円、海外157,334円となりました。一方、一般公開日では、静岡市6,833円、静岡県内10,195円、静岡県外27,448円、海外192,333円となっています。

　全体的に、遠来客ほど各費目とも多く支出していることがわかります。また、一般来場者では、市内からの来場でも「飲食費」や「買物（ホビー）」に比較的多額の支出を費やしており、滞在時間の長さや、趣味（ホビー）をテーマとするイベントにより、購買意欲が刺激されていることがうかがわれます。なお、業者招待日の買物（ホビー）には、商談成約によるものは含まれません。

　この一人当たり消費支出額に、業者招待日（6,500人）、一般公開日（70,000人）それぞれの来場者数を住所別に乗じて来場者消費支出額を推計します。来場者の住所内訳は、会場でのアンケート結果によります。また、買物（土産等）の品目内訳についても、アンケート結果をもとに配分しています。

　表11-3の費目別の推計結果は、業者招待日、一般公開日合計で、往復の交通費5億4,500万円、買物（ホビー）4億7,300万円、飲食費1億8,700万円など、来場者消費支出額は、合計で14億1,500万円となりました。

表11- 3　第55回静岡ホビーショー来場者の消費支出額

(単位:100万円)

費目	来場者消費支出額			産業連関表（37部門）の業種配分
	業者招待日	一般公開日	合計	
支出額計	183	1,232	1,415	―
往復の交通費	83	461	545	運輸・郵便
飲食費	24	162	187	対個人サービス
買物（土産等）	13	79	92	商業/運輸・郵便（原価分は下記）
食品	6	46	52	飲食料品
茶・飲料類	5	25	30	飲食料品
衣類・身回品	0	2	2	繊維製品
工芸品等	2	5	7	その他の製造工業製品
その他	0	1	2	その他の製造工業製品
買物（ホビー）	32	441	473	その他の製造工業製品/商業/運輸
宿泊費	25	72	97	対個人サービス
駐車料	3	14	17	不動産
その他の支出	2	2	4	対個人サービス

表11- 4　第55回静岡ホビーショーの商談成約額

(単位:100万円)

	住所別				産業連関表（37部門）の業種配分
	静岡市	静岡県内	静岡県外	合計	
成約額	4,769	460	885	6,113	その他の製造工業製品
住所内訳※（%）	78.0	7.5	14.5	100.0	―

(注)　※会場スタッフの住所内訳

11.2.3　成約額

　ホビーショーに来場したバイヤーが出展メーカーと商談が成立した成約額を対象とし、今後1年以内に成約額通りにメーカーが製品を製造する、という条件で試算します。かつては、バイヤーがホビーショーに合わせて年間の取引分を成約するのが一般的でしたが、近年ではインターネット取引の普及などもあって商慣習が変わり、後日、個別に商談を成立させるなど、ホビーショーにおける成約額も減少傾向にあるようです。

　主催者把握による商談成約額は、61億1,300万円です（**表11- 4**）。機密上の都合もあり、地域別、品目別内訳など詳細は不明ですが、便宜的に、アンケート結果より推計した会場スタッフの住所内訳により地域配分し、「その他の製造工業製品」の生産額の増加として取り扱いました。

11.3　理論モデル

　イベント開催による地域産業への支出額が確定すれば、平成23年静岡県産業連関表（37部門表）を用いて、産業連関分析により静岡県内への経済波及効果を測定することができます。分析モデルは競争輸入型の均衡産出高モデルを用いています。詳細は、「補論4　直接効果・間接効果・生産誘発効果とは」を参照してください。

　最終需要に乗じる自給率は、次のように設定しました。

　県外からの宿泊客の宿泊費は、県内宿泊施設（対個人サービス）の移輸出（ΔE）なのでモデル式通り、このままの数字を逆行列係数に乗じます。一方、県内宿泊客の宿泊費 ΔFd は、地域内での宿泊サービスの提供であることから、乗じる自給率を1とします。

　また、県内出展企業による会場使用料の支出も、地域内の施設がサービスを提供することから自給率を1とします。

　補論4のモデル式に用いる消費性向は、総務省「家計調査年報」（勤労者世帯・静岡市）より、開催時直近3年間（平成26〜28年）の平均値（平均消費性向）をとり、74.3%としています。

　支出費目、支出者の住所の違いによる自給率（$I - \hat{M}$）の取り扱いは**表11-5**の通りです。地域外の出展者の成約額については、地域外での生産として直接効果に含めない考え方もありますが、県外からの出展者でも静岡市内や県内に製造拠点を持っている企業も多いことから、今回は最終需要の発生として扱い、産業連関表ベースによる自給率（$I - \hat{M}$）を乗じたものを直接効果に加えました。

11.4　分析結果——毎年開催の見本市による経済波及効果

11.4.1　静岡県内への経済波及効果

　静岡ホビーショーによる総支出額は、**表11-6**の通り主催者側の運営支出5億2,000万円、来場者消費支出14億1,500万円、成約額61億1,300万円、総支出額は合計で80億4,800万円です。

　総支出額のうち、静岡県内産業の売上増加に直結したとみられる直接効果は、

表11- 5　支出別・住所別の地域内自給率（$I-\widehat{M}$）の取扱い

費目			産業連関表（37部門）の業種配分	静岡県への経済波及効果			静岡市への経済波及効果		
				静岡市	静岡県内	静岡県外	静岡市	静岡県内	静岡県外
主催者・出展者 運営支出	会場設営費		対事業所サービス	○	○	△	○	△	△
	会場使用料		対個人サービス	○	○	○	○	○	○
	搬入・搬出費		運輸・郵便	○	○	△	○	△	△
	チラシ等製作費		対事業所サービス	○	○	△	○	△	△
	出展製品開発製作費		その他の製造工業製品	○	○	△	○	△	△
	担当者旅費宿泊費		運輸・郵便	○	○	○	○	○	○
	その他		対事業所サービス	○	○	△	○	△	△
来場者 （会場スタッフ）（会場消費支出額）	往復の交通費		運輸・郵便	○	○	○	○	○	○
	飲食費		対個人サービス	○	○	○	○	○	○
	買物	商業マージン	商業	○	○	△	○	△	△
		貨物運賃	運輸・郵便	△	△	△	△	△	△
		製造原価分	各製造業	△	△	△	△	△	△
	宿泊費		対個人サービス	－	◇	◇	－	◇	◇
	駐車料		不動産	○	○	○	○	○	○
	その他の支出		対個人サービス	○	○	○	○	○	○
成約額			その他の製造工業製品	○	○	△	○	△	△

（注1）来場者の飲食、買物等の消費行動は、静岡市内でなされたものと想定　　○：（$I-\widehat{M}$）＝1とする
（注2）商業マージンは小売を想定　　◇：アンケート結果等により別途計算
（注3）宿泊費の自給率はアンケート結果による。市内来場者の宿泊支出はなし　　△：産業連関表の（$I-\widehat{M}$）を利用

表11- 6　第55回静岡ホビーショーによる静岡県への経済波及効果

	総支出額（100万円）	経済波及効果（生産誘発額）（100万円）				誘発効果		合計（A+B+C)/A
		直接効果（A）	間接一次（B）	二次誘発（C）	合計（A+B+C）	一次誘発（A+B/A）	二次誘発（C/A）	
主催者側の運営支出	520	361	111	92	564	1.31	0.26	1.56
来場者消費支出	1,415	985	310	244	1,538	1.31	0.25	1.56
成約額	6,113	5,519	2,053	1,342	8,915	1.37	0.24	1.62
合計	8,048	6,865	2,473	1,678	11,017	1.36	0.24	1.60

主催者側の運営支出、来場者消費支出、成約額、合計で68億6,500万円となります。総支出額からの減額分（直接効果に含まれないもの）としては、県外出展者の運営支出のうち、搬入・搬出費など、県外産業による産出も想定されるもの、来場者による買物などの購入品の製造原価分のうちの県外生産分などで、いずれも支出額に県内自給率（$I-\widehat{M}$）を乗じることで、直接効果を推計しています。

　直接効果による県内産業の売上増加が、産業相互間の取引関係を通じて県内他産業の原材料需要等を発生させる生産誘発額の総額、すなわち間接一次効果は、

表11- 7　第55回静岡ホビーショーによる静岡市への経済波及効果

	総支出額 (100万円)	経済波及効果（生産誘発額）(100万円)				誘発効果		合計 (A+B+C)/A
		直接効果 (A)	間接一次 (B)	間接二次 (C)	合計 (A+B+C)	一次誘発 (A+B/A)	二次誘発 (C/A)	
主催者側の運営支出	520	319	76	66	461	1.24	0.21	1.45
来場者消費支出	1,415	908	238	180	1,326	1.26	0.20	1.46
成約額	6,113	5,109	1,312	968	7,388	1.26	0.19	1.45
合計	8,048	6,336	1,626	1,214	9,175	1.26	0.19	1.45

合計で24億7,300万円、さらに直接効果や間接一次効果が雇用者所得を発生させ、これが家計支出を通じて県内他産業の需要を発生させることによる二次誘発額合計16億7,800万円を合わせて、経済波及効果は、合計で110億1,700万円です。誘発効果（直接効果に対する経済波及効果の比率）は、合計で1.60倍となります。

11.4.2　静岡市内への経済波及効果

　同様の試算を平成23年静岡市産業連関表を用いて行い、**表11- 7**のように静岡市内への経済波及効果を測定しました。静岡ホビーショーによる総支出額は、県表による試算と同じ条件であり、合計で80億4,800万円です。

　総支出額のうち、静岡市内産業の売上増加に直結したとみられる直接効果は、合計で63億3,600万円となります。静岡県表による試算の場合に比べて、地域内自給率の違いによる販売商品の製造原価分、市外メーカーによる成約額分などが減額しています。

　直接効果による市内産業の売上増加が、産業相互間の取引関係を通じて市内他産業の原材料需要等を発生させることによる生産誘発額の総額、すなわち間接一次効果は、合計で16億2,600万円、二次誘発額合計12億1,400万円を合わせて、経済波及効果は、合計で91億7,500万円です。誘発効果（直接効果に対する経済波及効果の比率）は、合計で1.45倍となります。

　静岡県表による試算の場合に比べて、総支出額は同じでも、県、市という対象エリアの違いにより、直接効果の違いに加えて、取引関係を通じた波及時に地域外に流出する部分が大きくなることから、間接一次、二次誘発とも小さくなることがわかります。

参考文献

１．静岡産業振興協会（2016）「ツインメッセ静岡　経済波及効果調査報告書」
２．静岡経済研究所（2018）「イベント開催に伴う経済波及効果を高めるために」
　『SERI Monthly』2018年7月号
３．静岡県統計利用課（2019）「静岡県の日本一 My しずおか日本一」

第12章

花火大会の地域経済効果
―静岡市安倍川花火大会の例―

12.1 事例解説

　地域でのイベントの開催は、賑わいの創出とともに、来場者の支出（交通費、飲食代、宿泊費、買い物など）を通じて、交通機関、飲食店、宿泊施設、小売店などの売上を増加させるとともに、これらの産業と取引をもつ関連産業の生産や売上を次々に誘発し、地域の産業に広く影響をもたらします。

　本章では、平成28年に開催された静岡市の大規模イベントである「第63回（平成28年度）安倍川花火大会」（以下、花火大会と略します）を事例として取り上げます[1]。

　イベントの経済波及効果は、一般に、①主催者の運営経費と、②来場者の支出の２つを最終需要として分析を始めます。②については、イベント当日、会場で来場者を対象としたアンケート調査を行って１人あたり消費支出額を求め、それに来場者数をかける方法で金額を把握します。

　難しいのは来場者数の把握です。屋内の場合には入場料があることが多いので比較的正確に把握できるのですが、気象条件で大きく影響を受ける屋外で、しかも花火大会のように夜間のイベントの来場者数を知ることは容易ではありません。このような場合でも来場者数を推計する方法がありますが、本章では主催者発表の数字を用いて計算しています（脚注４参照）。

1）本章は、静岡市観光交流文化局観光交流課（現：まちは劇場推進課）（2017）『静岡市大規模イベントにおける経済波及効果等分析業務報告書』を元に筆者が新たに執筆したものです。

花火大会の概要は、次の通りです。

名称：第63回（平成28年度）安倍川花火大会

期日：平成28年7月30日（土）

会場：静岡市安倍川河川敷

主催：安倍川花火大会本部

協力支援：静岡市

来場者数：60万人

沿革：昭和20年6月の静岡空襲で死亡した被災者約2,000名の慰霊の意を込
　　　めて昭和28年に第1回が開催されてから毎年夏に開催されている。

12.2　理論モデル

　分析に用いた経済波及効果分析の理論モデルは、静岡市―「全国」家計内生化
地域間産業連関分析モデルです。家計内生化モデルについては「補論1　家計内
生化モデルによる拡大逆行列係数表の作り方」[2)]、地域間産業連関モデルについ
ては「補論3　地域間産業連関表の作り方と理論モデル」[3)]で説明していますの
で参照してください。

　用いた産業連関表のデータは、筆者が作成した平成23年静岡市産業連関表と総
務省統計局「平成23年産業連関表」を連結させた2地域間産業連関表です。全国
に「　」を付けているのは、静岡市のデータを全国表から差し引いた静岡市以外
の全国であることを表すためです。

12.3　最終需要

12.3.1　主催者の運営経費（最終需要1）

　主催者の運営経費の支出については、安倍川花火大会実行委員会の資料から費

2）家計内生化モデルのより詳細な説明は、本書［基礎編］第6章を参照してください。

3）地域間産業連関表については、浅利一郎・土居英二（2016）『地域間産業連関分析の理
　論と実際』日本評論社も参照してください。

表12-1 花火大会の運営費と産業連関表の産業部門への配分

(単位:100万円)

費目	費目内訳	支出額	産業連関表の部門配分	
合計		66.9		
1. 花火費	打ち上げ花火代	25.3	391 その他の製造工業製品	
2. 設備費	測量、整地、枠組み、電気、音響設備	21.3	419 その他の土木建設他	5/10
			661 物品賃貸サービス	4/10
			461 電力	1/10
3. 警備費	警備、看板制作、交通規制図	7.1	391 その他の製造工業製品	5/10
			669 その他の対事業所サービス	5/10
4. 宣伝費	プログラム、ポスター制作、招待券	3.5	191 印刷・製版・製本	
5. 運営費	被服費、保険料、供養祭、食料費	3.0	152 衣服・他の繊維既製品	3/10
			531 金融・保険	1/10
			659 他の非営利団体サービス	1/10
			111 食料品	5/10
6. 活動費	寄付金依頼経費、活動費、渉外経費	3.1	571 鉄道輸送	5/10
			572 道路輸送	5/10
7. 会議費	総会、実行委員会、担当部会	2.0	551 不動産仲介及び賃貸	5/10
			112 飲料	1/10
			111 食料	4/10
8. 事務費	事務所費、通信費、旅費、消耗品	1.7	551 不動産仲介及び賃貸	5/10
			591 通信	1/10
			571 鉄道輸送	1/10
			572 道路輸送	2/10
			681 事務用品	1/10
9. 予備費		4.2	算定せず	

目別の金額6,690万円を得ました。費目別の支出額を経済波及効果を計算するために、**表12-1**のように産業連関表の産業分類（108部門）に対応させ、配分比率に一定の仮定を置いて配分しました。総額は合計から予備費を除く6,690万円となります。

12.3.2 来場者の消費支出（最終需要2）

来場者の消費支出が第二の最終需要です。金額の推計は次の算式で行いました。

来場者の消費支出額 = 来場者1人あたり消費支出額×来場者数 (12.1)

①来場者1人あたりの消費支出

(12.1)式の来場者1人あたりの消費支出を把握するために、花火大会の当日、会場である安倍川河川敷周辺で、学生調査員35名による来場者へのアンケート調

表12-2　花火大会の運営費と産業連関表の産業部門への配分

費目		1人あたり平均消費支出額A	来場者数B	総支出額（最終需要）C＝A×B	産業連関表への配分（108部門）
（単位）		（円）	（人）	（100万円）	
来場者数・支出額計		3,761	600,000	2,256	
1．交通費	小計	625		375	
	バス	137		82	572 道路輸送
	電車	186		112	571 鉄道輸送
	新幹線	145		87	571 鉄道輸送
	駐車場	157		94	578 運輸附帯サービス
2．飲食費	小計	1,437		862	672 飲食サービス
3．宿泊費	小計	263		158	671 宿泊業
4．お土産・買い物	小計	508		305	
	茶	186		111	112 飲料
	ドリンク	149		89	112 飲料
	酒	119		71	112 飲料
	雑貨	23		14	391 その他の製造工業製品
	その他	31		18	111 食料品
5．他の支出	小計	928		557	
	浴衣	720		432	152 衣服・その他の繊維既製品
	下駄	170		102	161 木材・木製品
	写真	5		3	679 その他の対個人サービス
	その他	33		20	679 その他の対個人サービス

（注）1人あたり支出額は支出無しの回答者を含む

査を行いました。回収は1,211名でした。126ページに**調査票**を掲げておきます。
（紙面の都合で設問7の一部を省略しています。）**表12-2**の通り1人あたり消費支出額は3,761円になります。

②来場者数

　表12-2では来場者数を主催者発表の60万人としています。イベントの来場者は、(12.1)式から分かるように経済波及効果の分析結果の信頼性を左右する重要な要素ですが、屋外で開催されるイベントの精度の高い来場者数を把握するのは難しい課題です。本章の花火大会では、主催者発表の60万人としました[4]。

　一人あたり消費支出額3,761円に来場者数60万人を乗じた22億5,600万円が、最

　4）本書［基礎編］144頁～146頁では、静岡市「市民アンケート調査」を用いた来場者の推計方法の試みを紹介していますが、ここでは本章の元となった調査時の主催者発表の数字を用いています。

静岡市の大型イベントへ参加された皆様へ！
アンケート調査に協力をお願いします

 静岡市

静岡市観
光交流課

1. ご回答された方についてお尋ねします。(あてはまる番号に○を付けて下さい)

性　別	年　齢
1. 男性　2. 女性	1. 10代　2. 20代　3. 30代　4. 40代　5. 50代　6. 60代　7. 70歳以上

2. どちらから参加されましたか。(番号に○を付け、下線に市町名を記入してください。)

1. 葵区　2. 駿河区　3. 清水区　4. 藤枝市 5. 焼津市　6. 富士市　7. その他(　　　　)

3 ご一緒に参加された方(番号に○を付けて下さい。 ご一緒の人数は(ご記入下さい)

1. 1人　2. 家族　3. 友人　4. 同僚　5. その他	➡	(　　　　)人

4 参加は何回目ですか　(該当する項目の番号をに○を付けて下さい。)

1. 初めて　2. 時々参加する　3. ほぼ毎回参加している

5. 今回のイベントは何でお知りになりましたか。

1. ポスター　2. ちらし　3. テレビ　4. 新聞　5. インターネット　6. 人から聞いて　7. その他

6. 会場までの交通手段を教えて下さい。(番号に○を付けて下さい。複数回答可)

1. 徒歩　2. 自転車　3. バイク　4. 自家用車　5. シャトルバス　6. バス 7 電車 8. その他

7. イベントの参加にあたって静岡市内で支出されたお金についてお尋ねします。

費　目	何人分の支出ですか?(○を)	支出金額(円)
1. 交通費	1.1人あたり　2. 家族・友人計	(片道料金をご記入下さい。)
(1) バス代		円
(2) 電車代		円
(3) 新幹線料金		円
(4) 駐車場料金(見込み)		円
2. 飲食費	1.1人あたり　2. 家族・友人計	円
3. 宿泊費	1.1人あたり　2. 家族・友人計	円
4. お土産など買い物	1.1人あたり　2. 家族・友人計	(予定も含めてご記入下さい)
(1)お菓子など食料品		円
(2) ドリンクなど飲料		円
(3) 酒類		円
(4) 雑貨類		円
(5) その他		円

終需要2となります（表12-2）。これに主催者の運営経費6,690万円を合計した23億2,300万円が最終需要の総額です（100万円単位で表示）。

12.3.3　最終需要の購入者価格から生産者価格への変換

　この最終需要（23億2,300万円）は、経済波及効果の計算にあたって**購入者価格**から**生産者価格**に変換します。

　商品に含まれている卸売・小売業の**商業マージン**（売上から仕入を引いた額）と、輸送費である**運輸マージン**（産業連関表では「**国内貨物運賃**」と呼ばれます）を計算し、これを表12-2のようにそれぞれ産業連関表の「商業」部門と、運輸業のいくつかの部門（鉄道輸送部門や道路輸送部門など）に配分します。

　例えば消費者が購入した1,000円の食料品（購入者価格）の中に40％の商業マージンと5％の運輸マージンが含まれているときは、食料品の生産者価格は、

$$1,000円-(1,000円×40％+1,000円×5％)=550円$$

となります。この生産者価格550円を食料品部門へ、商業マージンの400円を商業部門へ、運輸マージン50円を運輸部門に配分します。経済波及効果の分析では変動の大きい流通マージン（商業マージン＋運輸マージン）を含む市場価格ではなく、生産技術を安定して反映できる生産者価格を用いて算出します。

12.4　分析結果―客数の把握が難しいイベントの経済波及効果―

12.4.1　直接効果

　生産者価格に変換した最終需要が、主催者や来場者の支出と直接に接して地域内の生産を、最初の段階でどれだけ誘発するのかを表すのが**直接効果**です。

　私達の身近にあるスーパーやコンビニに並べてある商品には、地域外から仕入ているものが少なくありません。購入者が落とすお金は小売業者を通じて仕入れ先の地域に流れて地域内の生産の誘発にはつながりません。最終需要（$\mathit{ΔF}$）のうち地域内へ回るお金と地域外に流れるお金の仕分けの役割を果たすのが自給率（$\mathit{I-\hat{M}}$）です。108部門の最終需要に対応する同じ108部門の自給率をかけた額が直接効果で、数式では$(\mathit{I-\hat{M}})\mathit{ΔF}$で表します。本章の花火大会の事例では直接効果は**表12-3**の中に掲げています。

表12-3　第63回（平成28年度）安倍川花火大会の経済波及効果

(100万円)

記号・算式	最終需要購入者価格	最終需要生産者価格	自給率	直接効果	間接効果	跳ね返り効果	生産誘発効果
	A	B	C	D＝B×C	E	F	G＝D＋E＋F
合計	2,322	2,323		1,863	1,256	450	3,569
01 農林水産業	0	0	0.121	0	10	6	16
06 鉱業	0	0	0.006	0	0	0	0
11 飲食料品	293	188	0.181	34	50	22	106
15 繊維製品	433	174	0.006	1	0	1	2
16 パルプ・紙・木製品	106	51	0.138	7	3	11	21
20 化学製品	0	0	0.064	0	5	2	7
21 石油・石炭製品	0	0	0.019	0	0	3	3
22 プラスチック・ゴム	0	0	0.081	0	1	4	5
25 窯業・土石製品	0	0	0.109	0	0	1	1
26 鉄鋼	0	0	0.037	0	0	0	0
27 非鉄金属	0	0	0.057	0	1	0	1
28 金属製品	0	0	0.056	0	0	3	3
29 はん用機械	0	0	0.046	0	0	0	0
30 生産用機械	0	0	0.175	0	0	0	0
31 業務用機械	0	0	0.008	0	0	1	1
32 電子部品	0	0	0.010	0	0	0	0
33 電気機械	0	0	0.061	0	9	1	10
34 情報・通信機器	0	0	0.002	0	0	0	0
35 輸送機械	0	0	0.039	0	0	2	2
39 その他の製造工業製品	21	9	0.235	2	2	0	4
41 建設	11	11	1.000	11	41	28	80
46 電力・ガス・熱供給	2	2	0.469	1	19	0	20
47 水道	0	0	1.000	0	28	4	32
48 廃棄物処理	0	0	0.490	0	6	0	6
51 商業	0	421	1.000	421	219	5	645
53 金融・保険	0	0	0.949	0	89	0	89
55 不動産	2	2	0.545	1	278	212	491
57 運輸・郵便	378	389	0.863	336	53	0	419
59 情報通信	0	0	0.351	0	110	17	127
61 公務	0	0	1.000	0	5	4	9
63 教育・研究	0	0	0.975	0	40	1	41
64 医療・福祉	0	0	0.883	0	52	14	66
65 その他の非営利団体サービス	0	0	0.989	0	18	11	29
66 対事業所サービス	9	9	0.585	6	112	32	150
67 対個人サービス	1,043	1,043	1.000	1,043	104	24	1,171
68 事務用品	0	0	0.000	0	6	0	6
69 分類不明	25	24	0.000	0	0	11	11

12.4.2　生産誘発効果（経済波及効果）

　静岡市の安倍川花火大会（第63回、平成28年度）の最終需要（購入者価格・生産者価格）、直接効果、間接効果、跳ね返り効果、生産誘発効果を**表12-3**に掲げました。計算は統合中分類（108部門）で行っていますが、本章では全産業を分かりやすく表示するために統合大分類（37部門）に統合して表示しています。

　跳ね返り効果は、波及効果の計算を、静岡市―「全国」2地域間産業連関表を用いて行っているため、静岡市以外の「全国」へ波及した効果が再び静岡市内へ波及した効果を意味しています。

　最終需要を購入者価格と生産者価格で比較して表示していますので、財貨の部門の表記の違いが分かると思います。サービスの部門の額は両方とも同じです。

　最終需要（生産者価格）にかける自給率は、明らかに静岡市内で供給すると思われる産業部門については産業連関表から導出される自給率を1に修正しています。

　間接効果は、生産誘発効果－（直接効果＋跳ね返り効果）から導いています。

　最終需要は23億2,300万円、他地域へ漏出する額を除く直接効果は18億6,300万円です。この直接効果による間接効果は12億5,600万円、跳ね返り効果は4億5,000万円で、生産誘発額（経済波及効果）の総額は35億6,900万円となります。生産誘発効果を直接効果で割った波及倍率は1.92倍になります。

12.4.3　雇用効果、税収効果

　雇用効果は416人です。ただ、花火大会のように短期間のイベントでは、臨時の雇用効果はあっても、恒常的な雇用の創出にはつながるケースは殆どないとみておく必要があります。

　静岡市への税収効果は、**表12-4**のように市税の他に経済活動に関連する地方譲与税、地方交付金を含めて1億3,600万円となります。花火大会は平成28年7月に開催されたので、税収効果は翌年度の平成29年度の税収に影響を及ぼします。地方税は、前年の所得に課税されるからです。

　花火大会には、静岡市の財政から実行委員会に対して3,220万円の補助金が出ていますが、税収効果の計算結果は、それを十分回収できる額にのぼることを教えてくれています。

表12- 4　静岡市安倍川花火大会の税収効果（平成29年度）

(単位：100万円)

		課税標準対応項目(産業連関表項目)	H23年静岡市産業連関表より	H24年度静岡市一般会計税収額等	税率係数	安倍川花火大会による誘発額	静岡市の税収効果
	記号・算式		A	B	t＝B÷A	△X	△T=△X・t
市税	1.1 市町村民税（個人）	雇用者所得合計	1,557,119	39,749	0.0255	1,021	26
	1.2 市町村民税（法人）	営業余剰合計	563,031	14,152	0.0251	470	12
	2 固定資産税（注）	設備投資額	557,439		0.0140	366	4
	3 軽自動車税	市内生産額合計	5,939,939	1,138	0.0002	3,569	1
	4 市町村たばこ税	民間消費支出計	1,581,230	4,575	0.0029	1,037	3
	5 鉱山税	（略）	－	－	－	－	－
	6 特別土地保有税	（略）	－	－	－	－	－
	7 入湯税	民間消費支出計	1,581,230	27	0.0000	1,037	0
	8 事業所税（政令市）	（略）		4,075			
	9 都市計画税	（略）		10,099			
	市税合計						**46**
地方譲与税	1 地方揮発油譲与税	市内生産額合計	5,939,939	1,092	0.0002	3,569	1
	2 自動車重量譲与税	市内生産額合計	5,939,939	1,121	0.0002	3,569	1
	3 地方道路譲与税	（略）	－	－	－	－	－
	4 特別トン譲与税	市内生産額合計	5,939,939	138	0.0000	3,569	0
	5 石油ガス譲与税	市内生産額合計	5,939,939	87	0.0000	3,569	0
	地方譲与税合計						**2**
地方交付金	1 地方消費税交付金（注2）	民間消費支出計	1,581,230	70,550	0.0446	1,037	46
	2 自動車取得税交付金	市内生産額合計	5,939,939	982	0.0002	3,569	1
	3 軽油引取税交付金	市内生産額合計	5,939,939	5,340	0.0009	3,569	3
	4 地方交付金（消費税分）	「1.地方消費税交付金」交付額×(3.1%－1.7%)/1.7により算出（注2）					38
	地方交付金合計						**88**
市税及び経済活動関連交付金合計							**136**

（注1）平成25年度より消費税率が5％から8％に改訂され、地方消費税交付金は1.7％となり、市町村はその1/2の0.85％となった

（注2）地方消費税交付金とは別に、交付金には地方消費税（国税）から税率1.4％相当分の地方消費税交付金が交付されるため、8％の消費税率のうち、最終的には3.1％が地方に交付される。（総務省「地方消費税関係説明資料」平成27年10月）

参考文献

1．静岡市観光交流文化局観光交流課（2017）『静岡市大規模イベントにおける経済波及効果等分析業務報告書』

2．（財）熱海市振興公社（1999）『第48回アタミ海上花火大会来場者動向調査結果報告書』

3．加藤丈侍（2015）「花火大会の経済効果」『中小総研』平成27年6月25日

4．株式会社フィデア総合研究所（2010）「第84回全国花火競技大会『大曲の花火』開催に伴う経済波及効果」調査レポート

5．宮本勝浩他（2012）「『第24回なにわ淀川花火大会』の経済波及効果—近畿地域に約116億円、大阪府内に約108億円」関西大学プレスリリース（2012年 7 月31日／ No. 15）

補論4　直接効果・間接効果・生産誘発効果とは

　経済波及効果（生産誘発効果）は、次のような内訳で計算されます。その意味を説明しましょう。

　　経済波及効果 ＝ 直接効果＋間接効果（一次＋二次）　　　　　（補論4.1）

　経済波及効果はある地域に新たな需要（**最終需要**）が生まれた場合、その需要に応える生産がまず誘発されます。これを**直接効果**と言います。「直接」という言葉は、最終需要の増加に直接対面している生産者が行う供給を意味しています。

　補論4-図1のように直接効果から**原材料ルート**で誘発される生産を**間接一次効果**といいます。経済波及効果から直接効果を引いて値を算出します。**間接二次効果**は、直接効果と間接一次効果の誘発生産額に含まれる雇用者所得の誘発→家計消費の誘発→生産誘発という**付加価値ルート**による生産誘発です。推計方法は**補論4-図2**を参照してください。

　（補論4.2）式は、移輸入が地域内需要に比例して決定される次の競争輸入型の均衡産出高モデルとして表されます。上の式は直接効果＋間接一次効果の計算式、下の式は間接二次効果を計算する式です。

$$\Delta X_1 = \left[I - \left(I - \widehat{M}\right)A\right]^{-1}\left[\left(I - \widehat{M}\right)\Delta Fd + \Delta E\right]\cdots\cdots 直接効果＋間接一次効果$$

$$\Delta X_2 = \left[I - \left(I - \widehat{M}\right)A\right]^{-1}\left[\left(I - \widehat{M}\right)Ckw_i\Delta X_1\right]\cdots\cdots 間接二次効果$$

$$\Delta X = \Delta X_1 + \Delta X_2 \quad 総効果（経済波及効果）\qquad（補論4.2）$$

　　　記号　ΔX_1：第一次生産誘発額（直接効果＋間接一次効果）

　　　　　　ΔX_2：第二次生産誘発額（間接二次効果）

　　　　　　$\left[I - \left(I - \widehat{M}\right)A\right]^{-1}$：逆行列係数行列

　　　　　　$(I - M)$：自給率係数行列

補論4-図1　均衡産出高モデルによる経済波及効果の内容

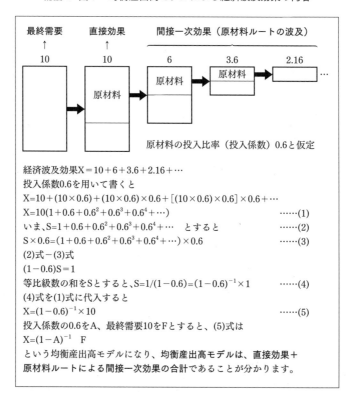

経済波及効果X＝10＋6＋3.6＋2.16＋…
投入係数0.6を用いて書くと
X＝10＋（10×0.6）＋（10×0.6）×0.6＋［（10×0.6）×0.6］×0.6＋…
X＝10（1＋0.6＋0.6²＋0.6³＋0.6⁴＋…）　　　　　　……(1)
いま、S＝1＋0.6＋0.6²＋0.6³＋0.6⁴＋…　とすると　　　……(2)
S×0.6＝（1＋0.6＋0.6²＋0.6³＋0.6⁴＋…）×0.6　　　　……(3)
(2)式－(3)式
(1－0.6)S＝1
等比級数の和をSとすると、S＝1/(1－0.6)＝(1－0.6)⁻¹×1　……(4)
(4)式を(1)式に代入すると
X＝(1－0.6)⁻¹×10　　　　　　　　　　　　　　　　　　……(5)
投入係数の0.6をA、最終需要10をFとすると、(5)式は
X＝(1－A)⁻¹　F
という均衡産出高モデルになり、均衡産出高モデルは、**直接効果＋**
原材料ルートによる間接一次効果の合計であることが分かります。

ΔFd：域内最終需要の変化（列ベクトル）

ΔE：移輸出の変化（列ベクトル）

C：民間消費支出構成比（列ベクトル）

k：平均消費性向（スカラー）

w_i：雇用者所得率（行ベクトル）

　このモデル式は、最も一般的に使われているものです。第Ⅲ部の第8章から第11章まで、すべてこの均衡産出高モデルを用いています。

（注）この(補論4.2)式による均衡産出高モデルに関連して「補論1　家計内生化モデルによる拡大逆行列係数の作り方」も参照してください。

補論 4 -図 2 　直接効果、間接効果（一次・二次）、経済波及効果の計算方法

① 取引基本表（原表）

S市	産業A	産業B	内生部門計	消費C	投資I	市内最終需要	市内需要	移輸出E	移輸入M	市内生産額	
産業A	20	50	70	10	20	30	100	10	−10	100	X_1
産業B	30	50	80	40	30	70	150	100	−50	200	X_2
内生部門計	50	100	150	50	50	100	250	110	−60	300	
雇用者所得W	10	70	80								
他付加価値V	30	30	60								
市内生産額X	100	200	300								

X_1　　X_2

波及効果計算のための係数表の用意

② 投入係数 A

S市	産業A	産業B
産業A	0.20	0.25
産業B	0.30	0.25

表からタテに20÷100などと計算

③ 単位行列 I

S市	産業A	産業B
産業A	1	0
産業B	0	1

作成方法は[基礎編]参照

④ 移輸入係数 $\hat{M}$

S市	産業A	産業B
産業A	0.10	0.00
産業B	0.00	0.33

原表①の移輸入÷市内需要
係数は対角線に配置する

⑤ 自給率係数 $(I-\hat{M})$

S市	産業A	産業B
産業A	0.90	0.00
産業B	0.00	0.67

計算 ⑤＝③－④

⑥ $(I-\hat{M})A$

S市	産業A	産業B
産業A	0.18	0.23
産業B	0.20	0.17

計算 ⑥＝⑤×②

⑦ $(I-(I-\hat{M})A)$

S市	産業A	産業B
産業A	0.82	−0.23
産業B	−0.20	0.83

計算 ⑦＝③－⑥

⑧ 逆行列 $(I-(I-\hat{M})A)^{-1}$

S市	産業A	産業B
産業A	1.31	0.35
産業B	0.31	1.28

計算 ⑦をMINVERSE関数で

⑨ 雇用者所得率

S市	w
産業A	0.20
産業B	0.35

原表①よりw＝W/X（産業別）

経済波及効果の計算

⑩ 最終需要 Fd

S市	$\triangle Fd$
産業A	10
産業B	15

独自に作成

⑪ 直接効果

S市	$(I-\hat{M})\triangle F$
産業A	9.00
産業B	10.00

計算 ⑪＝⑤×⑩

⑫ 生産誘発効果1

S市	$\triangle X(1)$
産業A	15.27
産業B	15.67

計算 ⑫＝⑧×⑪

⑬ 間接一次効果

S市	一次効果
産業A	6.27
産業B	5.67

計算 ⑬＝⑫－⑪

⑭ 誘発雇用者所得

S市	$\triangle W$
産業A	3.05
産業B	5.48
計	8.54

計算 ⑭＝⑬×⑨

⑮ 誘発消費

S市	$\triangle C$
産業A	1.07
産業B	4.27
計	5.34

計算 $\triangle C$計＝c×$\triangle W$計
c＝原表 C計/W計
産業別内訳は原表の構成比

⑯ 自給率×誘発消費

S市	
産業A	0.96
産業B	2.85

計算 ⑤×⑮
$(I-\hat{M})\triangle C$

⑰ 間接二次 効果

S市	$\triangle X(2)$
産業A	2.26
産業B	3.96
計	6.21

計算 ⑧×⑯

（注）行列の掛け算は式に書かれた順序通りに行います。　$2×3 \neq 3×2$
（注）四捨五入の端数処理で内訳の合計が計に一致しないことがあります

経済波及効果＝直接効果19（9.00＋10.00）＋間接一次効果11.94（6.27＋5.67）＋間接二次効果6.21（2.26＋3.96）＝37.15
生産誘発倍率＝経済波及効果37.15÷直接効果19.00＝1.955

第Ⅳ部

交通・公共施設・まちづくり

第13章

富士山静岡空港の地域経済効果

13.1　事例解説

　富士山静岡空港は静岡県中部に位置する地方空港で、国内 5 路線、海外 7 路線の定期便を中心に年間約71万人が利用している空港です（就航路線は平成31年 2 月時点）。

富士山静岡空港の概要

所在地	静岡県牧之原市・島田市
運用時間	7 時30分〜22時00分
国内定期便	新千歳、出雲、北九州、福岡、鹿児島、那覇
国際定期便	ソウル、上海、武漢（上海経由）、台北、寧波、杭州、煙台
チャーター便	有り
開港年月日	2009（平成21）年 6 月 4 日
空港の種類	静岡県が設置、富士山静岡空港㈱が管理する地方管理空港
空港ビル	運営：富士山静岡空港株式会社
駐車場	2,000台、無料
利用状況	平成30年度：714,239人
アクセス	静岡市から車で約40分、浜松市から車で約50分、最寄りの東名高速道路吉田インターチェンジから約10分〜15分
特徴	富士山を眺めながら離着陸できる、富士山に最も近い空港
データ	平成31年 2 月現在

（出典）富士山静岡空港 HP より（http://www.mtfuji-shizuokaairport.jp/）

　本章では、富士山静岡空港が静岡県内に及ぼしている経済効果（生産誘発効果、雇用効果、税収効果、定住人口効果）を取り上げています。

　分析にあたっては、国内外の空港利用客が訪れる主なルートに沿った静岡、愛知、山梨、神奈川、東京、千葉、その他全国（以下、「全国」と表記します）の 7 つ

の都県の産業連関表を連結した7地域間産業連関表を作成し、これをもとにした7地域間均衡産出高理論モデルを用いています。

本章では、空港による最終需要の推計方法とともに、地域間産業連関表の作成に欠かせない**地域間交易係数**の作成方法の説明にも重点を置いています。

地域間交易係数は、複数の地域の産業連関表を連結させる「接着剤」のような役割を果たしていて、ある県の産業の移出額がどの県にどれだけ移出されているか、販路先地域の比率を表します。移出先の県からみた産業部門の移入額の移入元の地域別比率でもあります。

13.2 　地域間産業連関表の作成と理論モデル

13.2.1 　7地域間産業連関表の作成

産業分類を統合中分類（108部門）に揃えた7地域間産業連関表のひな型は、**表13-1**のような形をしています。

例えば静岡県を例にとると、ヨコ行をみれば静岡県で生産された財貨・サービスが、どこでどのような用途に用いられているか、相手地域の中間需要と最終需要欄に示されます。「移出額」の地域別、用途別産出額です（ヨコの網掛け欄）。静岡県のタテ列をみると、中間原材料や最終財が、静岡県を含めてどこの地域からどれだけ移入されたかを知ることができます（タテの網掛け欄）。

7地域を連結した産業連関表を作成するポイントは、移出額がどこの地域で用いられたかを示す地域別移出先の比率を準備することです。**交易係数**と呼ばれるこの比率を、本章では次の2つの方法で推計しています。

一つは、国土交通省の**物流センサス**（全国貨物純流動調査）と呼ばれる資料で、80の品目別に、どの都道府県からどの都道府県へどれだけの重量の貨物が運ばれているかを調べた調査です（3日間調査）。**表13-2**に「水産物」の例を取り上げました。一部の府県を除いて表示しました。

これをみると、海のない山梨県の水産品は、入荷合計322トンのうち東京都から124トン（38.5％）、静岡県から102トン（31.7％）運ばれていることが分かります。開港当初、静岡空港を降り立った海外の観光客が、迎えにきた山梨県の観光バスで静岡県を素通りして山梨県へ移動する姿をよく見かけました。

こうした観光客の行動は「空港は静岡県に恩恵をもたらさないのではないか」

表13-1　7地域間産業連関表（平成23年）

	産出		中間需要							域内最終需要							輸出	（控除）輸入	域内生産額
			静岡県	愛知県	山梨県	神奈川県	東京都	千葉県	「全国」	静岡県	愛知県	山梨県	神奈川県	東京都	千葉県	「全国」			
投入			108	108	108	108	108	108	108	…	…	…	…	…	…	…			
中間投入	静岡県	108		静岡県の移出							静岡県の移出									
	愛知県	108																		
	山梨県	108	静岡県の移入							静岡県の移入									
	神奈川県	108																		
	東京都	108																		
	千葉県	108																		
	「全国」	108																		
粗付加価値																			
域内生産額																			

表13-2　物流センサスの水産物の例

都道府県間流動量（品目別）　－重量－

品　目　名		水産品	

（3日間調査　単位:トン）

着都道府県 発都道府県	北海道	青森	（略）	東京	神奈川	新潟	富山	石川	福井	山梨	長野	岐阜	静岡	（略）	合計
北海道	10,794	29		5,725	5,959	85	2	279	7	1	1	2	8		29,009
青　森	1,150	7,191		914	44	60	1	124	2	4	13	3	12		11,382
（略）															
東　京	524	91		11,185	1,028	1,980	130	55	15	124	93	43	952		23,347
神奈川	57	7		288	3,162	17	1	0		3	2	11	410		4,666
新　潟	6			27	11	2,315	3	1	0	1	19	0	0		2,508
富　山	1	9		27	0	20	1,062	16	1		0	3	0		1,172
石　川							275	2,442	255						3,773
福　井				32	12	4	2	36	258	7	5	2	1		433
山　梨				0						42					50
長　野				0	1			1		0	1,470	12			1,488
岐　阜				0	0							2,587	2		2,592
静　岡	181	5		857	393	47	30	27	15	102	144	53	8,774		12,886
（略）															
合　計	13,508	8,257		24,143	12,786	5,021	1,611	3,226	672	322	2,134	4,000	11,143		189,618

（出典）国土交通省「2005（平成17）年第8回全国貨物純流動調査報告書」

　と言われたものですが、実は、山梨県で宿泊した観光客が夕食で食べる魚介類の
3割強は、静岡県（主に沼津港）で水揚げされたものであることが物流センサス
から分かるのです。山梨県での観光消費額の一部が、静岡県に「**跳ね返り効果**」
をもたらしているこうした現実を捉えるためには、観光客の動線に沿った地域間
産業連関表を作成することが求められるのです。

国土交通省の物流センサスは、単位がトンで把握されていますが、財貨の品目別の輸送先構成比は、7地域の産業連関表を連結する貴重なデータなのです。

物流センサスでは把握できないサービス部門の交易係数は、**重力モデル**[1]を用いて推計しています。このモデルは、多国間の貿易額や地域間の交通量の推計のため、国際経済学や交通経済学などで使われています。

重力モデルの考え方は、ある地域と別の地域との取引額は、それぞれの地域の経済活動の大きさ（重力）に比例し、両地域間の距離（または距離の二乗）に反比例する、というものです。式に書くと次のような形になります。

$$F_{ij} = G\frac{M_iM_j}{D_{ij}} \tag{13.1}$$

記号　i, j：地域　F：貿易量　D：距離　M：経済規模　G：定数

本章では、物流センサスのデータを用いて検証した結果、精度のより高い分母を距離の二乗にした重力モデルを用いています（**表13-3**）。

また、産業部門の経済取引の内容から、（13.1）式の分子を、①産業連関表の生産額合計値とした「財貨サービス・グラビティモデル（Gモデル）」、②人口とした「人口グラビティモデル（Pモデル）」、③生産額のGモデルの構成比と人口のPモデルの構成比との単純平均値である「混合グラビティモデル（Mモデル）」の三種類を作成して地域間交易係数を計算しています。それぞれ取引が、モノやヒト、またはその両方によって生まれると思われる財貨・サービスの移出先の地域別比率を表しています。

「財貨サービス・グラビティモデル（Gモデル）」の分子には、他地域から財貨・サービスを引き付ける「引力」の大きさを意味する産業連関表の「域内需要額」を用いる方がいいかもしれません。108の産業部門にどの型のモデルを用いたかを**表13-4**で示しました。

13.2.2　地域間産業連関の理論モデル

経済波及効果を計算する地域間産業連関の理論モデルは（13.2）式です。家計消費を内生化した家計内生化モデルにしています。家計内生化モデルについては、本書「補論1　家計内生化モデルによる拡大逆行列係数の作り方」を、地域

1）1962年に国際貿易の理論モデルとしてヤン・ティンバーゲンが用いた理論です。

表13-3　本章で用いた重力モデルによる地域間交易係数

(1)　財貨サービス・グラビティ構成比

(単位：100万円)

		静岡県	愛知	山梨	神奈川	東京	千葉	その他全国
県生産額→		34,166,914	79,070,910	6,335,472	60,082,154	174,312,159	38,909,404	579,137,619
全国計								972,014,632
自県除く								937,847,718
県生産額構成比→	静岡を除く	0.0843	0.0068	0.0641	0.1859	0.0415	0.6175
自県からの距離Km→		108.9	122.4	117.4	146.2	185.4	376.2
県生産額×1／（距離km×距離km）→		6,667	423	4,359	8,155	1,132	4,092
（その他全国は大阪府を起点とした）						合計	24,829
財貨サービス・グラビティ構成比（G構成比）		0.2685	0.0170	0.1756	0.3285	0.0456	0.1648
※隣接県に近い県内の主要都市を起点とした		浜松起点	静岡起点	富士起点	富士起点	富士起点	静岡起点

(2)　人口グラビティ構成比（P構成比）

(単位：人)

	静岡県	愛知	山梨	神奈川	東京	千葉	その他全国
都県人口→	3,792,377	7,254,704	884,515	8,791,597	12,576,601	6,056,462	88,411,738
全国計							127,767,994
自県除く							123,975,617
自県からの距離Km→		108.9	122.4	117.4	146.2	185.4	376.2
県人口×1／（距離km×距離km）→		612	59	638	588	176	625
						合計	2,698
人口・グラビティ構成比（P構成比）		0.2267	0.0219	0.2364	0.2181	0.0653	0.2315

(3)　財貨サービス・人口（混合）グラビティ構成比（M構成比）

（M構成比）	0.2476	0.0195	0.2060	0.2733	0.0554	0.1982

（算出方法）G構成比とP構成比の単純平均で算出

間産業連関表については、「補論3　地域間産業連関表の作り方と理論モデル」を参照してください。より詳しい説明は浅利一郎・土居英二（2016）『地域間産業連関分析の理論と実際』（日本評論社）を参照してください。

$$\begin{bmatrix} \Delta X \\ \Delta V \end{bmatrix} = \begin{bmatrix} I-TA & -Tc \\ -v & I \end{bmatrix}^{-1} \begin{bmatrix} T\Delta Fd + \Delta E \\ 0 \end{bmatrix} \qquad (13.2)$$

記号　ΔX：生産誘発額　ΔV：粗付加価値誘発額　I：拡大単位行列

T：地域交易係数行列　A：拡大投入係数行列

ΔFd：域内最終需要　ΔE：輸出　v：雇用係数行列

c：消費係数行列

$\begin{bmatrix} I-TA & -Tc \\ -v & I \end{bmatrix}^{-1}$：拡大逆行列

表13-4 交易係数の推計方法と推計結果（物流センサス利用以外の49部門）

平成17年静岡県産業連関表 （109部門を108部門に調整）	自給率	交易係数の推計方法	愛知	山梨	神奈川	東京	千葉	その他全国
001 耕種農業	0.364	物流センサス	0.203	0.066	0.246	0.002	0.045	0.438
002 畜産	0.363	物流センサス	0.198	0.000	0.163	0.482	0.088	0.069
003 農業サービス	1.000	自給率1	0.000	0.000	0.000	0.000	0.000	0.000
004 林業	0.454	物流センサス	0.531	0.010	0.091	0.008	0.000	0.360
005 漁業	0.196	物流センサス	0.093	0.025	0.096	0.208	0.046	0.533

以下、物流センサスを用いた部門を省略（物流センサス59部門＋重力モデルなど49部門＝全体で108部門）

平成17年静岡県産業連関表 （109部門を108部門に調整）	自給率	交易係数の推計方法	愛知	山梨	神奈川	東京	千葉	その他全国
006 金属鉱物	0.000	移出なし	0.000	0.000	0.000	0.000	0.000	0.000
008 石炭・原油・天然ガス	0.001	移出なし	0.000	0.000	0.000	0.000	0.000	0.000
012 たばこ	0.043	P構成比で	0.227	0.022	0.236	0.218	0.065	0.232
021 無機化学工業製品	0.161	G構成比で	0.269	0.017	0.176	0.328	0.046	0.165
029 石炭製品	0.266	G構成比で	0.269	0.017	0.176	0.328	0.046	0.165
030 プラスチック製品	0.275	G構成比で	0.269	0.017	0.176	0.328	0.046	0.165
065 建築	1.000	自給率1	0.000	0.000	0.000	0.000	0.000	0.000
066 建設補修	1.000	自給率1	0.000	0.000	0.000	0.000	0.000	0.000
067 公共事業	1.000	自給率1	0.000	0.000	0.000	0.000	0.000	0.000
068 その他の土木建設	1.000	自給率1	0.000	0.000	0.000	0.000	0.000	0.000
070 ガス・熱供給	0.819	M構成比で	0.248	0.019	0.206	0.273	0.055	0.198
071 水道	1.000	自給率1	0.000	0.000	0.000	0.000	0.000	0.000
073 商業	0.407	M構成比で	0.248	0.019	0.206	0.273	0.055	0.198
074 金融・保険	0.906	M構成比で	0.248	0.019	0.206	0.273	0.055	0.198
075 不動産仲介及び賃貸	0.769	自給率1に修正	0.000	0.000	0.000	0.000	0.000	0.000
076 住宅賃料	1.000	使用者主義により移出入なし	0.000	0.000	0.000	0.000	0.000	0.000
077 住宅賃料（帰属家賃）	1.000	使用者主義により移出入なし	0.000	0.000	0.000	0.000	0.000	0.000
078 鉄道輸送	0.703	自給率1に修正	0.248	0.019	0.206	0.273	0.055	0.198
079 道路輸送（除自家輸送）	0.597	自給率1に修正	0.248	0.019	0.206	0.273	0.055	0.198
080 自家輸送	1.000	域内なので自給率1	0.000	0.000	0.000	0.000	0.000	0.000
081 水運	0.178	G構成比で	0.269	0.017	0.176	0.328	0.046	0.165
082 航空輸送	0.005	配分係数（発着地へ1/2ずつ）	0.000	0.000	0.000	0.000	0.000	0.000
083 貨物利用運送	0.042	G構成比で	0.269	0.017	0.176	0.328	0.046	0.165
084 倉庫	0.356	G構成比で	0.269	0.017	0.176	0.328	0.046	0.165
085 運輸付帯サービス	0.481	M構成比で	0.248	0.019	0.206	0.273	0.055	0.198
086 通信	0.952	M構成比で	0.248	0.019	0.206	0.273	0.055	0.198
087 放送	1.000	移出入は計上しない	0.000	0.000	0.000	0.000	0.000	0.000
088 情報サービス	0.143	G構成比で	0.269	0.017	0.176	0.328	0.046	0.165
089 インターネット附随サービス	0.328	G構成比で	0.269	0.017	0.176	0.328	0.046	0.165
090 映像・文字情報制作	0.154	G構成比で	0.269	0.017	0.176	0.328	0.046	0.165
091 公務	1.000	自給率1	0.000	0.000	0.000	0.000	0.000	0.000
092 教育	1.000	移出なし	0.000	0.000	0.000	0.000	0.000	0.000
093 研究	0.977	M構成比で	0.248	0.019	0.206	0.273	0.055	0.198
094 医療・保健	0.987	P構成比で	0.227	0.022	0.236	0.218	0.065	0.232
095 社会保障	0.683	P構成比で	0.227	0.022	0.236	0.218	0.065	0.232
096 介護	1.000	移出入はなしとする	0.000	0.000	0.000	0.000	0.000	0.000
097 その他の公共サービス	0.923	P構成比で	0.227	0.022	0.236	0.218	0.065	0.232
098 広告	0.396	M構成比で	0.248	0.019	0.206	0.273	0.055	0.198
099 物品賃貸サービス	0.499	G構成比で	0.269	0.017	0.176	0.328	0.046	0.165
100 自動車・機械修理	0.743	G構成比で	0.269	0.017	0.176	0.328	0.046	0.165
101 その他の対事業所サービス	0.745	G構成比で	0.269	0.017	0.176	0.328	0.046	0.165
102 娯楽サービス	0.806	P構成比	0.227	0.022	0.236	0.218	0.065	0.232
103 飲食店	0.767	P構成比	0.227	0.022	0.236	0.218	0.065	0.232
104 宿泊業	0.128	P構成比	0.227	0.022	0.236	0.218	0.065	0.232
105 洗濯・理容・美容・浴場業	0.975	P構成比	0.227	0.022	0.236	0.218	0.065	0.232
106 その他の対個人サービス	0.972	P構成比	0.227	0.022	0.236	0.218	0.065	0.232
107 事務用品	1.000	仮設部門なので自給率1	0.000	0.000	0.000	0.000	0.000	0.000
108 分類不明	0.650	M構成比で	0.248	0.019	0.206	0.273	0.055	0.198

13.3　9つの最終需要

　静岡空港の経済波及効果の起点となる最終需要は、路線別の利用者の消費行動や消費地の違いなどから次の9種類を設定しました。

---

　① 国内送客（国内の就航先への利用）　② 海外送客（海外の就航先への利用）
　③ 国内誘客（国内就航先からの利用）　④ 海外誘客（中国からの利用客：中国便）　⑤ 海外誘客（韓国からの利用客：ソウル便）　⑥ 海外誘客（台湾からの利用客：台北便）　⑦ 送迎客　⑧ 見学客　⑨ 空港運営経費

　最終需要の①〜⑥は、利用者1人あたり消費額×路線別利用者数の算式、⑦と⑧は、1人あたり消費額×送迎客数または見学客数の算式で推計しています。空港ターミナルビルの入場者数から、飛行機を利用する人数などを差し引いた人数に、空港でのアンケート調査から得られた送迎客と見学客の比率を乗じて⑦と⑧を推計しています。⑨は静岡県から提供されたデータをもとにしています（**表13-5**）。

　最終需要のうち、中国便誘客の団体ツアー客を例に**表13-6**に掲げました。中国便誘客の最終需要は、個人客についても同様に推計して、合計しています。

13.4　分析結果──跳ね返り効果も含む経済波及効果──

13.4.1　最終需要から読み取れること

　最終需要の例として取り上げた中国便の平成29年度の利用者数は表には載っていませんが、団体ツアー客と個人客を合わせて67,205人（表中の134,411人を往復の2で割った人数）、総消費額は156億3,700万円でした。航空運賃など含めて1人あたり23万2,676円の消費額です。

　この消費がどこで行われたかを配分する比率は、来日した中国人客が宿泊した7地域の延べ宿泊数の比率としました。延べ宿泊数のデータは空港ターミナルビルでのアンケート調査結果から得ています。

　中国便の団体ツアー客と個人客の消費の地域別配分比率をみると、団体客は、静岡県が0.205（20.5％）、東京都0.239（23.9％）、その他大阪府や京都府など「全国」が0.376（37.6％）であるのに対し、個人客は、静岡県が0.654（65.4％）と大

表13- 5　富士山静岡空港の路線別利用者数（平成29年度）

（単位：人）

路線	発着	居住地	富士山静岡空港来客調査			サンプル調整値	平成28年度推計結果	路線別国籍別利用者数
			集計数	着計と発計同数化	左欄構成比	着計と発計の同数化前の利用者数	平成29年度利用者数（670,046人）	670,046
国内線（解説）	考え方と推計手順	国内線県民利用者数と県民以外の利用者数の推計手順	空港ビル内調査集計結果	到着便利用者回収数が少ない点を修正（着計を発計に揃える）	左欄の構成を発着の各小計に乗じる		①県民は往路、復路とも富士山静岡空港を利用すると想定 ②発着小計から県民利用者数を引き県民以外利用者数とする	
国内線（計算）	合計		994			375,322	375,322	国内送客就航先へ261,600 国内誘客就航先から113,722
	到着	静岡県民	204	424	63.2%	118,602	130,800	
		静岡県以外	119	247	36.8%	69,059	56,861	
	小計		323	671	100.0%	187,661	187,661	
	出発	静岡県民	511	511	76.2%	142,998	130,800	
		静岡県以外	160	160	23.8%	44,663	56,861	
	小計		671	671	100.0%	187,661	187,661	
国際線	発着	国籍・地域・居住地	（路線別・国籍・地域別・発着別利用者数の推計方法）				平成29年度	
国際線	合計		各路線利用者数実績合計（国際チャーター便を含む）				294,116	日本人送客合計66,657 チャーター含む
	到着	日本人	各路線別の日本人利用者数（到着・出発）の合計値（国際チャーター便の1/2を到着、1/2を出発とした）				33,329	
	出発						33,329	
	小計						66,657	
	到着	外国人	各路線別の外国人利用者数（到着・出発）の合計値				109,544	
	出発						117,916	
	小計						227,460	
Ⅰソウル線	合計		Ⅰ．ソウル線利用者数実績（静岡県空港政策課）				82,560	日本人送客21,674 外国人誘客60,886
	到着	日本人	（ソウル線利用者数合計－入国・出国外国人計）÷2				10,837	
		外国人	入国外国人実績（法務省「出入国管理統計」）				29,786	
	小計						40,623	
	出発	日本人	（ソウル線利用者数合計－入国・出国外国人計）÷2				10,837	
		外国人	出国外国人実績（法務省「出入国管理統計」）				31,100	
	小計						41,937	
Ⅱ中国線	合計		Ⅱ．中国線実績合計（静岡県空港政策課）				158,768	日本人送客24,358 外国人誘客134,411
	到着	日本人	（中国線利用者数合計－入国・出国外国人計）÷2				12,179	
		外国人	入国外国人実績（法務省「出入国管理統計」）				64,979	
	小計						77,158	
	出発	日本人	（中国線利用者数合計－入国・出国外国人計）÷2				12,179	
		外国人	出国外国人実績（法務省「出入国管理統計」）				69,431	
	小計						81,610	
Ⅲ台北線	合計		Ⅲ．台北線実績合計（静岡県空港政策課）				51,705	日本人送客19,542 外国人誘客32,163
	到着	日本人	（台北線利用者数合計－入国・出国外国人計）÷2				9,771	
		外国人	入国外国人実績（法務省「出入国管理統計」）				14,779	
	小計						24,550	
	出発	日本人	（台北線利用者数合計－入国・出国外国人計）÷2				9,771	
		外国人	出国外国人実績（法務省「出入国管理統計」）				17,384	
	小計						27,155	
Ⅳ国際チャーター	発着	日本人	Ⅰ、Ⅱ、Ⅲ以外からのチャーター便				1,083	

（注）路線別利用者数合計値は静岡県空港政策課の取りまとめによる

表13- 6　中国便誘客の消費額と地域別配分（団体ツアー客）（平成29年度）

消費額・地域別配分＼費目	団体ツアー客の消費 1人当り（円）	団体ツアー客の消費 総額（100万円）	団体ツアー客の消費の地域別配分（航空運賃海外分1/2を除く） 静岡	愛知	山梨	神奈川	東京	千葉	その他	合計
空港利用者数(人)・地域配分係数		62,170	0.205	0.069	0.060	0.037	0.239	0.014	0.376	1.000
支出額合計	244,588	15,205	4,607	859	740	461	2,966	174	4,662	14,470
１．団体ツアー料金	89,881									
１．交通費	40,304	2,506	948	72	62	38	248	15	389	1,771
航空運賃	23,664	1,471	736	0	0	0	0	0	0	736
②新幹線・鉄道・地下鉄	8,167	508	104	35	30	19	121	7	191	508
③バス・タクシー	8,167	508	104	35	30	19	121	7	191	508
④レンタカー	204	13	3	1	1	0	3	0	5	13
⑤ガソリン代等	102	6	1	0	0	0	1	0	2	6
２．娯楽費	5,263	327	67	23	20	12	78	5	123	327
⑥現地ツアー・観光ガイド	0	0	0	0	0	0	0	0	0	0
⑦ゴルフ場	0	0	0	0	0	0	0	0	0	0
⑧テーマパーク	1,315	82	17	6	5	3	20	1	31	82
⑨スポーツ観戦、舞台鑑賞	0	0	0	0	0	0	0	0	0	0
⑩美術館、博物館、水族館等	3,704	230	47	16	14	9	55	3	86	230
⑪その他娯楽	244	15	3	1	1	1	4	0	6	15
３．宿泊費	32,880	2,044	419	141	122	76	489	29	768	2,044
４．買い物その他	144,732	8,997	1,843	623	537	334	2,152	127	3,382	8,997
①菓子類	37,249	2,316	474	160	138	86	554	33	871	2,316
②お茶	1,621	101	21	7	6	4	24	1	38	101
③酒	1,391	86	18	6	5	3	21	1	32	86
④他の飲食品	15,141	941	193	65	56	35	225	13	354	941
⑤カメラ時計	4,062	253	52	18	15	9	61	4	95	253
⑥電気製品	13,855	861	176	60	51	32	206	12	324	861
⑦化粧品類	32,827	2,041	418	141	122	76	488	29	767	2,041
⑧衣類	8,637	537	110	37	32	20	128	8	202	537
⑨雑貨	15,337	953	195	66	57	35	228	13	358	953
⑩アニメ等	2,211	137	28	9	8	5	33	2	52	137
⑪その他	969	60	12	4	4	2	14	1	23	60
⑫他の土産代	0	0	0	0	0	0	0	0	0	0
⑬飲食費	11,432	711	146	49	42	26	170	10	267	711
５．空港内での支出	21,409	1,331	1,331	0	0	0	0	0	0	1,331
買い物	16,480	1,025	1,025							1,025
飲食費	4,929	306	306							306

（注１）１人あたり支出額は、総額を支出がない人を含めた路線の空港利用者数で割ったもの
（注２）航空運賃は到着地の静岡県に１／２を配分し、出発空港の配分額１／２は海外であるため地域配分に計上していません。
（注３）団体客の旅行会社手数料は航空運賃と宿泊費のそれぞれ7.5％としています。海外旅行会社の売上となるため国内の支出には計上していません。

きな違いがあることが分かります。

　富士山は空港に近い魅力ある観光スポットですが、団体ツアー客は東京と大阪、京都を結ぶ「ゴールデンルート」を通過するバスの車中から眺める旅程が多

表13- 7　富士山静岡空港の地域経済効果

静岡県内への経済波及効果（平成29年度）	単位	日本人利用者			外国人利用者			見学・送迎者	空港関係事業費	総計（注1）
		国内送客	海外送客	国内誘客	中国路線	ソウル線	台北線			
経済波及効果　利用者数（万人）	万人	26.2	6.7	11.4	13.4	6.1	3.2	87.9	－	67.0
県内最終需要増加	億円	40.8	22.7	32.3	54.5	22.6	16.7	13.2	13.9	216.7
直接効果	億円	35.7	18.4	30.4	40.0	20.0	14.6	11.2	13.9	184.0
間接波及効果	億円	31.7	13.3	23.6	35.8	16.1	11.9	9.2	12.0	153.7
生産誘発効果	億円	67.4	31.7	54.0	75.8	36.1	26.5	20.4	25.8	337.7
構成比(%)	億円	20.0	9.4	16.0	22.4	10.7	7.8	6.0	7.6	100.0
他の経済効果　雇用効果	人	362	365	190	262	524	184	180	169	2,235
税収効果	100万円	403	345	208	246	511	179	159	228	2,280
国税	100万円	175	151	91	108	224	78	71	102	1,000
県税	100万円	118	99	61	71	147	52	45	68	660
市町税	100万円	109	95	57	68	140	49	45	59	620
定住人口効果	人	719	724	376	520	1,039	364	356	336	4,434

（注1）総計欄の利用者数は、見学・送迎客を除く空港利用者の総計です。
（注2）端数処理のため、内訳の計が総計に一致しない場合があります。
（注3）定住人口効果は、雇用効果に就業者1人あたり人口（1.9839人：「国勢調査」静岡県）を乗じて求めています。

く、静岡県での宿泊は5人に1人であるのに対し、個人客は富士山の地元である静岡県に滞在する旅程が多く、3人に2人の割合で静岡県内で宿泊していることが分かります。海外インバウンド客の消費については本書の第8章も参照してください。

13.4.2　生産誘発効果、雇用効果、税収効果、定住人口効果

9つの最終需要は、購入者価格から生産者価格に転換してから中国便誘客のようにそれぞれ7地域別に配分したあと、それをタテ1列の数字（1地域108部門×7地域＝756の数字）とし、輸入品を除く国内自給率と拡大逆行列係数に乗じて生産誘発効果を求めます。生産誘発効果に伴う雇用効果、税収効果、定住人口効果を計算した結果が**表13- 7**です。平成29年度の静岡県内への生産誘発額（経済波及効果）の総額は約337億7,000万円にのぼります。

就業機会を創出する雇用効果は2,235人です。

また、税収効果は国税、県税、市町税を合わせて22億8,000万円と推計されます。富士山静岡空港の管理運営には静岡県の会計から税金が補てん[2]されていますが、一方でその補てん額を上回る6億6,000万円の県税の税収効果があること

が分かります。空港がない場合とある場合を比べると、空港は県税の支出よりも多くの県税を稼いでいて、県の財政に与えている影響は、赤字ではなくむしろ黒字であると言うことができます。見えない効果の可視化に産業連関表が役割を発揮する例です。

　定住人口効果の算出方法は、就業者数と人口との比率1.9839人（総務省「平成27年国勢調査」）を用いています。雇用効果2,235人にこの就業者1人あたり人口をかけた定住人口効果は4,434人になります。静岡県も人口減少が進んでいますが、空港は約4,400人あまりの定住人口を確保していることが分かります。

参考文献

1．この章の元となった研究は、静岡県文化・観光部空港利用政策課（現空港振興課）の次の公募方式の委託調査です。国立大学法人静岡大学・富士山静岡空港地域経済波及効果分析・調査研究プロジェクトチーム（代表者：特任教授　土居英二）（2011）『富士山静岡空港波及効果分析業務・分析結果報告書』

2．富士山静岡空港の経済波及効果の他の年の概要は、富士山静岡空港のHPからPDFファイルでダウンロードすることができます。（http://www.mtfuji-shizuokaairport.jp/）

※　空港の経済波及効果についてはたくさんの分析がされていますが、ここでは学術誌等に掲載された論文を掲げています。

3．山田光男・紀村真一郎（2019）「中部国際空港を利用する旅客の経済波及効果—中部圏地域間産業連関表（2011年表）による分析—」『産業連関』27巻1号

4．居城琢（2015）「茨城空港・国際線利用に関わる地域経済効果の試算」『流通経済大学論集』Vol.50、No.2

5．伊藤匡・岩橋培樹・石川良文・中村良平（2015）『アジアへの輸送玄関那覇ハブ空港の可能性』独立行政法人経済産業研究所 RIETI Discussion paper Series15-J-036

6．武者加苗（2010）「地域経済における観光事業の産業連関分析」『産研論集』（関西学院大学）37号

7．石川良文（1998）「中部国際空港および関連プロジェクトの経済波及効果」『産業連関』Vol18、No.2

8．松本法雄・塩原英雄（1992）「福岡空港の地域経済効果」『産業連関』3巻3号

2）富士山静岡空港のHPの「富士山静岡空港の収支の概要」によれば、平成29年度の空港の管理運営に係る収支差額5億4,200万円には、一般会計からの財源が投入されています。

第14章

伊豆縦貫自動車道開通の経済効果
─観光と定住人口への影響─

14.1 事例解説

　現在、静岡県の伊豆半島では、沼津市から下田市まで約60km の区間を南北に縦断する**伊豆縦貫自動車道**[1] の建設が進められています。全線整備されると東名高速道路の沼津 IC から下田市への所要時間が、整備前の約110分から整備後は約60分へ約50分短縮されるとされています。遠かった伊豆半島の南部へのアクセス時間の大幅な短縮による人やモノの交流の増加、東海岸沿いの国道135号線など周辺道路の渋滞緩和などのメリットが期待されている自動車専用道路です。

　工事は、伊豆半島の付け根にあたる沼津市から、半島中央部伊豆市の修善寺温泉南（月ヶ瀬 IC）まで開通していますが、交通と工事の難所である天城峠を挟む伊豆半島の南半分ではこれからで、2017年に計画ルートが公表されました。

　伊豆半島は、フィリピン沖から長い年月をかけて北上してきた火山台地が日本列島に突きあたってできた半島で、その特異な歴史は伊豆半島各地の温泉を始め、貴重な地質学的景観を残していることから、2018年にユネスコから国内 9 地域目の世界ジオパークに認定されました。人口減少と過疎化に挑戦する様々な取り組みが全国で行われていますが、本章では、道路建設が地域の活性化にどのような効果をもたらすのかを分析した例[2] を紹介します。

---

1 ）設計速度80km/h の高規格幹線道路として位置づけられています。
2 ）静岡県賀茂振興局（現：賀茂地域局）「平成29年度賀茂地域の将来に向けた産業連関詳細分析業務報告書」（受託者：（一社）政策科学研究所　代理事　土居英二）。本章は筆者が章末に掲げた HP に公開されている報告書の第 4 章を研究資料として転載したものです（一部略）。

14.2　分析の手順と最終需要

　分析の手順と流れを**表14-1**にまとめました。順を追って説明しましょう。

14.2.1　伊豆縦貫道開通によるアクセス時間の短縮

　伊豆縦貫道が全線開通した時、賀茂地域1市5町へのアクセス時間の短縮は、予定ルートと距離、国土交通省「交通センサス」などのデータをもとに**表14-2**のように設定しました。区間は、工事が完了している伊豆市大平ICから市町の各庁舎までとしています。

14.2.2　伊豆縦貫道開通が賀茂地域の観光客数に与える影響

　賀茂地域の1市5町を訪れている現状（2016年）の観光客数の把握には、表14-1の「2」に掲げた資料をもとに、次のように推計しています。

①現状の観光客数

　静岡県観光政策課「静岡県の観光交流の動向調査」から、母数となる市町別の観光客数を把握します。この観光客数は、宿泊客数（2泊した人を2人とカウントする延べ数）と観光レクリエーション客数（主な観光施設の来客延べ数。1人が3ヶ所訪れると3人とカウントされます。）とも延べ人数です。

②観光客の居住地

　内閣府地方創生推進室「**地域経済分析システム**」（RESAS：リーサス）が提供しているデータから、市町を訪れている宿泊客の居住地（都道府県）とその人数が分かります。RESASのトップページ（https://resas.go.jp/#/22/22219）からメインメニューの「観光マップ」→国内「from-to分析（宿泊者）」と進み、地域の「表示レベル」で知りたい「都道府県」と「市町村」を指定すれば、その都道府県や市町村の宿泊客数（延べ数）の合計値、居住都道府県別人数が上位10位まで画面で表示されます[3]。RESASから得られる宿泊客の都道府県別居住地の比率を①

3）各地域を訪れている観光客の居住地などのデータは、観光予報プラットフォーム推進協議会「観光予報プラットフォーム」の調査で、「日本全体の宿泊実績データのうち、1億3,000万泊以上（2019年5月現在）のサンプリングデータ（店頭、国内ネット販売、海外向けサイトの販売）を抽出し、宿泊者数の実績データを算出している。」と説明されています。

表14-1　分析の手順と流れ

	分析内容	考え方と分析手法
1	伊豆縦貫道開通による賀茂地域1市5町へのアクセス時間の短縮効果を推計	① 伊豆縦貫道開通に伴う短縮時間については、道路交通センサス等に基づき、東駿河湾環状道路経由の各市役所・町役場までの行程について推計 ② 時点、行程は、現状→天城北道路以南の全線開通後 ③ 西海岸については、短縮時間としては比較的小さいが、「天城北道路」が平成30年度末完成予定であり、それに合わせて肋骨道路として136号線（船原バイパス）の改良工事を先行して実施おり、車の流れは今までよりも西海岸に流れると想定。 松崎町・西伊豆町の伊豆縦貫道開通に伴う短縮時間は大きくないが、先行してより恩恵を受けられる。
2	観光客の多数を占める関東圏及び静岡県を含む西方面からの観光客が、どこから、どの経路で、どれだけ訪れているか現状を把握	(1) 賀茂地域にどこから、どの経路で、どれくらいの年間来客数があるかを以下の資料で把握 ① 年間観光客数：静岡県「静岡県の観光交流の動向調査」 ② 観光客の居住地：経済産業省「地域経済分析システム」（RESAS） (2) 賀茂地域を訪れる観光客の居住地別アクセス経路別の年間来客数を推計：国土交通省「道路センサス」、静岡県「静岡県統計年鑑」伊豆急行利用者数、下田市「下田市統計書」下田駅乗降客数（定期券利用者を除く）等
3	伊豆縦貫道開通による時間短縮効果により、賀茂地域への観光客がどれだけ増えるかを予測	賀茂地域を訪れる観光客の交通手段及び居住地データより、伊豆急行利用客を除いた自家用車等の利用者を居住地より、東海岸経由で訪れる東方面の観光客と、静岡県、山梨県以西の西方面から訪れる観光客に分け、伊豆縦貫道開通による時間短縮効果で増加する観光客を、東方面からの観光客数の10%（国道135号線は10%減少）と西方面からの観光客数の合計に「旅行費用法」で算定した市町別増加率を乗じて求めた。
4	観光客1人あたり消費支出データを「3」の観光客推定増加数に乗じて、市町別の観光消費の増加額を把握	観光客1人当たり消費支出額については、静岡県「静岡県における観光の流動実態と満足度調査」を利用
5	「4」で求めた総支出額による各市町での経済波及効果を求める	(1) 「賀茂地域を中心とする9地域間連結産業連関表」を利用して賀茂地域（1市5町）への次の効果を算出する。 (2) 生産誘発効果、雇用効果、税収効果、定住人口効果
6	求めた転入人口が、賀茂地域の各市町の人口ビジョンにおける2040年人口目標値に対してどの程度寄与するのかを算定	人口増加目標値は、社人研の将来推計人口（中位値）と各市町の人口ビジョン目標値の差分とする

表14-2　伊豆縦貫道開通による賀茂地域へのアクセス時間の短縮

賀茂地域		下田市	東伊豆町	河津町	南伊豆町	松崎町	西伊豆町
所要時間 （分）	現状	100.0	88.2	73.3	121.4	85.8	81.4
	完成後	39.0	48.7	33.8	53.3	63.6	67.1
	短縮時間	61.0	39.5	39.5	68.1	22.2	14.3

の1市5町の観光客数に乗じて、観光レクリエーション客も含めた観光客全体の居住地とします。

③交通手段と経路

　交通手段としては、半島の東海岸沿いを走る伊豆急行の電車、観光バス、レンタカーを含む乗用車がありますが[4]、このうち、電車を利用して来る観光客数は、市町の中にある各駅の年間乗降者数データ（定期券客を除く）から、観光客の利用者数を把握することができます。

　下田駅を下車して南伊豆町、松崎町、西伊豆町へ向かう観光客は、下田駅の観光客の利用者数を、市町の観光客数の比率に、下田市と各町の庁舎間の距離（km）の逆数をかけて按分しています。

　観光バスまたは自動車を利用する観光客数は、②で求めた観光客の居住地を東方面（関東地方など）と西方面（静岡県を含む東海地方など）に分け、その上で、

（ア）熱海市、伊東市を南下する東海岸ルート（国道135号線）

（イ）中央部を南下する伊豆縦貫道予定ルート（国道136号線〜国道414号線）

（ウ）西海岸沿いを南下する西海岸ルート（国道136号線）

の3ルートの乗用車の年間交通量を国土交通省「交通センサス」で把握し、3ルートを通じて市町を訪れる観光客数を推計します。求めた交通手段別、経路別の観光客数を、**表14-3**の左欄に掲げました。伊豆縦貫道の開通による観光客数の変化の計算結果を右欄に載せていますが、この説明は後に行います。

④伊豆縦貫道開通による交通量と観光客数の変化

　伊豆海岸の景観を楽しむなどの理由で電車を利用する人は、伊豆縦貫道開通に

4）静岡市清水港から西伊豆町の土肥港の区間を、駿河湾フェリー（株式会社エスパルスドリームフェリー）が運行しています。このフェリーを使って自家用車で来る観光客もいますが、徒歩で西伊豆町などを訪れる人もいます。ここでは交通手段には含めてはいません。

表14-3 交通手段別、経路別の観光客数

到着地	交通手段別経路別観光客数（人）	年間観光客数（延べ人数）	左欄構成比（%）	交通アクセス経路（伊豆縦貫道ルートは現行経路で表示）	伊豆縦貫道開通による短縮時間（分）	経路別観光客推定変化率※注	開通後推定観光客数（人）	観光客増加率（%）
下田市	電車	352,594	12.1%	下田市内3駅年間利用者数	−	不変	352,594	0.0%
	車利用者数	2,556,983	87.9%				2,898,041	13.3%
	東海岸ルート	2,188,233	75.2%	国道135号線（熱海市・伊東市経由）南下		10%減	1,969,410	−10.0%
	伊豆縦貫道	368,750	12.7%	国道136号線→国道414号線南下→天城峠→河津町	61.0	58.0%	928,631	151.8%
	計	2,909,577	100.0%				3,250,635	11.7%
東伊豆町	電車	463,119	29.2%	東伊豆町内5駅年間利用者数	−	不変	463,119	0.0%
	車利用者数	1,122,137	70.8%				1,256,777	12.0%
	東海岸ルート	943,420	59.5%	国道135号線（熱海市・伊東市経由）南下		10%減	849,078	−10.0%
	伊豆縦貫道	178,717	11.3%	国道136号線→国道414号線南下→天城峠→河津町	39.5	49.3%	407,699	128.1%
	計	1,585,256	100.0%				1,719,896	8.5%
河津町	電車	253,784	16.6%	河津町内2駅年間利用者数	−	不変	253,784	0.0%
	車利用者数	1,275,910	83.4%				1,443,438	13.1%
	東海岸ルート	964,588	63.1%	国道135号線（熱海市・伊東市経由）南下		10%減	868,129	−10.0%
	伊豆縦貫道	311,322	20.4%	国道136号線→414号線→天城峠→河津町	39.5	41.1%	575,309	84.8%
	計	1,529,694	100.0%				1,697,222	11.0%
南伊豆町	電車	76,596	10.6%	電車下田駅乗降者数を配分	−	不変	76,596	0.0%
	車利用者数	647,858	89.4%				745,885	15.1%
	東海岸ルート	567,525	78.3%	国道135号線（熱海市・伊東市経由）南下		10%減	510,772	−10.0%
	伊豆縦貫道	80,333	11.1%	国道136号線→414号線→天城峠→河津町	68.1	71.5%	235,113	192.7%
	計	724,454	100.0%				822,481	13.5%
松崎町	電車	37,356	11.6%	電車下田駅乗降者数を配分	−	不変	37,356	0.0%
	車利用者数	283,956	88.4%				308,457	8.6%
	東海岸ルート	179,000	55.7%	国道135号線→下田市→県道15号線、または国道136号線		10%減	161,110	−10.0%
	伊豆縦貫道	52,028	16.2%	国道136号線→414号線→天城峠→河津町	22.2	36.1%	95,319	83.2%
	西海岸ルート	52,028	16.2%	(2)国道136号線→土肥→南下		不変	52,028	0.0%
	西方面計	104,055	32.4%				147,347	41.6%
	計	321,312	100.0%				345,813	7.6%
西伊豆町	電車	99,341	12.5%	電車下田駅乗降者数を配分	−	不変	99,341	0.0%
	車利用者数	695,560	87.5%				710,265	2.1%
	東海岸ルート	495,718	62.4%	国道135号線→下田市→県道15号線、または国道136号線		10%減	446,146	−10.0%
	伊豆縦貫道	99,921	12.6%	(1)国道414号線→県道15号線	14.3	9.8%	164,198	64.3%
	西海岸ルート	99,921	12.6%	(2)国道136号線→土肥→南下		不変	99,921	0.0%
	計	794,901	100.0%				809,606	1.8%
賀茂地区合計		7,865,194					8,646,453	9.9%

（注）伊豆縦貫道の%は旅行費用法による訪問率の変化の倍率（表14-6下田市の例を参照）

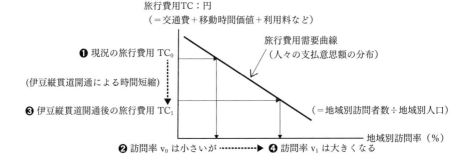

図14-1　旅行費用法による時間短縮による観光客数の変化率の考え方

旅行費用TC：円
（＝交通費＋移動時間価値＋利用料など）

旅行費用需要曲線
（人々の支払意思額の分布）

❶ 現況の旅行費用 TC_0

（伊豆縦貫道開通による時間短縮）

❸ 伊豆縦貫道開通後の旅行費用 TC_1

（＝地域別訪問者数÷地域別人口）

地域別訪問率（％）

❷ 訪問率 v_0 は小さいが ┈┈┈┈┈┈→ ❹ 訪問率 v_1 は大きくなる

よる影響を受けないという想定から、利用者数は変化しないと仮定しています。

　乗用車で東海岸ルートを利用する観光客は、伊豆縦貫道への経路変更が一定程度見込まれることから10％減少すると仮定しています。

　伊豆縦貫道ルートを利用する観光客は、東海岸ルートからの経路変更のほか、賀茂地域へのアクセス時間短縮による観光客の増加も見込まれるため、次ページで説明する**旅行費用法**（トラベルコスト法：Travel Cost Method：TCM)[5]により交通量と観光客数の変化率を計算しています。

　西海岸の松崎町、西伊豆町へは、西海岸ルートと伊豆縦貫道の２つの経路の利用が考えられます。西海岸ルートを利用する観光客は、伊豆縦貫道開通に先立つ道路整備により既にアクセス時間が短縮していることなどから、開通後も不変としています。伊豆縦貫道からの観光客の増加は、旅行費用法で推計しています。

　伊豆縦貫道開通による交通量と観光客数の変化の考え方は、**図14-1**のイメージで捉えています。タテ軸の旅行費用の「移動時間価値」は、国土交通省「時間価値原単位について」[6]から非業務目的による乗用車で移動する時間価値26.1円／分を用いて金銭換算をしています。

5）1947年にアメリカの経済学者ホテリング（H.Hotteling）が国立公園の便益を評価する方法として提案したことに始まります。公園を利用する人々の自然景観に対する価値観を旅行費用需要曲線を用いて評価する方法で、環境経済学、交通量の分析などでよく利用されています。

6）国土交通省（2012）「時間価値原単位および走行経費原単位（平成20年価格）の算出方法」

表14- 4　旅行費用　（下田市の例）

旅行費用 （乗用車）	距離 （km）	料金 （円）	燃料 （L）	時間 （分）	時間価値 （分/円）	燃料代 （円/1L）	同乗者数 （人）	往復旅行 費用TC
基礎データ					26.1	125	3.3	（円）
東京都	191.0	3,900	13.45	184	4,808	1,681	1,691	12,999
神奈川県	180.1	3,440	12.68	177	4,625	1,585	1,523	12,296
埼玉県	215.3	4,650	15.13	212	5,540	1,891	1,982	15,044
千葉県	236.2	5,200	16.54	230	6,010	2,068	2,202	16,425
静岡県	140.9	2,120	10.12	147	3,841	1,265	1,026	9,734
愛知県	305.0	6,210	21.68	257	6,716	2,710	2,703	18,837
茨城県	306.8	7,310	21.56	276	7,212	2,695	3,032	20,488
群馬県	266.6	5,230	18.56	245	6,402	2,320	2,288	17,380
栃木県	304.2	6,180	21.36	283	7,395	2,670	2,682	20,154
山梨県	164.0	1,100	11.81	201	5,252	1,476	781	12,066

表14- 5　訪問率（下田市の例）

下田市 （2016年）	宿泊者数 （延べ人数）	人口 （人）	訪問率 （宿泊率）
東京都	555,173	13,624,000	0.041
神奈川県	277,134	9,145,000	0.030
埼玉県	233,721	7,289,000	0.032
千葉県	113,700	6,236,000	0.018
静岡県	63,324	3,688,000	0.017
愛知県	42,781	7,507,000	0.006
茨城県	28,339	2,905,000	0.010
群馬県	23,371	1,967,000	0.012
栃木県	15,061	1,966,000	0.008
山梨県	13,610	830,000	0.016
その他	90,339	－	－
合計	1,456,553		

（出典）都道府県別宿泊者数は、内閣府地方創生推
　　　　進室「地域経済分析システム」（RESAS：
　　　　リーサス）

図14- 2　下田市の旅行費用需要曲線

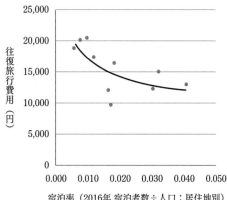

宿泊率（2016年 宿泊者数÷人口：居住地別）

　この旅行費用需要曲線とその数式は、**表14- 4**（旅行費用データ）〜**表14- 5**（訪問率データ）から作成しました。

　タテ軸に表14- 4の旅行費用データを、ヨコ軸に表14- 5の訪問率のデータを置いて描いた下田市の旅行費用需要曲線が、**図14- 2**です。図中の近似曲線は累乗近似曲線（累乗関数）の形を選択しています。曲線より下に大きく2つ外れている点は下が静岡県、上が山梨県のデータです。旅行費用と訪問率の両データの作成方法にミスがあるとは思えないので、両県の人々の伊豆南部への観光行動は他

表14-6　伊豆縦貫道開通による観光客数の変化（下田市の例）

短縮時間	61	開通による旅行費用の変化			訪問率（延べ宿泊率）の変化			延べ宿泊客数の変化		
下田市	開通後片道時間	現状TC	開通後時間価値TC	開通後TC	現状宿泊率(理論値)	開通後宿泊率	倍率	現状(理論値)	開通後宿泊客数	増加
（単位）	分	円	円	円	％	％	％	延べ人数		
東京都	123	12,999	3,215	9,812	2.1%	3.3%	59.8%	279,502	446,531	167,029
神奈川県	116	12,296	3,032	9,109	2.3%	3.7%	64.8%	205,821	339,246	133,425
埼玉県	151	15,044	3,947	11,857	1.6%	2.4%	48.7%	117,227	174,275	57,049
千葉県	169	16,425	4,417	13,238	1.4%	2.0%	43.2%	86,641	124,100	37,458
静岡県	86	9,734	2,248	6,548	3.3%	6.4%	93.6%	122,501	237,159	114,658
愛知県	196	18,837	5,122	15,651	1.1%	1.5%	36.2%	83,009	113,032	30,023
茨城県	215	20,488	5,619	17,301	1.0%	1.3%	32.5%	27,927	37,012	9,084
群馬県	184	17,380	4,809	14,193	1.3%	1.8%	40.1%	24,873	34,855	9,982
栃木県	222	20,154	5,802	16,967	1.0%	1.3%	33.2%	19,425	25,875	6,450
山梨県	140	12,066	3,659	8,880	2.3%	3.9%	66.7%	19,277	32,129	12,852
その他							51.9%	90,339	137,206	46,867
合計							58.0%	1,076,542	1,701,420	624,878

の県の人々とは何らかの理由で異なっていることを示唆しています。

　この近似曲線の数式（旅行費用需要関数）は、次の形をしています。

$$v = \alpha TC^{\beta} \qquad ただし\alpha = 146501、\beta = -1.666、R^2 = 0.4169 \qquad (14.1)$$

　※　α と β の値はエクセルの散布図のグラフで図14-2とは異なり、往復旅行費用をヨコ軸（x軸）、訪問率をタテ軸（y軸）にとって描いた近似曲線から求めます。近似曲線は、累乗近似を選び数式の表示ボタンをチェックすれば図中に表示されます。R^2 は数式のあてはまり具合を示す決定係数（相関係数の二乗）で、1に近いほどよいとされます。

　（14.1）の数式は、ある地域からの旅行費用（TC）を表14-4の方法で計算して代入すれば、パラメータ α、β の値が決定しているので、その地域の訪問率、宿泊客数を計算できることを意味しています。

　したがって、表14-4の旅行費用の一つの要素である現行の移動時間に代えて、伊豆縦貫道開通によって61分短縮された時間を（14.1）式に代入すると、図14-1の原理で、下田市の新しい訪問率（延べ宿泊率）を求めることができるのです。

　この変化した訪問率に、表14-5に掲げた都道府県人口をかけると、伊豆縦貫道の開通によって下田市の観光客数がどれだけ増えるのかを知ることができます。**表14-6**にその計算結果を掲げました。現状の国道136号線から414号線を南

下して天城峠を経由しているルートは伊豆縦貫道に置き替わるので、交通量の増加率は58.0％、延べ宿泊客数の増加は62万4,878人です。他の５町についても同様に計算した結果は、先に掲げた表14-３の右欄に記載しています。

14.3　理論モデル

　分析に用いている産業連関表は、伊豆半島の南半分に位置する賀茂地域の１市５町（下田市、東伊豆町、河津町、南伊豆町、松崎町、西伊豆町）と、賀茂地域を除く伊豆半島の市町、伊豆半島を除く「静岡県」、静岡県を除く「全国」のあわせて９地域の地域間産業連関表です。理論モデルは次の通りです。

$$\begin{bmatrix} \Delta X \\ \Delta V \end{bmatrix} = \begin{bmatrix} I - TA & -Tc \\ -v & I \end{bmatrix}^{-1} \begin{bmatrix} T\Delta Fd + \Delta E \\ 0 \end{bmatrix}$$

記号　ΔX：生産誘発額　　ΔV：粗付加価値誘発額

　　　I：拡大単位行列　　T：地域交易係数行列

　　　A：拡大投入係数行列　　ΔFd：域内最終需要

　　　ΔE：輸出　　v：雇用係数行列　　c：消費係数行列

※浅利一郎・土居英二（2016）『地域間産業連関分析の理論と実際』日本評論社、第４章、pp.59-67を参照してください。

　地域交易係数行列 T は、設定した９地域の108部門ごとの財貨・サービスの「移出」額の移出先地域別の構成比です。ある地域の財貨・サービスの移出額にこの移出先の構成比をかけると、移出先地域への移出額と同時に、各地域の移入元の地域別にみた移入額を知ることができます。

　この地域交易係数行列のデータは、（一社）伊豆半島創造研究所（伊豆創研：代表理事・下田商工会議所会頭山田豊氏）が静岡県賀茂振興局（現：賀茂地域局）から受託した「平成28年度賀茂地域の将来像策定業務」の中で、伊豆創研のメンバーや下田商工会議所などの協力を得て筆者が実施した「賀茂地域の将来像策定のための経済基礎調査」の市町間経済取引のサーベイデータをもとにしています。サーベイデータを得ることができなかった財貨・サービスの移出先構成比データは重力モデル[7]により計算しました。

14.4　観光客数の変化による経済波及効果

　伊豆縦貫道開通による観光客数の変化を**表14-7**にまとめました。

　この表では、経済波及効果を求めるために必要な年間観光客を、延べ数ではなく実人数に転換して表示しています。転換の仕方については、第20章に説明しているので、参照してください。

　表から、賀茂地域全体の宿泊客数は、現状（2016年）の182万5,160人から15.9%、29万644人増加して211万5,804人になると推計されます。この増加率を市町別にみると、下田市16.4%、東伊豆町19.4%、河津町12.9%、南伊豆町22.5%、松崎町10.9%、西伊豆町2.8%となっていて、終点の下田市に近い東海岸から南海岸沿いの市町の増加率が大きいことが分かります。

　この各市町の宿泊客数（実人数）の増加に、1人あたりの観光消費額を乗じて年間の総消費額（最終需要）を求めます。これを産業連関表の108部門に配分しますが、消費者が支出した購入者価格ベースの値ですので、商業マージンと運輸マージン（国内貨物運賃）を商品の価格から除いた生産者価格ベースに変換します（商業マージンと運輸マージンは、それぞれ該当の産業部門にまとめて記載します）。

　この生産者価格に変換した最終需要に自給率をかけて、直接効果、間接効果、生産誘発効果を計算します。また、生産誘発効果にともなって、雇用効果、税収効果、定住人口効果も計算します。その結果が**表14-8**です。

　伊豆縦貫道開通による経済効果は、生産誘発効果（経済波及効果）、雇用効果、税収効果など多方面に及びますが、なかでも観光客の賑わいと観光関連の仕事が増えることで、人口減少を歯止めをかけることができるのか、または人口減少をどの程度緩和できるのか、という点が注目されます。

　この問題への解答を、表の「定住人口効果」と「人口ビジョンへの貢献度」として示しました。

7）地域間の交易（経済取引）の大きさを、物質を相互に引きつける引力に似た相互の経済変数（GDPや人口など）を分子に（正比例の関係）、地域間の距離（またはその二乗）を分母に（反比例の関係）持ってきた数式により説明しようとする経済学の交易を分析する理論モデル。物理学の重力理論モデルと同じ考え方によるところからその名称を用いています。どの産業部門にどういった形の重力モデルを利用しているかは、第13章を参照してください。

表14- 7　伊豆縦貫道開通による観光客数の変化

（単位：人・%）

賀茂地域市町	2016年現状宿泊数	増加数	開通後増加率	開通後宿泊数	2016年実宿泊者数	実増加宿泊客数	うち県内客数	うち県外客数
下田市	962,106	157,846	16.4%	1,119,952	692,163	113,558	12,264	101,294
東伊豆町	806,657	156,491	19.4%	963,148	580,329	112,583	12,159	100,424
河津町	186,207	24,055	12.9%	210,262	133,962	17,306	1,869	15,437
南伊豆町	209,005	47,044	22.5%	256,049	150,363	33,845	3,655	30,189
松崎町	101,932	11,076	10.9%	113,008	73,332	7,968	861	7,108
西伊豆町	271,066	7,483	2.8%	278,549	195,012	5,383	581	4,802
合計	2,536,973	403,995		2,940,968	1,825,160	290,644	31,390	259,254
増加率（加重平均）			15.9%		宿泊日数を1人平均宿泊日数で除した値		10.8%	89.2%

（出典）静岡県観光交流課「平成28年度静岡県観光交流の動向」
（注）宿泊数は宿泊日数の延べ数である。実数は県調査より平均1.39泊で除す

表14- 8　伊豆縦貫道開通の経済波及効果

（単位：100万円、人）

経済波及効果のまとめ		下田市	東伊豆町	河津町	南伊豆町	松崎町	西伊豆町	賀茂地域計
経済波及効果	1．最終需要増	1,027	827	510	299	78	42	2,783
	2．直接効果	983	799	476	299	75	40	2,672
	3．間接効果	922	480	295	166	73	68	2,004
	4．総効果	1,905	1,279	772	465	148	108	4,677
その他の経済効果	5．雇用効果（人）	147	152	88	48	19	11	465
	6．所得効果	696	488	312	184	62	38	1,780
	6.1 雇用者所得	542	365	226	133	44	27	1,337
	6.2 営業余剰	154	132	86	51	17	11	451
	7．税収効果（市町税）	32.0	26.0	17.0	9.0	3.0	2.0	89.0
	8．定住人口効果（人）	270	279	165	88	35	21	858
	9．人口ビジョン目標（人）	1,195	576	565	1,694	1,840	595	6,465
	10．人口ビジョンへの貢献度	22.6%	48.4%	28.4%	5.2%	1.9%	3.5%	13.2%

（注1）定住人口貢献度は、人口ビジョン目標に対する定住人口効果（人）の比率

　市町の立案した人口ビジョンの大小と、伊豆縦貫道開通の影響の違いで市町に差が出ています、賀茂地域1市5町全体で、人口ビジョンへの貢献度は13.2%ですが、東伊豆町では48.4%、下田市と河津町がそれぞれ22.6%、28.4%となっています。本章では経済波及効果の求め方を省略しました。伊豆縦貫道開通による交通量や観光客数の変化を求める旅行費用法など、最終需要の説明に紙面の多くを費やしたからです。

　本章で説明を省いた、実人数での観光客数の求め方、観光客の消費支出額の求

め方、観光消費の経済波及効果の理論モデルと用いた産業連関表などは、第20章で紹介しています。

　また、地域産業連関分析のいくつかの基本的な手続きである地域産業連関表の作成方法、逆行列係数表などの導き方、産業連関表の産業部門への配分方法、購入者価格から生産者価格の変換方法、雇用効果や税収効果、定住人口効果の求め方などは、本書［基礎編］を参照して下さい。

　また、地域間産業連関表については、本書「補論3　地域間産業連関表の作り方と理論モデル」の他、第7章、第18章を、家計内生化モデルについては、本書の「補論1　家計内生化モデルによる拡大逆行列係数の作り方」で分かりやすい数値例を使って説明していますので参照してください。

参考文献

1．静岡県賀茂振興局（現：賀茂地域局）（2018）『平成29年度賀茂地域の将来に向けた産業連関詳細分析業務委託報告書』（PDF ファイル）及び「賀茂地域を中心とした9地域間産業連関表」（エクセルファイル）「賀茂地域を中心とした9地域間連結産業連関表による経済波及効果分析シート（付帯表追加）」（エクセルファイル）などを下記の URL からダウンロードすることができます。（https://www.pref.shizuoka.jp/soumu/so-430a/shinminamiizuttop.html）

2．国土交通省（2012）「時間価値原単位および走行経費原単位（平成20年価格）の算出方法」

（旅行費用法については下記の文献を参考にしてください。）

3．大野栄治編著（2000）『環境経済評価の実務』勁草書房

4．栗山浩一・庄子康（2005）『環境と観光の経済評価―国立公園の維持と管理』勁草書房

5．ジョン・A. ディクソン, メイナード・M. ハフシュミット他（1993）『環境の経済評価テクニック―アジアにおけるケーススタディ』長谷川弘訳、築地書館

6．ジョン・ディクソン, リチャード・カーペンター他（1998）『新・環境はいくらか』長谷川弘他訳、築地書館

7．ジョン・ディクソン, ルイーズ・ファロン他（1991）『環境はいくらか―環境の経済評価入門』長谷川弘訳、築地書館

第15章

市街地再開発がもたらす地域経済効果
―静岡市中心市街地の例―

15.1 事例解説

　本章は、静岡市の市街地中心部における3地区の**市街地再開発事業**の地域経済効果をとりあげています。①建設時の効果（建設効果）、②オープン後の効果の2つに分けて波及効果を計算しています。この事例を取り上げたねらいの一つは、建築や公共事業など建設事業の経済波及効果の分析に欠かせない国土交通省「**建設部門分析用産業連関表**」の利用方法を解説することです。

　静岡市の事業は次の3地区で実施されています[1]が、本章の計算では出店店舗の特定などを避けるため、一括して扱います。本章の元になった分析は2014年なので、静岡市の産業連関表は平成17（2005）年表を用いています。

- ・静岡呉服町第一地区（平成23年度着工、平成26年度供用開始：事業期間3年度）
- ・静岡呉服町第二地区（平成27年度着工、平成30年度供用開始：事業期間3年度）
- ・静岡七間町地区（平成27年度着工、平成29年度供用開始：事業期間2年度）

　3地区の事業はいずれも静岡市中心部における高層ビルの建設を核とした再開発事業であり、分譲マンション、各種の小売店舗や飲食店の他、健康福祉施設等などの入居を予定しており、中心市街地の賑わいづくりと静岡市内産業の活性化に期待がかかっている事業です。

　1）本書の執筆時（2019年）には3地区の再開発ビル3棟は完成していますが、本章の元となった分析は2014年時点の計画及び一部完成段階のものです（章末参考文献1を参照）。

15.2　分析に用いた理論モデルと手順

　分析においては、**家計内生化モデル**を用いています。再開発ビルの建設やオープンにともなって生じる生産誘発効果が、家計の所得と消費を誘発し、さらに生産を誘発するプロセスを、通常の分析のように1回で止めず、最終的に収束するまで計算する家計行動を理論モデルに組み込んだものです。雇用者所得より家計消費の方が小さい値なので、循環しながら計算はやがて収束します。

　通常の産業連関モデルと比べると、家計内生化モデルは実態をより正確に捕捉していて、波及倍率も大きくなる特徴を持っています。

（**通常モデル**）生産誘発→雇用者所得の誘発→消費誘発→生産誘発（間接二次効果）

　　　　　　　　　　　　　　　　　　　　※計算を1回で止める

（**家計内生化モデル**）生産誘発→雇用者所得の誘発→消費誘発→生産誘発 ─┐

　　　　　　　　　　├──────※循環が収束するまで計算──────┘

　分析では、再開発ビルの建設時とオープン後のそれぞれの生産誘発効果（経済波及効果）、雇用効果、税収効果を算出しています。

　理論のモデル式の詳細については、本書「補論1　家計内生化モデルによる拡大逆行列係数の作り方」を参照してください。

15.3　再開発ビルの建設効果

　3地区の再開発高層ビル3棟の建設効果を最初にみていきます。3棟の建設計画は**図15-1**のように複数年にわたっています。建設による経済波及効果は、基本的に建設の開始から完成までに発生します。建設の生産活動だけでなく、必要な建設資材の発注と納品など中間財の生産活動も、製品在庫の動きの時間的な幅を持ちますが、原則としてすべて建設期間中に行われ終了するからです。静岡市の再開発ビルの経済波及効果は、呉服町第一ビルが3年、七間町ビルの2年を含め呉服町第二ビルの3年で、全体で6年間に及びます。

　ビルや住宅などの建築や公共事業の分析には、国土交通省総合政策局情報政策課の「**建設部門分析用産業連関表**」という表を使うことが必要となります。この表は、総務省統計局「産業連関表」の中の建設部門に含まれる多様な建築物や公

図15-1　静岡市再開発ビルの建設計画

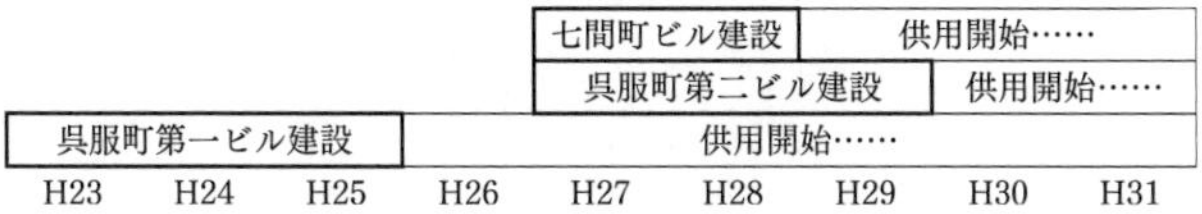

		七間町ビル建設		供用開始……		
			呉服町第二ビル建設		供用開始……	
呉服町第一ビル建設			供用開始……			

H23	H24	H25	H26	H27	H28	H29	H30	H31

共事業などの費用構成データが掲載されています。建物の建築一つとっても木造
住宅と高層ビルでは必要な資材の費用構成がまったく違います。

　鉄筋コンクリート造りの再開発ビル建設の経済波及効果を分析する場合は、こ
の建設部門分析用産業連関表の中の「一般分類表（建設部門表）（108行×70列）」の
「SRC住宅」（SRCは鉄筋コンクリートの意味）のタテ列を用います。この表には70
種類の建設事業の種類ごとに108の産業部門からの資材投入額と費用構成データ
が得られます。この建設部門分析用産業連関表の使い方を**表15-1**と**図15-2**で左
から右の順にそって説明しましょう。

　まず、再開発ビルの施主から元請建設会社への発注額が最終需要額となりま
す。受注した元請会社がビルを建設し完成させた額（234億6,100万円）が直接効果
[A]になります。最終需要にかける自給率は建設業の場合、生産額は**属地主義**[2]
で記録されるので「1」となり、直接効果は最終需要と同じ額です。

　ここからが建設部門用産業連関表の出番です。

　再開発ビルの建設に必要な資材は、建設部門分析用産業連関表を用いて**図15-2**
の左から3番目の「最終需要F2」で計算できるので、この中間投入額121億
6,800万円に静岡市の自給率を乗じ、「直接効果B」34億1,400万円を算出します
（図15-2左から4番目）。逆行列係数表にこの数字にをかけて間接効果と経済波及
効果を計算します。[B]の34億1,400万円と[C]の18億2,100万円を合計した52億
3,500万円が生産誘発効果となります。

　さらに、建設の元請企業の付加価値（雇用者所得、営業余剰など）からの波及も
加わります。雇用者所得からは家計消費を通じた生産誘発が、営業余剰からは企
業の設備投資による生産誘発がもたらされます。これを計算したのが図15-2の

　2）生産活動を行われる場所で記録する考え方で**属人主義**と区別して使われます。静岡市の
　　元請が東京の企業であっても生産活動は静岡市内で発生するので、全額静岡市の直接効
　　果として記録されます。お金の動きとは異なります。

表15- 1　静岡市再開発ビルの建設効果

（単位：100万円）

	建設部門分析用 I－O表		最終需要F1 直接効果A	最終需要 F2	自給率	直接効果 B	生産誘発 効果計
	「SRC（鉄筋コンク リート）工法住宅」 の原価構成		事業費内訳	建設資材 の発注	静岡市内 発注率	資材市内 発注内訳	（注1）
記号・算式	A	a	⊿F×a		（I－M̂）	（I－M̂）⊿F	⊿X
合計	507,248		23,461	12,168		3,414	36,149
01 農林水産業	265	0.001	12	12	0.183	2	59
02 鉱業	657	0.001	30	30	0.110	3	4
03 飲食料品	0	0.000	0	0	0.112	0	249
04 繊維製品	2,086	0.004	96	96	0.005	0	23
05 パルプ・紙・木製品	28,258	0.056	1,307	1,307	0.178	233	287
06 化学製品	3,096	0.006	143	143	0.055	8	30
07 石油・石炭製品	1,533	0.003	71	71	0.004	0	33
08 窯業・土石製品	25,481	0.050	1,179	1,179	0.053	62	67
09 鉄鋼	15,758	0.031	729	729	0.052	38	41
10 非鉄金属	3,203	0.006	148	148	0.031	5	7
11 金属製品	53,601	0.106	2,479	2,479	0.057	142	158
12 一般機械	3,783	0.007	175	175	0.039	7	19
13 電気機械	4,783	0.009	221	221	0.119	26	56
14 情報・通信機器	979	0.002	45	45	0.002	0	21
15 電子部品	292	0.001	14	14	0.009	0	2
16 輸送機械	0	0.000	0	0	0.103	0	48
17 精密機械	28	0.000	1	1	0.041	0	7
18 その他の製造工業製品	5,457	0.011	252	252	0.097	24	56
19 建設	634	0.001	29	29	1.000	29	23,933
20 電力・ガス・熱供給業	1,367	0.003	63	63	0.386	24	162
21 水道・廃棄物処理	686	0.001	32	32	0.861	27	166
22 商業	31,964	0.063	1,478	1,478	0.370	547	1,461
23 金融・保険	5,042	0.010	233	233	0.925	216	1,206
24 不動産	1,240	0.002	57	57	0.601	34	2,419
25 運輸	26,226	0.052	1,213	1,213	0.636	771	1,301
26 情報通信	3,559	0.007	165	165	0.717	118	674
27 公務	0	0.000	0	0	1.000	0	33
28 教育・研究	685	0.001	32	32	0.506	16	298
29 医療・保健・社会保障・介護	0	0.000	0	0	0.851	0	348
30 その他の公共サービス	175	0.000	8	8	0.935	8	174
31 対事業所サービス	39,926	0.079	1,847	1,847	0.559	1,033	1,652
32 対個人サービス	201	0.000	9	9	0.946	9	1,076
33 事務用品	86	0.000	4	4	1.000	4	27
34 分類不明	2,025	0.004	94	94	0.274	26	52
35 内生部門計	263,076	0.519	12,168				
37 家計外消費支出（行）	8,360	0.016	387				
38 雇用者所得	191,188	0.377	8,843				
39 営業余剰	4,917	0.010	227				
40 資本減耗引当	24,541	0.048	1,135				
41 資本減耗引当（社会資本等減耗分）	0	0.000	705				
42 間接税（除関税・輸入品商品税）	15,247	0.030	2,794				
54 （控除）経常補助金	−81	0.000	−4				
57 粗付加価値部門計	244,172	0.481	11,293				
58 国内生産額	507,248	1.000	23,461				

（注1）生産誘発効果には、直接効果Aの
　　　　他、元請の家計外消費による生産
　　　　誘発効果、雇用者所得から消費を
　　　　通じた生産誘発効果、営業余剰か
　　　　ら設備投資を通じた生産誘発額を
　　　　含んでいる。

図15-2 建設部門分析用産業連関表の使い方と経済波及効果の計算方法

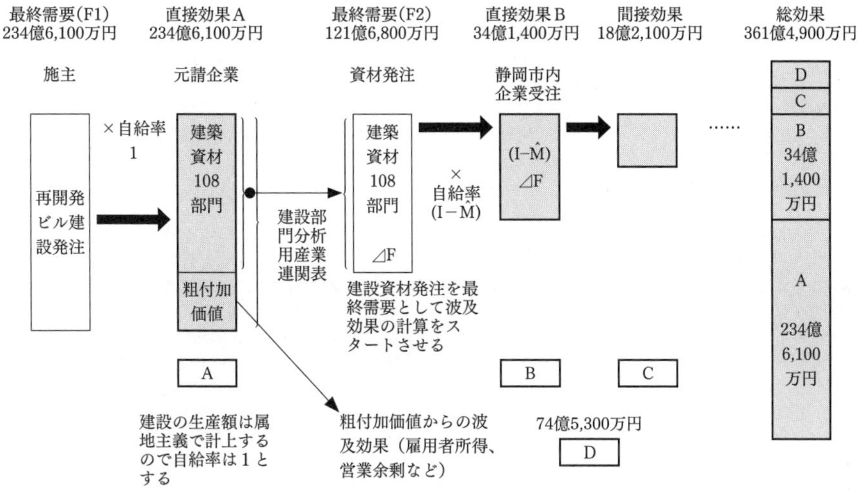

$\boxed{D}$ 欄で74億5,300万円です。

建設による経済波及効果の分析で忘れてならないことは、最後に、最初の元請企業が生産した直接効果 $\boxed{A}$ の234億6,100万円を建設部門に加えておくことです。再開発ビル3棟の建設による総効果は、図の一番右の欄の361億4,900万円となります。3棟のビルの建設費234億6,100万円に対する波及倍率は1.54倍です。

15.4 ビルオープン後の効果

再開発ビルのオープン後に発生する最終需要は、**表15-2**のように推計しました。

各種の推計値は、居住室数や入居店舗面積などはより詳細な建設計画をもとにしていますが、入居者の年収や店舗の売上額などは筆者の推計に基づいています。

分析時点では、呉服町第一ビルのオープン後であったので、就業者数をもとに**回帰分析**により年間売上額を推計した値もあります。回帰分析による就業者数から年間売上額を推計する方法は、「補論2 就業者数から売上額を推計する方法（回帰分析の利用）」を参照して下さい。

表15-2　静岡市再開発ビルのオープン後の最終需要

静岡呉服町第一地区	静岡呉服町第二地区	静岡七間町地区	
不動産手数料 （3,408百万円） ●分譲住宅の販売に対して居住者（消費者）が支払う手数料。販売を手掛ける不動産業者の売上額＝生産額となる。住宅購入金額の2～3割を手数料として算出している。	**福祉施設入居料** （1,000百万円） ●福祉施設に入居する際に支払う入居料1人当り1,000万×100人。入居時に施設運営会社の最終需要となる（毎年発生せず）。本稿では初年度に計上している。	**不動産手数料** （1,396百万円） ●分譲住宅の販売に対して居住者（消費者）が支払う手数料。推計方法は、呉服町第一地区と同じ。	初年度一時的消費支出
	5,804		合計
入居者の生活費 （545百万円） ●建物の完成後、入居者が支出する消費金額の年間合計。 ●呉服町第一地区の建物の入居戸数（249戸）×他市民居住者の入居率（32%）×入居率（78%）×1戸（1世帯）当り年間消費額（767万円）の算式により求めた。 ●入居世帯の年間消費額は、総務省「家計調査年報（平成25年）」により入居者の平均年収からデータを得た。再開発地区周辺を中心とする入居者の消費需要を表す。	**福祉施設入居者が支払う家賃** （336百万円） ●福祉施設の入居者が、毎月支払う家賃28万円×12ヶ月×100人で算定。施設運営会社の売上げ **福祉施設入居者の生活費** （311百万円） ●福祉施設の入居者の毎月の生活費259,482円×12ヶ月×100人で算定。入居者の消費需要。 ●生活費は総務省「平成25年家計調査（単身世帯）」年収600万円以上の世帯平均消費支出（月額）	**入居者の生活費** （330百万円） ●建物の完成後、入居者が支出する消費額の年間合計。 ●販売予定戸数（169戸）×他市民居住者の入居率（30%）×入居率（85%）×1戸（1世帯）当り年間消費額（767万円）の算式により求めた。1戸（1世帯）当り年間消費額の基礎データは、呉服町第一地区と同じ。 **保育施設の保育料** （27百万円） ●保育料5万円/月×12ヶ月×45人で推計	初年度から経常的消費支出
店舗での市民の購入額 （688百万円） ●小売業、サービス、健康関連 ●総務省「平成24年経済センサス（活動調査）」の業種別従業員規模別年間売上額のデータより、業種別に従業員数と年間売上額の関係式を作成し、この式に各店舗の従業員数を代入して各店舗の年間売上高（小売業については粗利）＝消費者の需要額を推計した。	**店舗での市民の購入額** （419百万円） ●小売業、飲食店、サービス業 ●小売業は売上から仕入れを差し引いた粗利。福祉施設の売上額は、上記入居者が支払う家賃として計上しているため、ここでは計上しない。推計方法は呉服町第一地区と同じ。	**店舗での市民の購入額** （74百万円） ●小売業、飲食店 ●小売業は売上から仕入れを差し引いた粗利。推計方法は呉服町第一地区と同じ。	
駐車場料金（207百万円） ●平成26年5月から8月の収入実績をもとに平成27年4月までの収入額を推計した（累乗関数）	**駐車場料金**（52百万円） ●左呉服町第一地区の年間収入額に第一地区と第二地区の面積比で推計	**駐車場料金**（51百万円） ●左呉服町第一地区の年間収入額に第一地区と第二地区の面積比で推計	
管理費（7百万円） 入居者・入居店舗等が支払う管理費で、建物の清掃、エレベーターの保守点検などの需要となる。	**管理費**（1百万円） 入居者・入居店舗等が支払う管理費。呉服町第一地区と第二地区の共有面積比を用いて推計した。	**管理費**（3百万円） 入居者・入居店舗等が支払う管理費。呉服町第一地区と第二地区の共有面積比を用いて推計した。	
1,447	1119	485	計
	3,051		（100万円）

　表15-2の最終需要を産業連関表の産業部門別に配分し、購入者価格ベースを生産者課価格ベースに転換したあと、静岡市の自給率を乗じて直接効果を求め、これに拡大逆行列係数をかけて生産誘発効果を求めたものが**表15-3**です。

表15-3　静岡市再開発ビルオープン後の地域経済波及効果

(単位：100万円)

	一時的効果			経常的効果						
	不動産仲介料＋福祉施設入居料			入居店舗売上・施設利用料（A）			入居者消費支出（B）			A＋B
	最終需要額	直接効果	生産誘発額	最終需要額	直接効果	生産誘発額	最終需要額	直接効果	生産誘発額	生産誘発額
合計	5,804	5,804	8,191	1,865	1,865	2,897	1,189	495	716	3,612
第一次産業	0	0	12	0	0	9	14	11	15	25
1 農林水産業	0	0	12	0	0	9	14	11	15	25
第二次産業	0	0	342	0	0	157	233	218	256	413
2 鉱業	0	0	0	0	0	0	0	0	0	0
3 飲食料品	0	0	77	0	0	55	110	99	110	165
4 繊維製品	0	0	10	0	0	7	15	15	16	23
5 パルプ・紙・木製品	0	0	11	0	0	11	2	2	5	16
6 化学製品	0	0	8	0	0	7	11	10	12	18
7 石油・石炭製品	0	0	16	0	0	10	23	23	25	35
8 窯業・土石製品	0	0	1	0	0	1	1	1	1	2
9 鉄鋼	0	0	0	0	0	0	0	0	0	0
10 非鉄金属	0	0	0	0	0	0	0	0	1	1
11 金属製品	0	0	4	0	0	2	1	1	2	4
12 一般機械	0	0	1	0	0	0	0	0	1	1
13 電気機械	0	0	8	0	0	5	12	10	12	17
14 情報・通信機器	0	0	10	0	0	7	15	15	16	23
15 電子部品	0	0	1	0	0	0	1	1	1	2
16 輸送機械	0	0	19	0	0	13	23	23	30	43
17 精密機械	0	0	3	0	0	2	4	4	4	6
18 その他の製造工業製品	0	0	11	0	0	8	13	13	15	23
19 建設	0	0	161	0	0	29	0	0	6	35
第三次産業	5,804	5,804	7,837	1,865	1,865	2,731	942	266	444	3,175
20 電力・ガス・熱供給業	0	0	57	0	0	25	24	15	21	46
21 水道・廃棄物処理	0	0	30	0	0	27	9	0	5	32
22 商業	0	0	151	502	502	620	187	118	143	763
23 金融・保険	0	0	535	0	0	115	49	4	30	145
24 不動産	5,804	5,804	6,069	11	11	151	273	1	26	176
25 運輸	0	0	123	314	314	399	61	35	57	456
26 情報通信	0	0	150	0	0	68	45	11	26	94
27 公務	0	0	6	0	0	2	3	0	0	3
28 教育・研究	0	0	27	0	0	18	31	1	8	26
29 医療・保健・社会保障・介護	0	0	34	832	832	865	50	11	15	880
30 その他の公共サービス	0	0	22	0	0	12	19	1	4	15
31 対事業所サービス	0	0	466	61	61	179	19	11	36	215
32 対個人サービス	0	0	133	142	142	237	169	56	71	307
33 事務用品	0	0	12	0	0	8	0	0	1	9
34 分類不明	0	0	24	2	2	7	0	0	1	7

(注1) 計算は統合中分類［108部門］で行いましたが、誌面の都合から統合大分類（34部門）で表示しています。
　　（平成17年表）
(注2) 小売業の入居店舗の中には再開発ビルに出店する店舗の業種が不明のため、売場面積に対する粗利益の関係
　　式による商業マージンを最終需要に計上していることから、最終需要と直接効果が同額となっています。

再開発ビルのオープンにともなって、中高層階の入居者が購入する分譲マンションの不動産売買仲介料や福祉施設への入居料など、初年度の支出の生産誘発効果が81億9,100万円にのぼることが分かります。また、入居者の消費支出や入居店舗の売上など、毎年の経常的支出による生産誘発効果は36億1,200万円と見込まれます。その大部分は第三次産業への効果となっています。

15.5　雇用効果、税収効果、定住人口効果

　生産誘発効果に伴う就業者の誘発効果（雇用効果）は、表として掲載していませんが、次のような経年的な効果があります。①再開発ビル建設時の6年間で2,855人（毎年約476人の計算）、②オープン初年度に入居者の分譲マンションの購入手数料などの一次的な生産誘発による効果790人、③入居者の消費支出や入居店舗の売上など毎年続く経常的な雇用効果389人。

　また、生産誘発効果によって生まれる家計所得や企業所得などの増加から静岡市にもたらされる税収効果（経済活動に伴う各種交付金を含む）は、**表15-4**のように、ビル建設時6年間で13億7,900万円。一時的効果で9億4,600万円、その後毎年続く経常的な税収効果を7億4,900万円と見込むことができます。

　定住人口効果は、③の雇用効果389人×就業者1人あたり人口比率（2.001人：平成22年国勢調査）より算定される約778人と、表15-2の3棟の分譲マンションに他地域から入居すると仮定した105世帯×1世帯あたり人口比率（2.567人：同上）による270人を加えた1,048人にのぼると推定されます。

　この静岡中心市街地における再開発事業は、地方創生に貢献する大きな意義のある事業であることが分かります。

参考文献

1．静岡市都市局都市計画部市街地整備課（2014）「静岡市市街地整備再開発事業［静岡呉服町第一地区・静岡呉服町第二地区・静岡七間町地区］経済波及効果分析結果報告書」
2．内閣官房　地域活性化統合事務局・都市再生の推進に係る有識者ボード経済効果検討WG事務局（2012）「都市再生の経済効果」
3．公益社団法人全国市街地再開発協会（1983, 1995）「市街地再開発事業の経済効果

表15- 4　静岡市再開発ビル建設による税収効果

（単位:100万円）

| | 課税標準関連項目
（産業連関表）A | H17年
静岡市
I-O表より
(100万円) | 18年度
静岡市
税収額
(100万円) | 税率係
数・税率 | 静岡市税収効果等 | | |
| | | | | | 一時的効果 | | 経常的
効果 |
					ビル 建設時	不動産 仲介料 など	入居者 消費店舗 売上等
市税及び経済関連交付金合計					1,379	946	749
①市町村民税（個人）	雇用者所得合計	594,957	39,749	0.067	780	188	81
②市町村民税（法人）	営業余剰合計	516,150	14,152	0.027	68	72	12
③固定資産税	設備投資額（×0.65）	527,827		0.014	213	482	476
④軽自動車税	市内生産額合計	5,624,403	949	0.000	6	1	1
⑤事業所税（政令市）	（資産+従業員割）				13	27	44
資産割（床面積600円/㎡）	…　㎡				0	…	…
従業員割（給与×0.25%）	…　人				13	27	44
⑥地方消費税交付金	民間消費支出合計	1,494,339	7,858	0.005	58	14	7
⑦都市計画税					0	103	102
⑧市町村たばこ税	民間消費支出合計	1,494,339	4,561	0.003	34	8	4
⑨軽油引取税	市内生産額合計	5,624,403	6,079	0.001	39	9	4
⑩入湯税	民間消費支出合計	1,494,339	29	0.000	0	0	0
⑪地方譲与税					167	40	17
所得譲与税	雇用者所得等	594,957	7,831	0.013	154	37	16
自動車重量譲与税	生産額合計	5,624,403	2,132	0.000	14	3	1

に関する調査」（自主調査研究報告書）

第16章

公立病院の地域経済効果
―県立静岡がんセンターの例―

16.1 事例解説

　公立病院は、地域社会に暮らす人々の健康長寿を支える高度医療の拠点であるとともに、その存在は、関連産業への経済波及効果とともに、雇用機会の創出など地域経済に大きな影響をもたらしています。

　一方で、経営面では、高度医療を支える高価な医療機器の運用やそれに従事する職員、難病の治療や救急医療体制、看護師の養成や研究機能など、病院の経費を押し上げるいくつかの要因で採算がとりにくく、全国の公立病院の多くが赤字になっているのが現状です（厚生労働省「医療経済実態調査」）。

　本章は、公立病院を広く「地域経営」の視点からみて、どのような地域経済への効果をもたらしているのか、明らかにすることを目的としています。取りあげる地域経済への効果は、生産誘発効果、雇用効果、税収効果、定住人口効果です。公立病院は、その存在と活動によっていったいどれくらいの税収をあげているのか、経営面の赤字と比較することも興味がある点です。

　本章では、静岡県立静岡がんセンター（以下「がんセンター」と略します）を事例としています。平成12年から14年にかけて行った分析[1]を元として、分析対象をがんセンターに変更するとともに、波及効果の計算に用いた静岡県産業連関表も平成23年表としました。

1）土居英二・中野親德（2001）「公立病院の地域経済効果（静岡県立総合病院の事例研究）」『静岡大学経済研究』第6巻3号。土居英二（2002）「公立病院の地域経済効果」第41回全国自治体病院学会基調報告（静岡大会）

表16-1　静岡県立静岡がんセンターの概要（2017年度）

名称	静岡県立静岡がんセンター
所在地	〒411-8777　静岡県駿東郡長泉町下長窪1007番地
開院日	2002/8/26（診療開始日　2002年9月6日）
開設者	静岡県知事
役割・機能	特定機能病院、都道府県がん診療連携拠点病院、がんプロフェッショナル養成プラン連携医療機関ほか
病床数	615床（うち緩和ケア病棟50床）
診療科	37診療科
年間患者数	外来患者年間延べ290,067人、入院患者年間延べ約199,998人（2017年度）
スタッフ	1,033人（医師143人、看護師662人、薬剤師42人、診療放射線技師47人、臨床検査技師30人、その他の医療従事者64人、事務45人）
年間収支	総収益約341億8,500万円、総費用約342億7,500万円、収支差約△9,700万円（2017年度・収益的収支）

　がんセンターの概要は**表16-1**の通りです。2017年度の経営収支をみるかぎりでは、収支差は9,700万円の赤字となっています。

16.2　理論モデル

　経済波及効果の計算には、家計内生化2地域間産業連関モデルを用いています。

　家計内生化モデルについては、「補論1　家計内生化モデルによる拡大逆行列係数の作り方」を、また地域間産業連関モデルについては、「補論3　地域間産業連関表の作り方と理論モデル」を参照してください。

　2地域間とは、静岡県と静岡県を除く全国（「全国」と括弧を付けています）との2地域相互間の波及効果を把握するために静岡県産業連関表と全国産業連関表（静岡県を除く）の産業連関表を連結しています[2]。

16.3　最終需要

　がんセンターの立地による地域経済への効果は、次の3つの起点（最終需要）

　2）地域間産業連関モデルについてより詳しい解説は、浅利一郎、土居英二『地域間産業連関分析の理論と実際』日本評論社、2016年を参照してください。

から始まります。記号 $\varDelta F$ は最終需要（Final demand の頭文字 F）の増加分（$\varDelta$；デルタ）を表しています。

①静岡がんセンターの運営支出（最終需要1：$\varDelta F1$）

②静岡がんセンターに従事する職員の家計消費支出（最終需要2：$\varDelta F2$）

③患者及び見舞客の消費支出（交通費、見舞い品代など）（最終需要3：$\varDelta F3$）

　それぞれ順に金額を推計していきましょう。

16.3.1　最終需要1（静岡がんセンターの運営費）

　がんセンターの運営費は、がんセンター HP（経営状況）、静岡県 HP（組織別情報：がんセンター局）、総務省 HP の「病院事業決算状況」（都道府県別病院別決算）などから得ることができます。

　本章では得られる最新の2017（平成29）年度決算データ（**表16-2**）を用いて以下のように推計します。

　静岡がんセンターの運営に伴って県内外の企業に発注される金額を最終需要1としますが、この金額と、産業別配分については、静岡がんセンターの決算書と静岡県産業連関表を対比させて、次のような処理をしています。

【がんセンターの医療サービス生産額の推計と産業別配分】

①　がんセンターの決算書からセンターの「医療サービス生産額」に相当する金額を「総収益」から「医業外収益」と「特別利益」を引いた263億3,700万円とします。

②　がんセンターの総費用の「薬品費」79億3,500万円と「職員給与費」101億3,000万円を除く費用額82億7,200万円を算出しておきます。

③　平成23年静岡県産業連関表の「医療」部門のタテ列の金額のうち、②で取り上げた「医薬品」と「雇用者所得」の金額を除いた金額の総合計を1とする費用構成の比率を計算し、これを②の82億7,200万円に乗じて、産業連関表の「医薬品」と「雇用者所得」の2部門以外の産業別投入額と粗付加価値額を求めます。

④　③の計算結果の中間投入額57億8,700万円に、「薬品費」79億3,500万円を加えた中間投入額の137億2,200万円をがんセンターの運営費（**最終需要1**）とします（粗付加価値はいま除き、あとで考察します。）

表16-2　がんセンターの運営費と産業連関表の対応

(100万円)

区分	決算額	産業連関表tの対応	
総収益	34,057		
1．経常収益	34,026		
（1）医業収益	26,337		
①入院収益	13,288		
②外来収益	12,150		
診療収入計	25,439		
③その他医業収益	898		
（2）医業外収益	7,689	生産額から除外	
うち他会計補助・負担金	6,472		
（3）特別利益	31	生産額から除外	
総費用	34,154		
2．経常費用	34,068		
（1）医業費用	30,729		
①職員給与費	10,130	10,130	雇用者所得
②材料費	10,198	10,198	中間投入
うち薬品費	7,935	7,935	医薬品
うち薬品費以外の医薬材料費	2,263	2,263	中間投入
③減価償却費	3,413	3,413	粗付加価値
④経費	6,492	3,524	中間投入
うち委託料	3,804		
⑤研究研修費	478		
⑥資産減耗費	19		
（2）医業外費用	3,339		
うち支払利息	654		
（3）特別損失	86		
損益（純損益）	−97		

（出典）総務省「平成29年度病院事業決算状況」より

　なお、平成23年静岡県産業連関表の医療部門（静岡県内の全ての医療機関）の平均的な費用構成と、静岡がんセンターの費用構成を比較すると、薬品費では前者が17.4％であるのに対して静岡がんセンターは30.1％、雇用者所得については前者が42.2％であるのに対して静岡がんセンターは38.5％となっています。静岡がんセンターでは医薬品への支出が多く、静岡県の全医療機関の平均に比べるとお費雇用者所得の割合が相対的に低いことがわかります。

16.3.2　最終需要2（がんセンターの職員の家計消費支出）

　がんセンターが静岡県の経済に与える効果の第2の起点（最終需要2）は、職員に支払われた職員給与費101億3,000万円が消費支出に回る金額です。それを知

るために、本章では次の手続きをしています。

---

① がんセンターの職員給与費101億3,000万円を職員総数1,033人で割り、1人あたり年間平均給与額（臨時賞与、諸手当を含む）980.6万円を算出します。

② 総務省統計局「2018（平成30）年家計調査年報」（勤労者家計、二人以上世帯）の年収階級別家計収支の表をもとに収入階級別勤め先１ヶ月収入を y（x座標）、消費支出 c（y座標）として、エクセルの「挿入」→「図」→「散布図」を描き、この散布図の近似曲線から「累乗近似」を選んで図と累乗関数を求めます。

この累乗関数は、

$$c = \alpha y^{\beta} \qquad\qquad (16.1)$$

の形をとっていますが、月収 y と消費支出 c のデータから、式の形を決める α と β（パラメータ）が自動的に計算され次の形となります（次ページ図16-1）。

$$c = 40.26 \times y^{0.6954} \qquad\qquad (16.2)$$

③ 次に（16.2）式の月収を表す y に、静岡がんセンターの一人あたり月平均給与額81.7万円（臨時賞与、諸手当などを含む）を代入し、１人あたり月平均消費支出額 c 61.6万円を求めます。これに12（ヶ月）を乗じて１人あたり平均年間消費額739.6万円を算出します。

④ ③の一人あたり平均年間消費額739.6万円に職員総数1,033人をかけると、年間消費総額76億4,000万円を求めることができます。

⑤ 波及効果を計算するために、この最終需要を産業連関表の各部門への配分する必要がありますが、その方法は、平成23年静岡県産業連関表の「民間消費支出」のタテ列の中から「住宅賃貸料（帰属家賃）」の数値を除いた合計を１とする構成比を求め、この構成比に76億4,000万円を乗じます。この76億4,000万円が産業別に配分されたタテ列の数字が**最終需要２**となります。

「住宅賃貸料（**帰属家賃**）」を除く理由は、自己所有の住宅の効用（住宅から得られるいろいろな利便性や快適さ、満足感）を、あたかも借家のごとく民間家賃相当分として計上されて、実際にはお金が動いていないからです。
（※詳しい計算は、**図16-1**を参照してください。

図16-1　がんセンター職員の１人あたり年間平均消費額の推計

世帯主勤め先収入 （臨時賞与含む）	平均月収 （円）	消費支出 （円）
平均	415,595	319,170
200万円未満	121,742	130,455
200〜250万円未満	193,559	199,716
250〜300	196,078	215,111
300〜350	236,592	217,516
350〜400	247,100	236,618
400〜450	278,580	249,582
450〜500	303,206	259,276
500〜550	324,713	262,769
550〜600	349,508	283,230
600〜650	367,032	286,008
650〜700	419,296	319,674
700〜750	465,568	321,014
750〜800	468,552	353,811
800〜900	503,356	361,747
900〜1,000	537,046	384,373
1,000〜1,250	604,601	440,403
1,250〜1,500	702,558	485,751
1,500万円以上	889,930	572,846

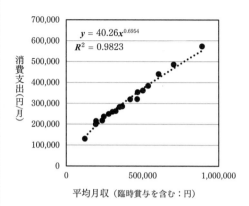

消費推計式 （累乗関数）	パラメータ （図の式）	40.26 0.6954

静岡がんセンター職員	年間所得	980.6 万円
式の X に代入	１月あたり	81.7 万円
式の Y の回答	１月あたり消費	61.6 万円
求める消費額	年間消費	739.6 万円

16.3.3　最終需要３（患者及び見舞客の消費支出）

　最終需要の計算手順を、箇条書き風にまとめてきましたが、第３の最終需要である患者や見舞客が静岡がんセンター内外で支出する消費額（交通費、お見舞い品代など）も、地域の産業経済に効果をもたらします。

　どの病院も同じですが、病院に向けて運行されているバスの利用や、病院と自宅を往復するタクシーの利用を考えると、病院は、これらのバスやタクシーなどの企業の売り上げに貢献したり、そこで働く就業者の雇用や家族の生活を支えていることが分かります。患者や見舞客が支出する金額は、年間でどれくらいに上るのでしょうか。患者（入院・外来）及び見舞い客・付添い客の消費は、いくつかの仮定値を置いて、次ページの**表16-3**のように推計しました。

　表では、入院患者と見舞客の消費が23億7,800万円、外来患者の消費が４億3,500万円で、あわせて28億1,300万円となります。この額が**最終需要３**です。

　この最終需要の金額を、静岡県と「全国」の産業連関表（各108部門）の産業分

表16-3　最終需要3（がんセンターの患者、見舞客などの消費）

	関連項目	単位	記号	人・日・額	備考
	入院患者消費額				
	入院患者（延べ人数）	人	A	199,998	静岡がんセンターHP（統計情報より）
	平均入院日数	日	B	12.1	静岡がんセンターHP（統計情報より）
	入院患者消費額				
	1人あたり院内消費額	円	C	1,000	（仮定）新聞・雑誌(1/3)、飲料(1/3)、雑貨(1/3)
	付添客の食事代	円	D	2,420	（仮定）平均入院日数÷3（3日に1回）×1食600円
	年間消費額	100万円	E	684	E＝A×(C＋D)÷1,000,000
入院患者と見舞客の消費額	見舞客消費額				
	1人あたり見舞客数	人	F	4.0	（仮定）平均入院日数÷3（3日に1人）
	年間見舞客数	人	G	806,659	入院患者数A×1人あたり見舞客数F
	見舞客1人あたり消費額				
	交通費（往復）	円/1人	H	500	バス・タクシー(1/5)、電車(1/5)、車燃料代(3/5)
	見舞品代	円	I	1000	（仮定）果物(1/4)・花卉(2/4)・食品(1/4)
	見舞客の飲食代	円	J	600	（仮定）1人1回
	交通費	100万円	K	403	G×H
	見舞品	100万円	L	807	G×I
	見舞客飲食代	100万円	M	484	G×J
	年間消費額	100万円	N	1,694	N＝K＋L＋M
	入院患者年間総消費額	100万円	O	2,378	O＝E＋N
外来患者の消費額	外来患者数（延べ人数）	人	P	290,067	静岡がんセンターHP（統計情報より）
	患者1人あたり交通費	円	Q	500	バス・タクシー(1/5)、電車(1/5)、車燃料代(3/5)
	患者1人あたり飲食費	円	R	1000	外食費（付添者を含む）3人に1人が外食と仮定
	外来患者年間消費額	100万円	S	435	S＝P×(Q＋R)
入院患者・見舞客・外来患者の消費額		100万円	T	2,813	T＝O＋S

（注）延べ入院患者数：退院患者数＋当日末在院患者数。延べ外来患者数：初診患者数＋再診患者数

門に対応させて配分しますが、波及効果の計算に際しては、この金額が購入者価格であることから、「購入者価格から生産者価格への価格変換表」（［基礎編］第8章、125ページ参照）を用いて生産者価格ベースに変換します。そのあと、静岡県の自給率$\left(I-\widehat{M}\right)$を乗じて、静岡県内に落ちるお金（静岡県の直接効果）を最終需要項目欄（1列×216行）の静岡県の列（1〜108行）に、他県に落ちるお金（「全国」の直接効果）は同じタテ列（109〜216行）に配分します。217行目に数字の「0」を置いて最終需要（1列×217行）を完成させ、2地域間拡大逆行列表（217行×217列）をエクセルのMMULT関数を使ってかけると、静岡県と「全国」への経済波及効果を計算することができます。

　なお、「全国」の数字を0と置いて静岡県だけの直接効果に2地域間拡大逆行列をかけると、静岡県内の波及効果とともに静岡県から「全国」へ及ぶ波及効果を知ることができます。逆に、静岡県の数字を0と置いて「全国」だけの直接効

果に２地域間拡大逆行列をかけると、「全国」内の波及効果とともに、静岡県への波及効果を知ることができます。

　この最後の効果は、もともと静岡県内に立地するがんセンターの存在から生じた最終需要により「全国」に及んだ直接効果からの静岡県内への波及ですので、「全国」から静岡県への波及効果は、言わば静岡県→「全国」→静岡県という地域間の経済波及効果の「**跳ね返り効果**」と呼んでもよいでしょう。

16.4　分析結果─赤字を上回る税収効果─

　分析は、３つの最終需要項目ごとに、生産誘発効果（企業への効果）、雇用効果（家計への効果）、税収効果（行政への効果）、定住人口効果（地域社会への効果：雇用効果による就業者及び家族の定住に貢献している効果）を算出しました。

　分析には、静岡県と静岡県を除く「全国」との２地域間産業連関表に拠っていますので、静岡県には、通常の県内での直接効果や間接効果に加えて「全国」からの跳ね返り効果を含んでいます。総括的な結果を、**表16-4**に掲げました。

　表によると、静岡がんセンターが静岡県内にもたらす生産誘発効果の総額は258億8,700万円、雇用効果（就業者の誘発効果）は3,532人となっています。静岡がんセンターの職員数1,033人の実に約2.5倍にあたる2,499人の雇用を静岡がんセンターの外で生み出していることになります。

　また税収効果では、静岡県内の国税が13億4,000万円、県税が６億100万円、県下の市町税が５億4,100万円となり、合計24億8,200万円となっています。

　県への税収効果６億100万円は、表16-1及び表16-2で示した9,700万円の赤字を上回っています。また経済波及効果258億8,700万円は、表16-2で示した64億7,200万円の他会計・負担金からの歳入を大きく上回っています。

　雇用効果（集票者の就業機会の創出）にともなって、その家族などの生活と居場所を生み出す「定住人口効果」をみると、静岡県内だけで7,008人の効果を生みだしています。1,033人が働く静岡がんセンターは、地域の社会経済に対して、想像をはるかに超えた大きな経済効果を与えていることが分かります。そして、それに光をあてる地域産業連関表、特に家計の所得と消費を内生化した２地域間産業連関表とその理論モデルの威力を物語っています。最後に、静岡県内の生産誘発効果がどのような産業に及んでいるのかを**表16-5**で表しました。計算は108

表16-4　静岡がんセンターの経済効果

(100万円)

項目	記号	静岡県				「全国」（静岡県を除く）				総計
		病院費用	職員消費支出	患者・見舞客支出	小計	病院費用	職員消費支出	患者・見舞客支出	小計	
最終需要	A	13,722	7,640	2,813	24,175	−	−	−	−	24,175
直接効果（注1）	B	4,135	5,396	1,609	11,140	8,510	1,965	910	11,385	22,525
間接効果（静岡県内）	C	3,826	3,975	1,479	9,280	−	−	−	−	9,280
間接効果（「全国」内）	D	−	−	−	−	15,240	3,344	1,061	19,645	19,645
生産誘発効果	E	7,961	9,371	3,088	20,420	23,750	5,308	1,972	31,030	51,450
跳ね返り効果（「全国」から）	F	4,150	1,021	296	5,467	−	−	−	−	5,467
跳ね返り効果（「全国」へ）	G	−	−	−	−	5,784	5,814	2,426	14,024	14,024
生産誘発　総効果	H	12,111	10,392	3,384	25,887	29,534	11,122	4,398	45,054	70,940
波及倍率	I	2.93	1.93	2.10	2.32					2.3
雇用効果(人)	J	2,109	815	608	3,532					3,532
うちセンター職員数	K	1,033	−	−	1,033					1,033
間接効果就業者数	L	1,076	815	608	2,499					2,499
税収効果（注3）	M	1,188	1,006	288	2,482			計上せず		2,482
国税	N	663	528	149	1,340					1,340
県税	O	271	259	72	601					601
市町税	P	254	220	67	541					541
定住人口効果(人)	Q	4,184	1,618	1,206	7,008					7,008

（注1）総計の最終需要と直接効果の合計との差額は、海外からの輸入を意味しています。
（注2）各項目の算式は次の通りです。C＝E−B　D＝E−B　H＝E+(ForG)　I＝H÷B　J＝K+L　M＝N+O+P
（注3）静岡県の欄の市町税は、県下全市町の合計額です。

部門で行いましたが、表では37部門に統合して表示しています。

　静岡県内への生産誘発効果の合計258億8,700万円の産業別内訳は、第一次産業である農林水産業が4億4,300万円（構成比1.7%）、鉱業、製造業、建設業から成る第二次産業が40億900万円（同15.5%）、第三次産業が214億3,500万円（同82.8%）となり、広く県内の全産業に波及が及んでいることが分かります。

　住宅賃貸料（帰属家賃）を除く順位を見てみると、商業（卸売・小売業）の30億7,600万円（構成比11.9%）、飲食サービス20億1,900万円（同8.6%）など、職員の家計消費や患者、見舞客の消費による波及効果の多い業種が並んでいます。電算システムの運用や建物の清掃、エレベーターの保守など対事業所サービスに係る業務への生産誘発額も第4位となっています。

　なお、生産誘発効果には本来、がんセンター自身の生産額（263億3,700万円）[3]を含めるべきですが、地域経済効果に焦点をあてるため、本章では含めていません。厳密には、表16-5の静岡県への生産誘発効果258億8,700万円と、センター自身の生産額263億3,700万円の合計額522億2,400万円が、がんセンターの経済波

表16-5　生産誘発効果の産業別内訳（静岡県内、2017年度）

（100万円）

産業部門別		生産誘発効果	構成比	産業部門別		生産誘発効果	構成比
合　　計		25,887	100.0%	35	輸送機械	256	1.0%
第一次産業		443	1.7%	39	その他の製造工業製品	101	0.4%
01	農林水産業	443	1.7%	41	建設	448	1.7%
第二次産業		4,009	15.5%	**第三次産業**		21,435	82.8%
06	鉱業	1	0.0%	46	電力・ガス・熱供給	456	1.8%
11	飲食料品	1,424	5.5%	47	水道	399	1.5%
15	繊維製品	89	0.3%	48	廃棄物処理	143	0.6%
16	パルプ・紙・木製品	357	1.4%	51	商業	3,076	11.9%
20	化学製品	568	2.2%	53	金融・保険	1,655	6.4%
21	石油・石炭製品	38	0.1%	55	不動産	3,746	14.5%
22	プラスチック・ゴム	146	0.6%	57	運輸・郵便	1,691	6.5%
25	窯業・土石製品	26	0.1%	59	情報通信	1,195	4.6%
26	鉄鋼	10	0.0%	61	公務	106	0.4%
27	非鉄金属	23	0.1%	63	教育・研究	680	2.6%
28	金属製品	75	0.3%	64	医療・福祉	1,731	6.7%
29	はん用機械	8	0.0%	65	その他の非営利団体サービス	341	1.3%
30	生産用機械	8	0.0%	66	対事業所サービス	2,274	8.8%
31	業務用機械	43	0.2%	67	対個人サービス	3,722	14.4%
32	電子部品	32	0.1%	68	事務用品	66	0.3%
33	電気機械	133	0.5%	69	分類不明	154	0.6%
34	情報・通信機器	222	0.9%				

※医療・福祉部門には静岡がんセンターを除いています。

及効果の総額となります。

　がんセンターに限らず他の公立病院などの医療機関の経営収支に関しては、単に一経営体としての収支だけではなく、経済効果を含むこのような地域経済全体の中で果たしている役割をみる「地域経営」の視点も重要です。

3）表16-2を参照してください。センターの生産額は収入面の医業収益ではなく、支出面の総費用341億5,400万円として把えることもできます。後者による各種の経済波及効果は、341億5,400万円÷263億3,700万円≒1.3倍と見込まれます。

参考文献

1．塚原康博（2016）「医療サービス活動における産業・雇用連関分析の展開」『季刊・社会保障研究』Vol.47 No.2

2．兵庫県立大学政策科学研究所地域経済指標研究会（2016）「『兵庫県立尼崎総合医療センターの整備・運営』に伴う地域への経済波及効果」

3．前田由美子、佐藤敏信（2016）「地方創生にむけて医療・福祉による経済・雇用面での効果」日医総研 日医総研ワーキングペーパー、No.362

4．前田由美子（2009）「医療・介護の経済波及効果と雇用創出効果―2005年産業連関表による分析―」日医総研 日医総研ワーキングペーパー、No.189

5．企画調整局医療・新産業本部 医療産業都市部推進課 吉田・藤田（2017）「平成27年度神戸医療産業都市の経済効果について」（記者発表資料）（http://www.city.kobe.lg.jp/information/press/2017/07/20170721041601.html）

第17章

大学立地の地域経済効果
―静岡市への大学設置を想定した例―

17.1 事例解説

多くの地方において、高校を卒業後、就職や進学を契機に20歳前後の若い世代の大都市圏への流出が止まらず、人口減少の大きな要因となっています。

表17-1は、静岡県内の高校の卒業生が、どの都道府県の大学へ進学したかを調査した文部科学省「平成26年度学校基本調査」のデータです。静岡県内には24の国公私立の大学や高等専門学校が立地していますが、静岡県内の大学への入学者は4,817人で全体の進学者16,965人の約28.4%、進学者の約4人に3人が静岡県外へ進学しています。静岡県内の大学の定員は8,075人なので他県から静岡県内の大学に入学している学生も定員の約半数を占めています。

県外の大学へ進学する理由はさまざまですが受け皿となる大学やその定員数が少ないことも流出の理由の一つとしてあげることができるでしょう。

本章では仮に静岡市で進学時の流出に歯止めをかけ地域のニーズに応える大学を設置するとしたら地域経済にどのような影響を及ぼすのか、卒業後の若者の定着という目的とは別に地域への経済効果を分析しています。分析は筆者の想定で静岡市が設置を決めているわけではないことを予めお断りしておきます。

17.2 理論モデル

分析に用いた理論は家計消費を内生化した均衡産出高モデルです。家計内生化モデルについては、「補論1　家計内生化モデルによる拡大逆行列係数の作り方」を参照してください。用いた産業連関表は、筆者が作成した「平成23年静岡市産

表17-1　静岡県の地域別進学者

平成26年度進学者（人）	16,965	100.0%
県内大学入学者（人）	4,817	28.4%
県外大学入学者	12,148	71.6%
うち東京都	3,452	20.3%
うち神奈川県	2,169	12.8%
うち愛知県	1,947	11.5%
その他道府県	4,580	27.0%

（出典）文部科学省「学校基本調査」

表17- 2　新大学の概要

新大学の構成 （仮定）	学生数	
	学生定員 （1学年）	収容定員 （4学年）
合計	350	1,300
学部	300	1,200
理系学部	150	600
文系学部	150	600
大学院	50	100
理系学研究科	25	50
文系研究科	25	50

業連関表」です。

17.3　最終需要データの作成

17.3.1　新大学の学部・学生定員（仮定）

　静岡市で想定した新しい大学（以下、新大学と呼びます）の学部や学生定員については、**表17- 2**のように設定しました。

　1学年の学生定員は350人、4学年と大学院を合わせて1,300人が在籍し通学するとしています。

17.3.2　最終需要

　大学立地の地域への経済波及効果の起点となる最終需要は、

①大学の運営経費（人件費を除く）

②教職員の家計消費

③学生の消費

の3つから構成されます。

①　大学の運営経費（人件費を除く）―最終需要①

　既設の大学なら決算資料を用いるのが望ましいのですが、ここでは文部科学省平成25年度の「**学校基本調査**」（学校経費調査：公立大学）の既設公立大学の平均経費データを用いて新大学（公立）の運営経費を積算してみました。

　表17- 3より、最終需要は運営経費29億3,900万円から人件費、所定支払金、土地費、積立金への支払いを除く12億6,200万円とします。人件費は別途最終需要

表17-3　新大学の運営経費の推計（最終需要①）

	文科省「学校基本調査」H25 公立大学支出計(100万円)	学生1人あたり支出(千円)	運営支出額 学生総数(100万円)	産業連関表の部門配分
学生数（人）		127,144	1,300	
平成25会計年度	293,034	2,305	2,996	
A ＋ B	290,720	2,287	2,973	
新大学(想定)			2,939	支出額計(新大学の単年度支出)
A 消費的支出	267,114	2,101	2,731	
a 人件費	135,141	1,063	1,382	
1 教員給与	102,513	806	1,048	⎫ 教職員の家計消費に計上
2 職員給与	32,628	257	334	⎬
b 教育研究費	66,417	522	679	
1 消耗品費	12,101	95	124	紙加工品(018)
2 光熱水費	8,536	67	87	電力・ガス・水道等(1/3ずつ)※
3 旅費	5,216	41	53	鉄道輸送(078)・航空輸送(082)※
4 その他の教育研究費	40,563	319	415	印刷・製本・出版(3/6)、化学最終製品(1/6)、電子計算機・附属装置(2/6)
c 管理費	30,340	239	310	
1 消耗品費	2,395	19	24	紙加工品(1/2)・事務用品(1/2)※
2 光熱水費	2,883	23	29	電力・ガス・水道等(1/3ずつ)※
3 旅費	632	5	6	鉄道輸送(3/4)、航空輸送(1/4)
4 修繕費	2,067	16	21	建築補修
5 その他の管理費	22,363	176	229	その他対事業所サービス※
d 補助活動事業費	2,152	17	22	
1 学生寄宿舎費	600	5	6	(計上せず)寄宿舎想定せず
2 課外活動費	132	1	1	鉄道輸送(1/3)、道路輸送(1/3)、その他製造工業製品(1/3)
3 保健管理費	517	4	5	保健衛生
4 その他の補助活動事業費	903	7	9	事務用品
e 所定支払金	31,173	245	319	
1 共済組合負担金	21,461	169	219	⎫
2 退職死傷手当	7,846	62	80	⎬ 家計所得からは除外
3 その他の所定支払金	1,866	15	19	⎭
f その他の消費的支出	1,890	15	19	事務用品
B 資本的支出	23,606	186	241	
a 土地費	396	3	4	(計上せず)
b 建築費	9,537	75	98	建築
c 設備・備品費	12,016	95	123	
1 教育・研究用設備・備品費	10,408	82	106	電子計算機・同付属装置※
2 その他の設備・備品費	1,608	13	16	家具・装備品
d 図書購入費	1,658	13	17	印刷・製本・出版
C 積立金への支出	2,315	18	24	(計上せず)

（注1）公立大学支出計および学生数（127,144人）の内訳は理系・医療系が65,202人（51.3%）、文系・教育系が61,942（48.7%）です。

（注2）※は総務省統計局「平成23年産業連関表」基本分類の「大学（国公立）」（列部門）を用いて詳細な内訳を配分しました。

②として扱います。表17-3の一番右の欄は、運営経費を産業連関表の産業部門に振り分ける際の産業連関表の部門です。

② 教職員の家計消費─最終需要②

　大学立地の最終需要には、表17-3の中の教職員人件費13億8,200万円が貯蓄を除いて家計消費に回る金額も加わります。所得のうち消費に回る金額を求めるため、本章では次の手順で計算しました。

(Step 1) 公立大学教職員1人（1世帯）あたり平均年間所得額の推計

　表17-3の中の人件費13億8,200万円を、同じく文部科学省「学校基本調査」から得られる平成25年度公立大学教職員数12,871人で割った1人あたり年間所得1,074万円（学長など役職員報酬、ボーナスを含む）を求めます。

(Step 2) 教職員1人（1世帯）あたり平均年間消費支出額の推計

　総務省統計局「家計調査」より1人あたり年間平均所得額の貯蓄に回る部分を除いた平均年間消費支出額を求めます。そのためには「家計調査」（年間収入階級別1世帯あたり1か月間の収入と支出：勤労者世帯）データを用いて両者の関係式（累乗回帰式）を求め、式に所得額を代入して消費額665.2万円を得ます。

　経済学では、消費 C を所得 Y で割った比率はを**平均消費性向**（$c = C/Y$）と呼びます。この場合消費性向は55.4万円÷89.5万円で、約0.619となります。消費の増加分 ΔC を所得の増加分 ΔY で割った比率は**限界消費性向**と呼ばれますが、本章の場合は、平均消費性向を推計に用います。

　新大学の教職員1人あたりの年間平均消費額は**表17-4**より約665.2万円なので、この値に新大学に勤務する教職員数を乗じることで、最終需要を求めることができます。公立大学学生総数127,144人で教職員総数12,871人を割って、学生1人あたり教職員数を求め、この値に新大学の学生総数1,300人を乗じると新大学に必要な教職員数を推定することができます。算式は

　　　　12,871人÷127,144人×1,300人＝132人

となります。したがって、教職員家計消費（最終需要②）は、

　　　　教職員1人あたり年間家計消費額665.2万円×132人＝8億7,806万円

と推定することができます。

③ 学生の消費─最終需要③

　大学立地による経済波及効果には、学生の消費によって誘発される生産も含ま

表17-4　公立大学教職員の家計消費の推計

世帯主勤め先収入（臨時賞与含む）	平均月収（円）	消費支出（円）
平均	415,595	319,170
200万円未満	121,742	130,455
200～250万円未満	193,559	199,716
250～300	196,078	215,111
300～350	236,592	217,516
350～400	247,100	236,618
400～450	278,580	249,582
450～500	303,206	259,276
500～550	324,713	262,769
550～600	349,508	283,230
600～650	367,032	286,008
650～700	419,296	319,674
700～750	465,568	321,014
750～800	468,552	353,811
800～900	503,356	361,747
900～1,000	537,046	384,373
1,000～1,250	604,601	440,403
1,250～1,500	702,558	485,751
1,500万円以上	889,930	572,846

$$y = 40.26x^{0.6954}$$
$$R^2 = 0.9823$$

消費支出（円/月）／平均月収（臨時賞与を含む：円）

消費推計式	パラメータ	40.26
（累乗関数）	（図の式）	0.6954

公立大学教職員	年間所得	1,074 万円
式のXに代入	1月あたり	89.5 万円
式のYの回答	1月あたり消費	55.4 万円
求める消費額	年間消費	665.2 万円

れます。その起点となる学生の消費支出額を次の通り推計しました。

　基礎データは、文部科学省「学校基本調査」の「居住形態別・収入平均額及び学生生活費の内訳（大学昼間部：公立大学生）」を用いています。他に大学生の生活実態については大学生協連の大学別の詳細な調査も行われています。

　学生の生活費は自宅生と下宿生とでは大きく異なりますので、新大学の学生1,300人については40％が自宅通学、60％が下宿生と仮定しました。学生の消費総額は、年間約12億4,250万円となる見込みです（表17-5）。なお、支出項目のうち授業料、他の学校納付金は新大学の収入となって運営経費の原資となりますので省いています。収入面も省き、産業連関分析では大学も教職員も学生も収支のうち支出面で最終需要を捉え、経済波及効果の起点とします。

　以上、最終需要をまとめると次のようになります。

①大学の運営経費　12億6,200万円

②教職員家計消費　8億7,806万円

③学生の消費　　12億4,250万円　　　合計　33億8,256億円

表17- 5　学生の消費（最終需要③）

公立大学生1,300人		（円/年）		総額（100万円）			産業連関表の対応部門と配分
		自宅生	下宿など	自宅生	下宿など	合計	
	学生数（人）	520	780	520	780		
収	家庭からの給付	599,300	1,015,900	–	–	–	
	奨学金	304,700	460,800	–	–	–	
	アルバイト	342,500	313,200	–	–	–	
入	定職収入・その他	46,100	44,400	–	–	–	
	計	1,292,600	1,834,300	–	–	–	

公立大学生1,300人		（円/年）		総額（100万円）			産業連関表の対応部門と配分
		自宅生	下宿など	自宅生	下宿など	合計	
	授業料	511,800	517,800	–	–	–	
	他の学校納付金	22,100	19,600	–	–	–	
	修学費	50,700	49,700	26.4	38.8	65.1	教育
	課外活動費	34,100	34,000	17.7	26.5	44.3	鉄道輸送(1/4)、道路輸送(1/4)、その他製造工業製品(2/4)
	通学費	115,800	22,600	60.2	17.6	77.8	鉄道輸送(1/2)、道路輸送(1/2)
	小計（学費）	734,500	643,700	104.3	82.9	187.2	
支	食費	90,500	247,000	47.1	192.7	239.7	食料品(5/10)、飲食サービス(5/10)
	住居・光熱費	0	463,000	0.0	361.1	361.1	住宅賃貸料(7/10)、電力(1/10)、ガス(1/10)、水道(1/10)
出	保健衛生費	43,100	46,000	22.4	35.9	58.3	医療(9/10)、保健(1/10)
	娯楽・し好費	128,500	143,500	66.8	111.9	178.8	娯楽サービス、食料品、飲食サービス(1/3ずつ)
	その他の日常費	159,000	172,700	82.7	134.7	217.4	通信(4/10)、放送(1/10)、情報サービス(3/10)、インターネット附随サービス(1/10)、映像・音声・文字情報制作(1/10)
	小計（生活費）	421,100	1,072,200	323.3	919.2	1,242.5	
	計	1,155,600	1,715,900	1,242.5			

（資料）文部科学省「平成25年学校基本調査」。自宅生40％、下宿生など60％と仮定。
（注）産業連関表への配分率は、産業連関表の民間消費支出額で按分しています。

17.4　分析結果─人口流出と経済波及効果─

17.4.1　生産誘発効果

　最終需要、直接効果、間接的な波及効果を含む全体の生産誘発効果（経済波及効果）を次ページの**表17- 6**に掲げました。

　最終需要の総額は約33億8,300万円、そのうち静岡市内への直接効果は19億

表17-6 大学立地の生産誘発効果

(100万円)

	最終需要 ΔF				直接効果 (I-M) ΔF				生産誘発効果 ΔX			
	大学経費	教職員消費	学生消費	合計	大学経費	教職員消費	学生消費	合計	大学経費	教職員消費	学生消費	合計
合計	1,262	878	1,243	3,383	544	598	794	1,937	1,120	1,334	1,711	4,166
第一次産業	0	11	0	11	0	2	0	2	5	9	10	24
01 農林水産業	0	11	0	11	0	2	0	2	5	9	10	24
第二次産業	726	172	116	1,014	181	11	21	214	281	141	181	603
06 鉱業	0	1	0	1	0	0	0	0	0	0	0	0
11 飲食料品	0	80	107	187	0	8	21	29	34	57	82	172
15 繊維製品	0	11	0	11	0	0	0	0	5	7	8	19
16 パルプ・紙・木製品	316	1	0	317	51	0	0	52	58	3	4	65
20 化学製品	55	8	0	62	9	1	0	10	14	6	7	27
21 石油・石炭製品	0	19	0	19	0	0	0	0	8	11	13	33
22 プラスチック・ゴム	0	5	0	5	0	0	0	0	3	4	4	11
25 窯業・土石製品	0	0	0	0	0	0	0	0	1	1	1	2
26 鉄鋼	0	0	0	0	0	0	0	0	0	0	0	0
27 非鉄金属	0	1	0	1	0	0	0	0	1	1	1	2
28 金属製品	0	1	0	1	0	0	0	0	1	1	1	3
29 はん用機械	0	0	0	0	0	0	0	0	0	0	0	0
30 生産用機械	0	0	0	0	0	0	0	0	0	0	0	0
31 業務用機械	0	1	0	1	0	0	0	0	0	0	0	1
32 電子部品	0	0	0	0	0	0	0	0	0	0	0	1
33 電気機械	27	9	0	36	1	1	0	2	5	6	6	18
34 情報・通信機器	209	13	0	222	1	0	0	1	7	7	9	22
35 輸送機械	0	16	0	16	0	0	0	0	7	9	11	27
39 その他の製造工業製品	0	5	9	14	0	0	0	0	2	3	4	9
41 建設	119	0	0	119	119	0	0	119	135	24	30	189
第三次産業	536	696	1,126	2,358	363	585	773	1,722	834	1,184	1,521	3,539
46 電力・ガス・熱供給	78	20	72	170	78	20	72	170	107	52	117	276
47 水道	39	6	36	81	39	6	36	81	48	14	50	113
48 廃棄物処理	0	1	0	1	0	0	0	0	2	3	3	8
51 商業	69	135	111	315	66	129	0	195	165	241	143	549
53 金融・保険	0	48	0	48	0	46	0	46	38	111	73	222
55 不動産	0	184	253	437	0	183	253	436	79	294	390	764
57 運輸・郵便	80	42	102	225	20	18	52	90	56	63	102	221
59 情報通信	0	40	189	229	0	13	74	87	27	50	122	199
61 公務	0	3	0	3	0	3	0	3	1	5	2	9
63 教育・研究	0	23	65	88	0	23	65	88	14	41	87	142
64 医療・福祉	5	41	58	104	5	36	49	91	22	61	79	162
65 その他の非営利団体サービス	0	12	0	12	0	12	0	12	7	21	12	40
66 対事業所サービス	229	13	0	241	119	6	0	125	175	61	73	308
67 対個人サービス	0	128	239	367	0	89	171	260	53	163	262	479
68 事務用品	37	0	0	37	37	0	0	37	38	2	2	42
69 分類不明	0	0	0	0	0	0	0	0	1	2	2	6

（注）本表の産業部門は108部門で計算したものを37部門に統合しています。

3,700万円となっています。最終的な生産誘発効果は41億6,600万円にのぼり、生産誘発効果を直接効果で割った生産誘発倍率は2.15倍になります。

　生産誘発効果の内訳をみると、大学の運営経費による生産誘発額が約11億2,000万円、教職員の家計消費による誘発額が約13億3,400万円、学生の消費による誘発額が約17億1,100万円となっています。大学の規模を1学年350人、4学年で1,300人として計算していますので、これより大きな規模の大学や小さな規模の大学は、この数字を基準に比較すると、地域への経済波及効果のおよその規模を類推することができると思います。

　なおこの生産誘発効果には、大学が行う教育研究や地域貢献というサービスの生産活動を含めていません。その生産額は大学経営のコスト面から評価した運営経費総額29億3,900万円（表17-3）と見積もり、生産誘発効果の総額はこれを加えた71億500万円とするのが産業連関表のルールからすれば妥当でしょうが、ここでは地域の産業経済への影響をみることを目的としていますので、省いています。

17.4.2　雇用効果・税収効果・定住人口効果

　生産誘発効果によって新たに生まれている雇用効果（就業者数の増加）は、表を掲げてはいませんが、「②教職員の家計消費」で推計した大学の教職員132人に加え、大学外で大学の運営経費、教職員の家計消費、学生の消費により誘発される316人を合わせて448人になります。

　若い単身の教職員や、市外に居住して静岡に通勤する教職員もいると思いますが、家族連れの場合も考慮すると、就業者数に対する人口の比率は約2.0なので、定住人口は448人×2.0＝896人となり、448人よりさらに多い約900人の定住人口の増加を見込むことも可能でしょう。

　最後に税収効果をみていきましょう。**表17-7**にその計算方法を掲げています。生産誘発効果の総額約41億6,600万円から誘発される雇用者所得と営業余剰の増加は、それぞれ10億8,200万円、5億8,200万円となります。これは平成23年静岡市産業連関表の生産額に対する雇用者所得と営業余剰の比率（雇用者所得率、営業余剰率）を産業別に計算し、大学の産業別生産誘発額に乗じることで求めることができます。さらに雇用者所得の増加に伴う家計消費支出額12億4,500万円、民間投資額4億1,500万円も、産業連関表の取引基本表の生産額に対する比例計算

表17-7　大学立地の税収効果

（単位：100万円）

	課税標準関連項目 （産業連関表等）	H23年静岡 市I-O表より （100万円）	24年度静 岡市税収額 （100万円）	税率係数・税 額・課税対象 額（円）	各誘発額	静岡市の 税収効果
①市町村民税（個人）	雇用者所得合計	1,545,495	44,074	0.0285	1,082	31
②市町村民税（法人）	営業余剰合計	547,794	11,450	0.0209	582	12
③固定資産税（注）	設備投資額（家屋含）	527,827	54,840	0.0140	415	4
④軽自動車税	市内生産額合計	5,299,645	1,131	0.0002	4,166	1
⑤事業所税（政令市） 　資産割（床面積600円/㎡） 　従業員割（給与×0.25%）	（資産＋従業員割） 521㎡ 21人	 1,545,495	 4,075	 0.0026	 1,082	 3
⑥地方消費税交付金（注）	民間消費支出合計	1,581,230	7,550	0.0085	1,245	11
⑦都市計画税	課税標準	5,299,645	11,099	0.0021	4,166	9
⑧市町村たばこ税	民間消費支出合計	1,581,230	4,575	0.0029	1,245	4
⑨軽油引取税	市内生産額合計	5,299,645	5,340	0.0010	4,166	4
⑩入湯税	民間消費支出合計	1,581,230	27	0.0000	1,245	0
⑪地方譲与税 　所得譲与税 　自動車重量譲与税	 雇用者所得等 生産額合計	 1,545,495 5,299,645	 1,916 522	 0.0012 0.0001	 1,082 4,166	 1 0
市税及び生産関連交付金合計						80

（注）平成25年度より消費税率が5％から8％に改訂され、地方消費税交付金は1.7%となり、市町村はその1／2の0.85％となった。

で求めておきます。

　これらの数字を表17-7の右から2列目の各誘発額にあてはめ、右から3列目の税率係数を乗じて、税目別税収効果を計算することができます。本章で検討した大学立地による税収効果の増額は、約8,000万円と推定されます。

参考文献

1．財団法人日本経済研究所（2007）「地方大学が地域に及ぼす経済効果分析　報告書」（文部科学省：http://www.mext.go.jp/a_menu/koutou/houjin/07110809.htm）

2．財団法人日本経済研究所（2010）「大学の教育研究が地域に与える経済効果等に関する調査研究報告書」

3．山梨中銀経営コンサルティング株式会社（2008）「山梨大学が地域社会に及ぼす経済効果の算出について」

4．高井亨（2015）「鳥取環境大学が地域におよぼす経済効果の推計」『鳥取環境大学紀要』第13号

5．大分県（2010）「大学誘致に伴う波及効果の検証〜 立命館アジア太平洋大学（APU）開学10周年を迎えて 〜」

6．一般財団法人秋田経済研究所（2013）「国際教養大学が地域に及ぼす経済波及効果」

7．小副川忠明・居城琢・金丹・長谷部勇一（2006）「平成12年横浜市産業連関表と大学の地域経済効果」『産業連関』Vol.14, No.1

8．一般財団法人新潟経済社会リサーチセンター2016）「新潟医療福祉大学の立地による地域への経済波及効果」

9．獺口浩一（2016）「琉球大学医学部・大学院医学研究科及び附属病院が地域経済に与える影響—産業連関分析による経済波及効果の検証—」

10．山形大学・株式会社フィデア総合研究所（2016）「山形大学が地域に及ぼす経済波及効果は665億円」

11．居城琢（2016）「都留市産業連関表の試作と分析」『横浜国際社会科学研究』第20巻・第4・5・6号

12．福島県企画調整部統計課（2017）「保健医療従事者の新たな養成施設（福島県立医科大学新医療系学部（仮称））の開設による経済波及効果」アナリーゼふくしま、No.23

第V部

地方創生・地域経済・地域環境問題

第18章

人口減少が地域経済に与える影響の分析
―静岡市の例―

18.1 事例解説

　人口減少によって地域の消費市場が縮小し、地域住民に売り上げている市内の商業やサービス業のなど主に第三次産業の生産が縮小することは誰もが想像できます。しかし、地域の産業経済は、静岡市の人口減少によって影響を受けるだけでなく、同時に進行する全国の人口減少の影響を受けることを忘れてはなりません。**図18-1**は、静岡市を事例に、市内と全国で進む人口減少が、市内の産業経済に与える影響を図示したものです。

　本章では、通常の１地域だけを対象にした産業連関表（**地域内表**）ではこの全国の人口減少による影響（図中、灰色）が分析できないこと、その分析のためには、静岡市と静岡市以外の「全国」の産業連関表を連結した**地域間産業連関表**の作成による分析が必要となること、この場合の分析方法やデータの作成をどうしたらよいか、などを説明することが目的です。

18.2 市場の地理的範囲による地域産業の類型

　産業連関表は、ヨコ行に沿って数字を読むと、ある地域で１年間に生産された財貨・サービスが、どのような用途の経済活動に用いられたか、地域内なのか地域外なのかを、全産業にわたり統一的、体系的に記録している貴重なマクロ経済統計です。

　表18-1は静岡市の例ですが、製造業の製品の販路先は市内が6.6％と９割以上が市外で使われる［全国市場依存型産業］であることが分かります。それに対し

図18-1　人口減少が地域の産業経済に与える影響（静岡市の例）

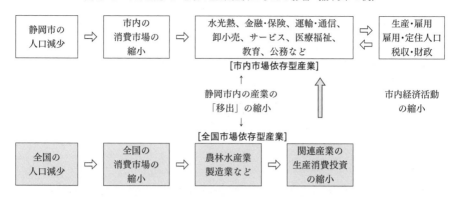

表18-1　平成23年静岡市産業連関表による財貨サービスの利用先（販路構成）

平成23年静岡市産業連関表 （生産者価格：108部門表）	市内 生産額	産出(利用)先（100万円）			産出(利用)先構成比（％）		
		市内	国内 （移出）	海外 （輸出）	市内	国内 （移出）	海外 （輸出）
記号・算式	A	B＝A－ （C＋D）	C	D	B÷A	C÷A	D÷A
第一次産業	26,150	11,939	14,112	99	45.7	54.0	0.4
1　農林水産業	26,150	11,939	14,112	99	45.7	54.0	0.4
第二次産業	1,933,025	460,728	1,219,241	253,056	23.8	63.1	13.1
2　鉱業	7,396	672	6,232	491	9.1	84.3	6.6
3　製造業	1,568,901	103,327	1,213,009	252,565	6.6	77.3	16.1
4　建設	356,728	356,728	0	0	100.0	0.0	0.0
第三次産業	3,221,823	2,534,001	640,465	47,357	78.7	19.9	1.5
5　電力・ガス・熱供給	172,484	114,742	57,555	187	66.5	33.4	0.1
6　水道	26,685	26,632	0	53	99.8	0.0	0.2
7　廃棄物処理	14,176	9,927	4,237	12	70.0	29.9	0.1
8　商業	488,246	488,246	0	0	100.0	0.0	0.0
9　金融・保険	252,162	176,787	68,788	6,586	70.1	27.3	2.6
10　不動産	368,645	341,125	27,406	115	92.5	7.4	0.0
11　運輸・郵便	323,568	127,946	163,137	32,485	39.5	50.4	10.0
12　情報通信	319,559	117,333	200,632	1,594	36.7	62.8	0.5
13　公務	238,600	238,600	0	0	100.0	0.0	0.0
14　教育・研究	192,944	175,395	17,063	486	90.9	8.8	0.3
15　医療・福祉	300,152	264,709	35,442	1	88.2	11.8	0.0
16　その他の非営利団体サービス	37,781	32,618	5,005	158	86.3	13.2	0.4
17　対事業所サービス	282,285	234,081	45,019	3,186	82.9	15.9	1.1
18　対個人サービス	196,171	177,495	16,181	2,496	90.5	8.2	1.3
19　事務用品	8,364	8,364	0	0	100.0	0.0	0.0
20　分類不明	0	0	0	0	－	－	－
市内総生産	5,180,998	3,006,668	1,873,818	300,512	58.0	36.2	5.8

図18-2　静岡市と「全国」の地域間産業連関表のしくみ

投入＼産出			中間需要				最終需要				地域内生産額合計
			静岡市		「全国」		静岡市		「全国」		
			産業A	産業B	産業A	産業B	消費	投資	消費	投資	
中間投入	静岡市	産業A	静岡市から静岡市へ		静岡市から「全国」へ		静岡市から静岡市へ		静岡市から「全国」へ		静岡市内生産額
		産業B									
	「全国」	産業A	「全国」から静岡市へ		「全国」から「全国」へ		「全国」から静岡市へ		「全国」から「全国」へ		「全国」生産額
		産業B									
付加価値			静岡市の付加価値		「全国」の付加価値						
地域内生産額合計			静岡市内生産額		「全国」生産額						

て、建設をはじめ第三次産業の各産業部門の大部分は市内で使われている［市内市場依存型産業］です。人口減少はこの２つの経路で地域の産業に影響を与えますが、ある地域と全国の人口減少のスピードが異なれば、当然、各産業の生産への影響も異なってきます。

　次節では、市内と市外の２つの経路から受ける人口減少の影響を分析するために、静岡市と静岡市を除く全国（「全国」と表記しておきます）の経済取引を記述する２地域の産業連関表を連結した地域間産業連関表の作成方法を説明しましょう。もっと詳しい説明は、浅利一郎・土居英二（2016）『地域間産業連関表の理論と実際』（日本評論社）をご覧ください。

18.3　静岡市と「全国」の地域間産業連関表の作成

　図18-2に、静岡市と「全国」の２地域間産業連関表のしくみを掲げました。「全国」とかぎ括弧を付けている表欄の数値は、全国の産業連関表から静岡市の産業連関表を差し引いていることを意味しています。両地域とも産業A、産業Bの２部門のひな型ですが、部門数の大小（統合大分類、統合中分類、統合小分類）にかからわず、このしくみは、まったく変わりはありません。

　この図では、静岡市の移出と移入が無くなっています。移出先は「全国」の中間需要と最終需要の「静岡市から『全国』へ」という欄に記載されます。静岡市の移入も同じです。**表18-2**に作り方を示しました。

表18-2　地域間産業連関表の作成方法（ひな型）

[第1ステップ]●両表の項目を揃えておきます。不要な項目は省いても構いません（輸出入を略しています）

静岡市	産業A	産業B	消費	投資	域内需要	移出	移入	域内生産
産業A	20	50	10	20	100	10	−10	100
産業B	30	50	40	30	150	100	−50	200
付加価値	50	100						
域内生産	100	200						

「全国」（注）	産業A	産業B	消費	投資	域内需要	移出	移入	域内生産
産業A	40	100	20	40	200	10	−10	200
産業B	60	100	80	60	300	50	−100	250
付加価値	100	200						
域内生産	200	400						

●「全国表」に移出欄と移入欄を作成
●両表の移出欄と移入欄に符合を変えて入れます

[第2ステップ]●静岡市と「全国」の移入を各域内需要の構成比で按分した表を作成しておきます（M表）

静岡市	産業A	産業B	消費	投資	(計)
産業A	2	5	1	2	10
産業B	10.0	16.7	13.3	10.0	50

●按分比率の分母は域内需要の数字
●静岡市の移入を域内需要の項目の比率で按分します

「全国」	産業A	産業B	消費	投資	(計)
産業A	2	5	1	2	10
産業B	20	33.3	26.7	20	100

●「全国」の移入を域内需要の項目の比率で按分します

[第3ステップ]●静岡市と全国の地域間産業連関表の枠組みを作り、[M]表の数字を該当欄に入れます

産出／投入		静岡市 産業A	静岡市 産業B	全国 産業A	全国 産業B	静岡市 消費	静岡市 投資	全国 消費	全国 投資	域内生産
静岡市	産業A			2	5			1	2	100
	産業B			20	33.3			26.7	20	200
「全国」	産業A	2	5			1	2			200
	産業B	10	16.7			13.3	10			250
付加価値		50	100	100	200					
域内生産		100	200	200	400					

●空欄は第1ステップの原表の数字から第3ステップに入れた数字を差し引いて埋めます

[第4ステップ]●あとは投入係数、逆行列係数を通常の方法で求めていきます。輸入輸出は両地域とも通常の産業連関表通り扱います（輸入係数など）

(注)「全国」は静岡市を除く全国表を表しています。表内の数字も全国－静岡市で計算しておきます。

18.4　分析の流れ

　分析の全体の流れを図18-3に示しました。

　分析のポイントは、次の4点です。

①静岡市と「全国」で進む人口減少の影響を受け止めるために、静岡市－「全

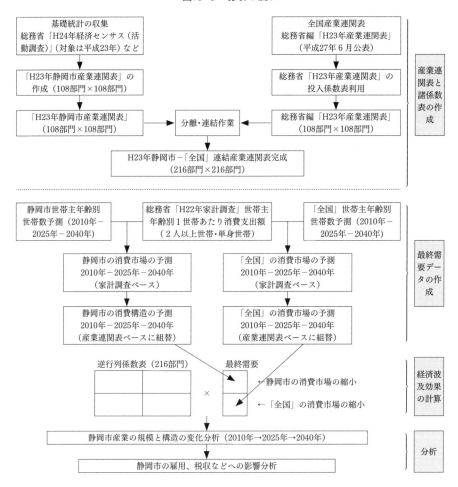

図18-3 分析の流れ

国」2地域間産業連関表を作成。

②最終需要は、静岡市と全国の少子高齢化、人口や世帯数の減少が、家計消費市場の規模や構造に与える変化とし、それに①から導出される2地域の**拡大逆行列係数表**を乗じて静岡市の産業へのマイナスの経済波及効果を計算。2040年の静岡市の産業の規模や構造がどのように変わるのかを分析。

③②をもとに、雇用市場や静岡市の税収に与える影響も分析。

④静岡市-「全国」2地域間産業連関表から導かれる逆行列係数表（216×216部

門）に乗じる最終需要は、タテ1列の上段（静岡市に対応する108部門）に静岡市の消費市場の縮小額（2010年から2040年）を、下段（「全国」に対応する108部門）に「全国」の消費市場の縮小額を配置。

18.5　最終需要データの作成

最終需要データの作成の流れは、以下の通りです。

静岡市と「全国」の消費市場の変化は、次の推計式により求めています。

消費市場＝世帯主の年齢別1世帯あたり月平均消費支出額（総務省統計局「平成22（2010）年家計調査年報」）×12カ月

　　　　　×世帯主の年齢別世帯数（2010年〜2040年）　　　　　(18.1)

　　　　※　世帯主年齢別世帯数は、国立社会保障・人口問題研究所の静岡市と全国の将来推計値に拠っています。（2035年までの推計なのでこれを延長して2040年を最終年としました。）

家計調査ベースの最終需要（静岡市の消費市場）の推移について計算した結果を次ページの**表18-3**に掲げました。平成22（2010）年の静岡市の消費市場の規模は約7,812億円ですが、2025年には約7,122億円（2010年比0.912）、2040年には約6,788億円（0.869）と規模を縮小していきます。費目別支出は、少子高齢化を反映して教育費の縮小幅が大きく医療関係は逆に小さくなっています。

「家計調査」の費目別消費支出から産業連関表の産業部門への最終需要データへの移行には、**表18-4**に掲げた対応表と配分率をもとに組み替えています。家計調査項目を産業連関表の部門と対応させる事例分析のケースは多いので、掲載しておきました（表18-4）。

最後に「家計調査」による消費支出は**購入者価格ベース**なので、これを産業連関表の**生産者価格ベース**に組み替えて最終需要としています。紙面の制約からこの価格変換表は省いていますが、本書［基礎編］第8章を参照してください。

なお家計調査は、産業連関表では含んでいる消費財の購入などが含まれていないことから次の調整をしています。

自家用車の購入：大型の耐久消費財への支出は産業連関表には計上されますが家計調査では計上されないため、次のように推計しました。乗用車購入額；平成23年静岡市産業連関表の民間消費支出額の乗用車購入額を2010年に計上。2010年

表18-3 静岡市の消費市場の将来推計（家計調査ベース、2010年～2025年～2040年）

静岡市の消費市場の将来推計（家計調査ベース）（2010年～2025年～2040年）	1世帯あたり1ヶ月消費支出額（円）			全世帯年間総消費支出（100万円）			総消費支出変化率（2010年＝1.000）		
	2010年	2025年	2040年	2010年	2025年	2040年	2010年	2025年	2040年
世帯数				278,644	274,142	246,352	1.000	0.984	0.884
消費支出	262,820	244,280	278,771	781,221	712,199	678,823	1.000	0.912	0.869
食料	58,427	54,069	62,408	174,976	159,235	152,666	1.000	0.910	0.872
住居	23,315	20,959	24,121	75,696	68,686	65,269	1.000	0.907	0.862
家具・家事用品	9,088	8,276	9,571	25,817	22,803	22,362	1.000	0.883	0.866
被服及び履物	10,670	10,055	11,382	31,592	28,640	26,914	1.000	0.907	0.852
保健医療	10,773	9,643	11,340	31,632	28,092	28,066	1.000	0.888	0.887
交通・通信	37,958	35,132	39,947	109,829	99,478	92,545	1.000	0.906	0.843
教育	9,806	10,575	11,164	23,603	22,598	19,523	1.000	0.957	0.827
教養娯楽	27,069	25,071	29,181	84,594	77,743	75,605	1.000	0.919	0.894
その他の消費支出	56,479	52,753	59,178	167,391	154,226	146,534	1.000	0.921	0.875

（出典）1世帯あたり1ヶ月消費支出額は、総務省統計局「平成22年家計調査年報」の世帯主年齢別1世帯あたり年間家計消費データ（2人以上世帯と単身世帯別）に静岡市の世帯主年齢別世帯数を乗じて推計しています。また、世帯主年齢別世帯数については、国立社会保障人口問題研究所の静岡市の推計値を用いています。
（注）本表はより詳細な費目別分類で作成したものを10大費目にまとめています。

の総消費額を1とした2025年、2040年の総消費額の比率を乗じて推計。

　帰属利子：産業連関表に計上されていることに準じ家計調査とは別に計上。

　その他の調整：民間非営利団体の消費を除きました、逆に産業連関表のデータから追加した項目もあり、総額は家計調査の総支出額より増えています。

　表18-5から、静岡市の消費市場は2010年から2040年の30年間に約1兆1,910億円（1.000）から約1兆308億円（0.866）へ減少、「全国」の消費市場は約204兆8,400億円（1.000）から169兆7,950億円（0.829）へと減少する計算となります。静岡市の産業は将来、主に第三次産業が静岡市の人口減少による消費市場の縮小から、また製造業は主に「全国」の消費市場の縮小から影響を受けると考えられます。

18.6　分析結果
─市内だけでなく全国の人口減少の影響も受ける産業─

　上記の最終需要（$\varDelta F$）に、静岡市と「全国」のそれぞれの自給率 $\left(I-\widehat{M}\right)$ を乗じた直接効果額 $\left(I-\widehat{M}\right)\varDelta F$ を静岡市－「全国」の地域間産業連関表の逆行列係

表18- 4 「家計調査」の費目別支出の産業連関表への組み替え（2010年：100万円）

家計調査ベース			静岡市 (100万円)	産業連関表への配分
消費支出			781,221	
	食料		174,976	
		穀類	15,433	食料品
		魚介類	13,724	1/8漁業+7/8食料品
		肉類	14,179	食料品
		乳卵類	8,188	食料品
		野菜・海藻	19,023	4/5耕種農業+1/5漁業
		果物	5,801	耕種農業
		油脂・調味料	7,587	食料品
		菓子類	13,064	食料品
		調理食品	21,928	食料品
		飲料	10,747	飲料
		酒類	8,015	飲料
		外食	37,288	飲食サービス(103)
	住居		75,696	
		家賃地代	58,012	住宅賃貸料(074)
		設備修繕・維持	17,684	建設補修(064)
	光熱・水道		56,092	
		電気代	24,775	電力(067)
		ガス代	15,551	ガス・熱供給(068)
		他の光熱	3,442	ガス・熱供給(068)
		上下水道料	12,325	水道(069)
	家具・家事用品		25,817	
		家庭用耐久財	8,850	1/10家具・装備品+9/10民生用電気機器
		室内装備・装飾品	1,738	家具・装備品(016)
		寝具類	1,628	衣服・その他の繊維既製品(014)
		家事雑貨	5,576	7/8化学最終製品＋1/8その他の窯業・土石製品
		家事用消耗品	5,817	1/3紙加工品+1/3プラスチック製品+1/3ゴム製品
		家事サービス	2,209	その他の対個人サービス(106)
	被服及び履物		31,592	
		和服	520	衣服・その他の繊維既製品(014)
		洋服	12,930	衣服・その他の繊維既製品(014)
		シャツ・セーター類	6,376	衣服・その他の繊維既製品(014)
		下着類	2,682	衣服・その他の繊維既製品(014)
		生地・糸類	361	繊維工業製品(013)
		他の被服	2,640	衣服・その他の繊維既製品(014)
		履物類	4,057	なめし革・毛皮・同製品(032)
		被服関連サービス	2,026	洗濯・理容・美容・浴場業(104)
	保健医療		31,632	
		医薬品	5,591	医薬品(026)
		健康保持用摂取品	2,833	飲料(010)
		保健医療用品・器具	6,418	1/2化学最終製品＋1/2その他の金属製品
		保健医療サービス	16,789	14/20医療+1/20保健+5/20社会保険
	交通・通信		109,829	
		交通	16,294	4/10鉄道輸送+5/10道路輸送+1/10航空輸送
		自動車等関係費	57,610	5/8石油製品+1/8金融・保険+2/8自動車整備・機械修理
		通信	35,925	29/30通信+1/30郵便・信書便
	教育		23,603	
		授業料等	18,667	教育(091)
		教科書・学習参考教材	422	印刷・製版・製本(019)
		補習教育	4,207	教育(091)
	教養娯楽		84,594	
		教養娯楽用耐久財	13,101	民生用電気機器(051)
		教養娯楽用品	16,456	4/5その他の製造工業製品+1/5民生用電気機器
		書籍・他の印刷物	10,950	印刷・製版・製本(019)
		教養娯楽サービス	44,087	6/10娯楽サービス+2/10宿泊+1/10放送+1/10情報サービス
	その他の消費支出		167,391	
		諸雑費	61,133	2/6たばこ(012)+3/6洗濯・理容・美容・浴場業+1/6対個人サービス
		こづかい（使途不明）	27,988	1/3食料品+1/3飲料+1/3飲食サービス
		交際費	62,693	1/2飲食サービス+1/2食料品
		仕送り金	15,577	教育(091)

表18-5 静岡市と「全国」の家計消費支出（最終需要）

| | △F最終需要（家計消費支出 産業連関表：生産者価格ベース） | | | | | |
| | 静岡市（単位：100万円） | | | 全国（10億円） | | |
	2010年	2025年	2040年	2010年	2025年	2040年
合計	1,190,985	1,086,937	1,030,840	204,840	197,539	169,795
変化率（2010年＝100）	100.0	91.3	86.6	100.0	96.4	82.9
第一次産業	16,851	15,174	14,939	3,273	3,184	2,819
変化率（2010年＝100）	100.0	90.0	88.7	100.0	97.3	86.1
第二次産業	249,831	225,510	217,300	46,614	44,780	39,027
変化率（2010年＝100）	100.0	90.3	87.0	100.0	96.1	83.7
第三次産業	924,303	846,253	798,601	154,952	149,575	127,950
変化率（2010年＝100）	100.0	91.6	86.4	100.0	96.5	82.6

（注）本表の最終需要は静岡市、「全国」とも108部門で計算したものを紙面の都合から縮小しています。

数に乗じて経済波及効果を計算します。計算は家計内生化モデル[1]によって行っています。2025年は略しますが、2040年の計算結果を**表18-6**に掲げました。

18.6.1 静岡市の生産活動への影響

静岡市の市内総生産は、2010年には約5兆1,810億円だったのが、2040年には約7,675億円（−14.8％）減少し約4兆4,135億円になります。

市内総生産の減少率を産業別にみると、2040年は第一次産業−30.0％、第二次産業−11.0％、第三次産業−17.0％となり、減少率では第一次産業＜第三次産業＜第二次産業の順で進行することが分かります。家計の消費支出に近い第一次産業、第三次産業の減少率が多く、消費財だけでなく商品の原材料や燃料、生産のための機械器具を含む製造業の減少率が相対的に小さくなっています。

表では省略していますが、少子高齢化といった人口構成の変化を反映して医療福祉産業では2025年の減少率が−1.6％、2040年が−2.3％と、他産業と比べて減少率が小さい産業があることも分かります。

各産業の生産減少が、静岡市内の消費市場の縮小によるものなのか、全国の消費市場の縮小によるものなのかを市内総生産額の減少率でみると、**表18-7**のようにまとめることができます。

2025年の第一次産業、第三次産業を除いて、静岡市の産業活動は市内の人口減

1）「補論1 家計内生化モデルによる拡大逆行列係数の作り方」を参照のこと。詳しくは本書［基礎編］第6章を参照してください。

表18- 6　人口減少が静岡市の産業経済に与える影響（2010年-2040年）

人口減少の静岡市の産業経済への影響(2010年～2040年)	静岡市と全国の人口減少による静岡市の産業経済への影響（2010年～2040年）							
	2010年	2040年（実数:100万円）				2040年（変化率:2010年＝1）		
	静岡市内生産額計(100万円)	静岡市の人口減少の影響	全国の人口減少の影響	静岡市と全国の人口減少の影響	静岡市内生産額計	静岡市の人口減少の影響	全国の人口減少の影響	静岡市と全国の人口減少の影響
記号	A	B	C	D＝B＋C	E＝A＋D	F	G	H＝F＋G
合計	5,180,998	− 252,425	− 515,122	− 767,546	4,413,451	− 0.049	− 0.099	− 0.148
第一次産業	26,150	− 1,792	− 6,044	− 7,836	18,315	− 0.069	− 0.231	− 0.300
01 農林水産業	26,150	− 1,792	− 6,044	− 7,836	18,315	− 0.069	− 0.231	− 0.300
第二次産業	1,933,025	− 28,772	− 184,590	− 213,362	1,719,663	− 0.015	− 0.095	− 0.110
06 鉱業	7,396	0	− 185	− 185	7,211	0.000	− 0.025	− 0.025
11 飲食料品	312,708	− 10,765	− 64,638	− 75,403	237,305	− 0.034	− 0.207	− 0.241
15 繊維製品	1,718	− 1,256	− 2,087	− 3,343	− 1,625	− 0.731	− 1.215	− 1.946
16 パルプ・紙・木製品	118,266	− 766	− 14,184	− 14,950	103,316	− 0.006	− 0.120	− 0.126
20 化学製品	192,198	− 1,102	− 15,532	− 16,634	175,564	− 0.006	− 0.081	− 0.087
21 石油・石炭製品	23,123	− 2,128	− 5,622	− 7,751	15,372	− 0.092	− 0.243	− 0.335
22 プラスチック・ゴム	48,527	− 680	− 5,391	− 6,071	42,456	− 0.014	− 0.111	− 0.125
25 窯業・土石製品	17,941	− 120	− 932	− 1,052	16,889	− 0.007	− 0.052	− 0.059
26 鉄鋼	19,238	3	− 685	− 682	18,556	0.000	− 0.036	− 0.035
27 非鉄金属	103,029	− 94	− 3,861	− 3,955	99,074	− 0.001	− 0.037	− 0.038
28 金属製品	46,262	− 214	− 4,140	− 4,354	41,907	− 0.005	− 0.089	− 0.094
29 はん用機械	101,819	− 18	− 1,627	− 1,645	100,174	0.000	− 0.016	− 0.016
30 生産用機械	67,603	− 36	− 540	− 576	67,027	− 0.001	− 0.008	− 0.009
31 業務用機械	4,438	− 69	− 187	− 257	4,181	− 0.016	− 0.042	− 0.058
32 電子部品	16,323	− 59	− 858	− 918	15,405	− 0.004	− 0.053	− 0.056
33 電気機械	366,533	− 1,237	− 45,386	− 46,623	319,910	− 0.003	− 0.124	− 0.127
34 情報・通信機器	16,086	− 1,386	− 2,545	− 3,930	12,155	− 0.086	− 0.158	− 0.244
35 輸送機械	76,284	− 1,793	− 6,215	− 8,007	68,277	− 0.023	− 0.081	− 0.105
39 その他の製造工業製品	36,806	− 578	− 3,811	− 4,389	32,417	− 0.016	− 0.104	− 0.119
41 建設	356,728	− 6,472	− 6,164	− 12,636	344,092	− 0.018	− 0.017	− 0.035
第三次産業	3,221,823	− 221,861	− 324,487	− 546,349	2,675,474	− 0.069	− 0.101	− 0.170
46 電力・ガス・熱供給	172,484	− 9,009	− 22,565	− 31,574	140,909	− 0.052	− 0.131	− 0.183
47 水道	26,685	− 3,308	− 2,653	− 5,961	20,724	− 0.124	− 0.099	− 0.223
48 廃棄物処理	14,176	− 499	− 1,227	− 1,726	12,450	− 0.035	− 0.087	− 0.122
51 商業	488,246	− 42,123	− 64,269	− 106,393	381,853	− 0.086	− 0.132	− 0.218
53 金融・保険	252,162	− 23,800	− 24,195	− 47,995	204,166	− 0.094	− 0.096	− 0.190
55 不動産	368,645	− 62,713	− 38,384	− 101,098	267,548	− 0.170	− 0.104	− 0.274
57 運輸・郵便	316,185	− 9,936	− 51,536	− 61,472	254,713	− 0.031	− 0.163	− 0.194
59 情報通信	326,942	− 9,619	− 33,543	− 43,162	283,780	− 0.029	− 0.103	− 0.132
61 公務	238,600	− 1,186	− 606	− 1,792	236,808	− 0.005	− 0.003	− 0.008
63 教育・研究	192,944	− 10,137	− 11,619	− 21,756	171,188	− 0.053	− 0.060	− 0.113
64 医療・福祉	300,152	− 6,756	− 7,730	− 14,486	285,666	− 0.023	− 0.026	− 0.048
65 その他の非営利団体サービス	37,781	− 4,588	− 3,554	− 8,142	29,639	− 0.121	− 0.094	− 0.216
66 対事業所サービス	282,285	− 11,767	− 27,280	− 39,047	243,238	− 0.042	− 0.097	− 0.138
67 対個人サービス	196,171	− 26,042	− 34,593	− 60,635	135,536	− 0.133	− 0.176	− 0.309
68 事務用品	8,364	− 370	− 722	− 1,093	7,271	− 0.044	− 0.086	− 0.131
69 分類不明	0	− 6	− 10	− 16	− 16	−	−	−

表18-7 静岡市の人口減少と「全国」の人口減少の静岡市への影響

	2025年		2040年	
	静岡市内の人口減少	「全国」の人口減少	静岡市内の人口減少	「全国」の人口減少
第一次産業	−4.5%	−4.5%	−6.9%	−23.1%
第二次産業	−1.0%	−2.0%	−1.5%	−9.5%
第三次産業	−4.2%	−2.1%	−6.9%	−10.1%

表18-8 人口減少が静岡市の就業者数に与える影響（2010年-2025年-2040年）

静岡市	2010年	2025年	内訳			2040年	内訳		
			2010年=1.000	市内消費減少分	全国消費減少分		2010年=1.000	市内消費減少分	全国消費減少分
人口（人）	716,197	639,327	−0.107			558,931	−0.220		
合計（人）	353,532	333,969				292,952			
減少数（人）		−19,564	−0.055	−10,841	−8,723	−60,580	−0.171	−17,507	−43,073
2010年=100			0.945	−0.031	−0.025		0.829	−0.050	−0.122
第一次産業	13,036	−1,162	−0.089	−568	−594	−3,963	−0.304	−863	−3,101
第二次産業	99,694	−2,690	−0.027	−1,153	−1,536	−9,108	−0.091	−1,668	−7,440
第三次産業	240,802	−15,711	−0.065	−9,116	−6,588	−47,504	−0.197	−14,970	−32,524

少よりも全国の人口減少の影響をより強く受けることが分かります。

18.6.2 静岡市の労働市場への影響

表18-8は、生産活動の縮小に伴って市内で働く就業者数がどのような影響を受けるかをみたものです。

2010年に353,532人だった就業者数は、2040年には60,580人（−17.1%）減少して292,952人という値を示しています。この就業者数は、生産活動に伴う労働市場において労働力の供給力ではなく、労働力の需要を意味していると解釈することができます。これは平成23（2011）年静岡市産業連関表の産業別生産額と就業者数との対比から計算された雇用係数を用いていますので、2040年までの約30年間には、技術革新などの影響を受けて労働力の需要に変化があることを想定していません。したがって就業者数の予測値は、あくまで現在の生産技術に大きな変化がないということを前提にしていることに留意してください。

人口減少数が、2010年に対して2025年は10.7%減、2040年には22.0%減と予測される筆者の静岡市の将来推計人口[2]に比べると、本章の就業者数減少率の方が2025年、2040年とも小さくなっています。労働力供給率が人口減少率と比例すれ

ば、将来、労働力不足が大きくなるかもしれません。

参考文献

1．（財）とうほう地域総合研究所（2018）「産業連関分析による2030年の県内経済予測〜人口減少と少子高齢化による消費支出減少の見地から〜」『福島の進路』2018年10月

2．（一社）政策科学研究所（2018）『賀茂地域の将来に向けた産業連関詳細分析 業務委託報告書』（www.pref.shizuoka.jp/soumu/so-430a/shinminami/sangyourenkan.html）

3．静岡市（2016）『人口減少による経済波及効果等分析等業務結果報告書』

4．森秀人（2015）「個人消費の2020年問題」㈱京都総合経済研究所『京都総研 BUSINESS REPORT』2015年5月号

5．米川誠（2013）「人口減少時代における経済波及効果計測の意義」（大和総研コンサルティングレポート）2013年3月6日

2）国立社会保障・人口問題研究所の平成20年12月市区町村推計値によります。ただし2035年までの推計値ですので、2040年を筆者が独自に推計しています。

第19章

移住者1人あたり経済効果の原単位推計
―静岡市の例―

19.1 事例解説

　人口減少が地域内の消費市場を縮小させ、それが就業機会を縮小させて、さらに人口減少を加速する負のスパイラルが進行しています。人口減少対策の目標である出生率増加と移住・定住促進（以下、移住と略称します）は、全国各地の喫緊の戦略的課題となっています。

　本章では、静岡市を事例に、移住促進のさまざまな施策によって、移住者が1人増加した場合、静岡市内に及ぼす経済効果（生産誘発効果、雇用効果、税収効果・定住人口効果）を分析しています。移住者は、二人以上の世帯と単身世帯について年齢別に効果を算出しています。

　分析結果は、全国各地で行われているさまざまな移住促進策の効果を予測し、検証する上で欠かせない基礎データになると思われます。

19.2 理論モデル

　分析に用いた経済波及効果分析の理論モデルは、静岡市－「全国」家計内生化地域間産業連関分析モデルです。家計内生化モデルについては、本書第4章（図4-2　家計内生化モデルの拡大逆行列係数と列和の作成）で簡単な事例で説明していますので参照してください[1]。また地域間産業連関モデルについては、第18章

　1）あわせて家計内生モデルについての説明は本書の「補論1」を、またより詳しい説明は本書［基礎編］第6章を参照してください。

（表18-2　地域間産業連関表の作成方法）で説明しています[2]。産業連関表データは平成23年静岡市-「全国」地域間産業連関表です。理論式は次の通りです。

$$\begin{bmatrix} \Delta X \\ \Delta V \end{bmatrix} = \begin{bmatrix} I - TA & -Tc \\ -v & I \end{bmatrix}^{-1} \begin{bmatrix} T\Delta Fd + \Delta E \\ 0 \end{bmatrix}$$

記号：ΔX：生産誘発額　ΔV：粗付加価値誘発額　I：拡大単位行列

T：地域交易係数行列　A：拡大投入係数行列　ΔFd：域内最終需要

ΔE：輸出　v：雇用係数行列　c：消費係数行列

19.3　推計プロセスと最終需要

　移住者1人あたり（二人以上世帯は1世帯あたり）の静岡市内への年間経済効果は、図19-1の手順で推計しています。単身者についても基本的に同じ手順を用いましたが詳細は略します。

　総務省統計局「家計調査」の費目を産業連関表（統合中分類108部門）の部門へ組み替える表19-2は、家計に関する波及効果の各種の分析で必要となると思います。家計の費目の詳細な内訳が必要な場合には、品目別に産業連関表に対応させています。参考にしてください。

19.4　分析結果─移住者増加による経済波及効果─

　年齢別世帯類型（二人以上世帯・単独世帯）別の移住者1人あたりの生産誘発効果、雇用効果、税収効果は、表19-1のとおりです。

　この表は静岡市の移住者1人あたりの経済効果の原単位表です。移住を促進するオフィスを首都圏へ出している自治体も多いと思いますが、その効果は、静岡市の例のようにこの原単位表を作成しておけば、原単位の数値に実現した移住者数をかけるだけで施策の効果の検証データを得ることができます。

　例えば、30〜39歳の夫婦が新たに5組移住して来た場合、生産誘発効果は

2）地域間産業連関表については、本書第18章の表18-2及び「補論3」、浅利一郎・土居英二（2016）『地域間産業連関分析モデルの理論と実際』日本評論社を参照してください。

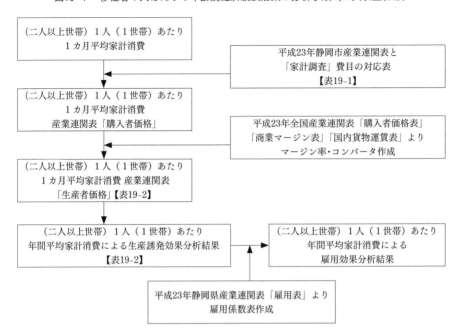

図19-1　移住者1人あたりの年齢別経済波及効果の分析手順（二人以上世帯）

表19-1　移住者1人あたりの経済効果原単位表（静岡市、平成26年）

移住・定住者の年齢	単位	～24歳	25～29	30～39	40～49	50～59	60～69	70歳～
二人以上世帯（人員）	（人）	3.17	3.19	3.68	3.71	3.28	2.76	2.45
1　生産誘発効果	（千円）	3,041	4,129	4,418	5,203	5,197	4,671	4,184
2　雇用効果	（人）	0.219	0.307	0.341	0.417	0.419	0.368	0.329
3　税収効果	（千円）	31	86	173	253	328	382	268
個人住民税	（千円）	23	73	127	185	250	289	159
その他の税	（千円）	8	13	46	68	78	93	109

移住・定住者の年齢	単位	～34歳	35～59歳	60歳以上
単独世帯（人員）	（人）	1	1	1
1　生産誘発効果	（千円）	2,595	2,836	2,212
2　雇用効果	（人）	0.190	0.209	0.173

（注1）二人以上世帯と単独世帯の年齢区分は「家計調査」では表のような区分となっています。
（注2）二人以上の世帯の60～69歳の税収には、退職金への税を含んでいます。

表19-2　家計調査の費目の産業連関表への部門配分

用途分類（「家計調査」）	「家計調査」→産業連関表（部門）への配分
消費支出	
1　食料	下記記載以外「009食料品」
1.1　穀類	
1.1.1　米	
1.1.2　パン	
1.1.3　めん類	
1.1.4　他の穀類	
1.2　魚介類	
1.2.1　生鮮魚介	「005漁業」
1.2.2　塩干魚介	
1.2.3　魚肉練製品	
1.2.4　他の魚介加工品	
1.3　肉類	
1.3.1　生鮮肉	
1.3.2　加工肉	
1.4　乳卵類	
1.4.1　牛乳	
1.4.2　乳製品	
1.4.3　卵	
1.5　野菜・海藻	
1.5.1　生鮮野菜	「001耕種農業」
1.5.2　乾物・海藻	
1.5.3　大豆加工品	
1.5.4　他の野菜・海藻加工品	
1.6　果物	
1.6.1　生鮮果物	「001耕種農業」
1.6.2　果物加工品	
1.7　油脂・調味料	
1.7.1　油脂	
1.7.2　調味料	
1.8　菓子類	
1.9　調理食品	
1.9.1　主食的調理食品	
1.9.2　他の調理食品	
1.10　飲料	「010飲料」
1.10.1　茶類	
1.10.2　コーヒー・ココア	
1.10.3　他の飲料	
1.11　酒類	「010飲料」
1.12　外食	「103飲食サービス」
1.12.1　一般外食	
1.12.2　学校給食	
2　住居	
2.1　家賃地代	「074住宅賃貸料」

表19-2　家計調査の費目の産業連関表への部門配分（続き）

用途分類（「家計調査」）	「家計調査」→産業連関表（部門）への配分
2.2　設備修繕・維持	「064建設補修」
2.2.1　設備材料	
2.2.2　工事その他のサービス	
3　光熱・水道	
3.1　電気代	「067電力」
3.2　ガス代	「068ガス・熱供給」
3.3　他の光熱	「068ガス・熱供給」
3.4　上下水道料	「069水道」
4　家具・家事用品	
4.1　家庭用耐久財	
4.1.1　家事用耐久財	【以下詳細品目消費額の構成比で按分】
家事用耐久財	22,854　1.000　「051民生用電気機器」
電子レンジ	1,307　0.057　〃
炊事用電気器具	3,505　0.153　〃
炊事用ガス器具	876　0.038　「060その他の製造工業品」
電気冷蔵庫	6,543　0.286　「051民生用電気機器」
電気掃除機	3,268　0.143　〃
電気洗濯機	5,226　0.229　〃
ミシン	382　0.017　「060その他の製造工業品」
他の家事用耐久財	1,746　0.076　〃
4.1.2　冷暖房用器具	「051民生用電気機器」
4.1.3　一般家具	「016家具・装備品」
4.2　室内装備・装飾品	「016家具・装備品」
4.3　寝具類	「014衣服・その他の繊維既製品」
4.4　家事雑貨	【以下詳細品目消費額の構成比で按分】
家事雑貨	9159　1.000
茶わん・皿・鉢	1478　0.1614　「035陶磁器」
他の食卓用品	2970　0.3243　「033ガラス・ガラス製品」1/2 「030プラスティック製品」1/2
なべ・やかん	1974　0.2155　「044その他の金属製品」
他の台所用品	2737　0.2988　「060その他の製造工業品」
4.5　家事用消耗品	【以下詳細品目消費額の構成比で按分】
家事用消耗品	31,544　1.000
ポリ袋・ラップ	3,408　0.108　「027化学最終製品」
ティッシュペーパー	2,178　0.069　「018紙加工品」
トイレットペーパー	3,393　0.108　〃
台所・住居用洗剤	2,754　0.087　「027化学最終製品」
洗濯用洗剤	4,458　0.141　〃
殺虫・防虫剤	2,491　0.079　〃
他の家事用消耗品	12,862　0.408　〃
4.6　家事サービス	「106その他の対個人サービス」
5　被服及び履物	下記記載以外「014衣服・その他の繊維既製品」
5.1　和服	
5.2　洋服	

表19- 2　家計調査の費目の産業連関表への部門配分（続き）

用途分類（「家計調査」）	「家計調査」→産業連関表（部門）への配分
5.2.1　男子用洋服	
5.2.2　婦人用洋服	
5.2.3　子供用洋服	
5.3　シャツ・セーター類	
5.3.1　男子用シャツ・セーター類	
5.3.2　婦人用シャツ・セーター類	
5.3.3　子供用シャツ・セーター類	
5.4　下着類	
5.4.1　男子用下着類	
5.4.2　婦人用下着類	
5.4.3　子供用下着類	
5.5　生地・糸類	
5.6　他の被服	
5.7　履物類	「032なめし革・毛皮・同製品」
5.8　被服関連サービス	「104洗濯・理容・美容・浴場業」
6　保健医療	
6.1　医薬品	「026医薬品」
6.2　健康保持用摂取品	「010飲料」
6.3　保健医療用品・器具	【以下詳細品目消費額の構成比で按分】
保健医療用品・器具	27354　1.000
紙おむつ	3526　0.1289　「018紙加工品」
保健用消耗品	7598　0.2778　「014衣服・その他の繊維既製品」
眼鏡	6785　0.248　「061その他の製造工業品」
コンタクトレンズ	3603　0.1317　「030プラスチック製品」
他の保健医療用品・器具	5842　0.2136　「061その他の製造工業品」
6.4　保健医療サービス	「093医療」
7　交通・通信	
7.1　交通	【以下詳細品目消費額の構成比で按分】
交通	66,238　1.000
鉄道運賃	22,780　0.344　「076鉄道輸送」
鉄道通学定期代	3,811　0.058　〃
鉄道通勤定期代	11,174　0.169　〃
バス代	3,690　0.056　「075道路輸送」
バス通学定期代	904　0.014　〃
バス通勤定期代	1,146　0.017　〃
タクシー代	5,356　0.081　〃
航空運賃	6,523　0.098　「080航空輸送」
有料道路料	9,786　0.148　「083運輸附帯サービス」
他の交通	1,068　0.016　〃
7.2　自動車等関係費	
7.2.1　自動車等購入	「056乗用車」
7.2.2　自転車購入	「060その他の輸送機械・同修理」
7.2.3　自動車等維持	【以下詳細品目消費額の構成比で按分】
自動車等維持	198,055　1.000

表19-2　家計調査の費目の産業連関表への部門配分（続き）

用途分類（『家計調査』）		「家計調査」→産業連関表（部門）への配分		
	ガソリン	75,553	0.3815	「028石油製品」
	自動車等部品	14,168	0.0715	「058自動車部品・同修理品」
	自動車等関連用品	11,878	0.06	〃
	自動車整備費	20,055	0.1013	「100自動車整備・機械修理」
	自動車以外の輸送機器整備費	711	0.0036	〃
	年極・月極駐車場借料	17,784	0.0898	「083運輸附帯サービス」
	他の駐車場借料	3,045	0.0154	〃
	レンタカー料金	1,502	0.0076	「098物品賃貸サービス」
	他の自動車等関連サービス	8,320	0.042	「083運輸附帯サービス」
	自動車保険料（自賠責）	8,524	0.043	「072金融・保険」
	自動車保険料（任意）	36,161	0.1826	〃
	自動車保険料以外の輸送機器保険料	354	0.0018	〃
7.3　通信		「085通信」		
8　教育				
8.1　授業料等		「091教育」		
8.2　教科書・学習参考教材		「019印刷・製版・製本」		
8.3　補習教育		「091教育」		
9　教養娯楽				
9.1　教養娯楽用耐久財		【以下詳細品目消費額の構成比で按分】		
	教養娯楽用耐久財	25,417	1.000	
	テレビ	5,008	0.197	「051民生用電気機器」
	携帯型音楽・映像用機器	281	0.0111	〃
	ビデオデッキ	1,147	0.0451	〃
	パーソナルコンピュータ	10,204	0.4015	「055電子計算機・同附属装置」
	カメラ	1,374	0.0541	「061その他の製造工業品」
	ビデオカメラ	562	0.0221	〃
	楽器	1,732	0.0681	〃
	書斎・学習用机・いす	1,104	0.0434	「016家具・装備品」
	他の教養娯楽用耐久財	2,700	0.1062	「061その他の製造工業品」
	教養娯楽用耐久財修理代	1,305	0.0513	「016家具・装備品」
9.2　教養娯楽用品		【以下詳細品目消費額の構成比で按分】		
	教養娯楽用品	103,713	1.000	
	文房具	6,634	0.064	「061その他の製造工業品」
	筆記・絵画用具	1,227	0.012	〃
	ノート・紙製品	2,851	0.027	「018紙加工品」
	他の学習用消耗品	561	0.005	「019印刷・製版・製本」
	他の学習用文房具	1,205	0.012	「061その他の製造工業品」
	他の文房具	789	0.008	〃
	運動用具類	15,660	0.151	〃
	ゴルフ用具	1,211	0.012	〃
	他の運動用具	3,029	0.029	〃
	スポーツ用品	11,420	0.110	〃
	テレビゲーム機	964	0.009	「051民生用電気機器」
	ゲームソフト等	1,667	0.016	「061その他の製造工業品」

表19-2　家計調査の費目の産業連関表への部門配分（続き）

用途分類（「家計調査」）	「家計調査」→産業連関表（部門）への配分		
他のがん具	4,924	0.047	〃
音楽・映像用未使用メディア	887	0.009	〃
音楽・映像収録済メディア	2,567	0.025	〃
切り花	9,707	0.094	「001耕種農業」
ペットフード	6,745	0.065	「061その他の製造工業品」
動物病院代	6,491	0.063	「106その他の対個人サービス」
他の愛がん動物・同用品	6,399	0.062	「061その他の製造工業品」
園芸品・同用品	8,630	0.083	
			「001耕種農業」1/3
			「020化学肥料」1/3
			「035陶磁器」1/3
手芸・工芸材料	843	0.008	「061その他の製造工業品」
電池	1,692	0.016	「051民生用電気機器」
他の教養娯楽用品	7,468	0.072	「061その他の製造工業品」
教養娯楽用品修理代	142	0.001	「105娯楽サービス」
9.3　書籍・他の印刷物	「061その他の製造工業品」		
9.4　教養娯楽サービス	「105娯楽サービス」		
9.4.1　宿泊料	「102宿泊業」		
9.4.2　パック旅行費	〃		
9.4.3　月謝類	「106その他の対個人サービス」		
9.4.4　他の教養娯楽サービス	「105娯楽サービス」		
他の教養娯楽サービス	101,042	1.000	
放送受信料	26,805	0.2653	「086放送」
NHK放送受信料	13,842	0.137	〃
ケーブルテレビ受信料	11,062	0.1095	〃
他の受信料	1,901	0.0188	〃
入場・観覧・ゲーム代	32,642	0.3231	「105娯楽サービス」
映画・演劇等入場料	6,596	0.0653	〃
スポーツ観覧料	712	0.007	〃
ゴルフプレー料金	8,378	0.0829	〃
スポーツクラブ使用料	4,394	0.0435	〃
他のスポーツ施設使用料	2,371	0.0235	〃
文化施設入場料	2,150	0.0213	〃
遊園地入場・乗物代	2,868	0.0284	〃
他の入場・ゲーム代	5,173	0.0512	〃
諸会費	4,494	0.0445	〃
現像焼付代	3,846	0.0381	〃
教養娯楽賃借料	1,275	0.0126	〃
インターネット接続料	24,268	0.2402	「085通信」
他の教養娯楽サービスのその他	7,712	0.0763	「105娯楽サービス」
10　その他の消費支出			
10.1　諸雑費			
10.1.1　理美容サービス	「104洗濯・理容・美容・浴場業」		
10.1.2　理美容用品	「027化学最終製品」		

表19-2　家計調査の費目の産業連関表への部門配分（続き）

用途分類（「家計調査」）	「家計調査」→産業連関表（部門）への配分		
10.1.3　身の回り用品			
身の回り用品	24,740	1.000	
傘	930	0.038	「061その他の製造工業品」
かばん類	11,198	0.453	「032なめし革・毛皮・同製品」
ハンドバッグ	6,204	0.251	〃
通学用かばん	1,228	0.05	〃
旅行用かばん	888	0.036	〃
他のバッグ	2,878	0.116	〃
10.1.4　たばこ	「012たばこ」		
10.1.5　他の諸雑費			
他の諸雑費	165,525	1.000	
信仰・祭祀費	15,362	0.0928	「097その他の非営利団体サービス」
祭具・墓石	4,266	0.0258	〃
婚礼関係費	6,012	0.0363	〃
葬儀関係費	21,417	0.1294	〃
他の冠婚葬祭費	2,635	0.0159	〃
非貯蓄型保険料	89,096	0.5383	「72金融・保険」
寄付金	2,745	0.0166	「097その他の非営利団体サービス」
保育所費用	7,318	0.0442	「095社会保険・社会福祉」
介護サービス	5,923	0.0358	「096介護」
他の諸雑費のその他	10,751	0.065	「097その他の非営利団体サービス」
10.2　こづかい（使途不明）	【下記5項目で配分－配分比は仮定】		
	「009食料品」1/8		
	「010飲料」1/8		
	「019印刷・製版・製本」1/4		
	「103飲食サービス」1/4		
	「105娯楽サービス」1/4		
10.3　交際費			
10.3.1　食料	「009食料品」1/2		
	「010飲料」1/2		
10.3.2　家具・家事用品	「106家具・装備品」1/2		
	「027化学最終製品」1/2		
10.3.3　被服及び履物	「014衣服・その他の繊維既製品」		
10.3.4　教養娯楽	「105娯楽サービス」		
10.3.5　他の物品サービス	「098物品賃貸サービス」		
10.3.6　贈与金	※除外		
10.3.7　他の交際費	「103飲食サービス」		
10.4　仕送り金	※除外		

441.8万円×5（組）＝2,209万円、雇用効果は0.341（人）×5（組）＝1.7人、税収効果は17.3万円×5（組）＝86.5万円と計算することができます。

　地域産業連関表が地方創生事業にも役立つ事例として参考にしてください。

参考文献

1．内閣官房まち・ひと・しごと創生本部事務局（2017）「生涯活躍のまち推進に関する調査・分析等（事例作成・経済効果等分析）効果分析・自治体財政影響分析」

2．谷垣雅之・加藤真也（2016）「移住者誘致による地域経済効果に関する考察：徳島県神山町サテライトオフィスプロジェクトを事例として」Discussion Paper New Series. 2016(7), pp.1-9

3．森田学・鴨志田武史（2009）「数値でみる『ふるさと回帰』の効果」価値総合研究所『Best Value』vol.22, 2009.6

4．山梨市・山梨市定住促進プロジェクト（2007）『山梨市定住促進事業に係る経済波及効果試算結果』

5．草津市・草津未来研究所（2017）「草津市における経済構造分析と経済波及効果分析に関する調査研究報告書」

6．自治体における「移住による経済波及効果」の試算として、北海道、青森県、秋田県、岩手県、茨城県、和歌山県、徳島県などの分析事例があります。

第20章

人口ビジョン達成に必要な
観光誘客数の推計

―下田市の例―

20.1　事例解説

　2014年に政府の重要施策として打ち出された**地方創生**政策は、人口減少が進む地方の市町村が、2060年または2040年[1]を目途として実現する**地方人口ビジョン**の策定と、それを達成するための**地方総合戦略**の立案を施策の柱の一つとしています。各地で人口減少対策のさまざまな取り組みが実施されていますが、人口減少の流れを食い止めることは容易ではありません。

　本章では、静岡県の伊豆半島南部の中心的な存在である下田市（**図20-1**）を例に、下田市が策定した人口ビジョンを達成するために必要な、観光誘客の目標値を算定した分析例[2]の紹介をしています。

　観光産業は下田市の基幹産業ですが、観光客の増加は、関連産業の生産誘発と雇用の増加をもたらし、新たに雇用される就業者とその家族を含む定住人口の増加につながります。では、逆に考えて、人口ビジョンに盛り込まれた人口目標を

1）内閣府地方創生推進室「地方人口ビジョン策定のための手引き」（平成27年1月）では、「国の長期ビジョンの期間（平成72（2060）年）を基本とするが、国立社会保障・人口問題研究所の推計期間である平成52（2040）年を目途とするなど、地方の実情に応じて期間を設定することも差支えない」としている。5年間の第Ⅰ期計画期間（2015年～2019年）を踏まえ、人口ビジョンの見直しを2020年度から始まる第Ⅱ期の計画に反映させることとされています。

2）静岡県賀茂振興局（現：賀茂地域局）『平成29年度　賀茂地域の将来に向けた産業連関詳細分析業務報告書』（受託者：（一社）政策科学研究所：代表理事　土居英二）。本章は筆者が章末に掲げたHPに公開されている報告書の第2章を研究資料として転載したものです（一部略）。

図20-1　静岡県の伊豆半島の下田市の位置

下田市

実現するためには、どれくらいの観光客の増加が必要になるのでしょうか。この問いに地域産業連関表を用いて答を出した例が、上述の賀茂地域局の調査です。

【静岡県下田市】

人口：21,492人　世帯数：10,691世帯（平成31年4月住民基本台帳）

　　　他の地域と同様に少子高齢化が進む市。65歳以上人口の比率は38.6％（平成27年国勢調査）と4割近くになっています（**表20-1**）。

歴史：幕末の嘉永7（1854）年に結ばれた日米和親条約で函館と下田の開港が決まり、ペリー領事が滞在しました。江戸幕府が鎖国政策を転換した開港ゆかりの地。吉田松陰が下田港に停泊している黒船に乗って渡米を企てて失敗したことでも知られています。

産業：産業別就業者数では、魚介類の水揚げに従事する漁業、それらを加工する食品製造業、干物など土産品を扱う卸売小売業、宿泊・飲食

表20-1　静岡県下田市の年齢３区分別人口構成—平成27年国勢調査—

	実数			構成比		
	下田市	静岡県	全国	下田市	静岡県	全国
単位	人	千人	千人			
総数	22,916	3,700	127,095	100.0%	100.0%	100.0%
０～14歳	2,234	478	15,887	9.7%	12.9%	12.5%
15～64歳	11,658	2,175	76,289	50.9%	58.8%	60.0%
65歳以上	8,848	1,021	33,465	38.6%	27.6%	26.3%
年齢不詳	176	26	1,454	0.8%	0.7%	1.1%

20.2　理論モデル

使った産業連関表は、伊豆半島の南半分に位置する賀茂地域の１市５町（下田市、東伊豆町、河津町、南伊豆町、松崎町、西伊豆町）と、賀茂地域を除く伊豆半島の市町、伊豆半島を除く「静岡県」、静岡県を除く「全国」のあわせて９地域の地域間産業連関表です。用いた理論モデルは次の通りです。

$$\begin{bmatrix} \Delta X \\ \Delta V \end{bmatrix} = \begin{bmatrix} I - TA & -Tc \\ -v & I \end{bmatrix}^{-1} \begin{bmatrix} T\Delta Fd + \Delta E \\ 0 \end{bmatrix}$$

記号：ΔX：生産誘発額　ΔV：粗付加価値誘発額　I：拡大単位行列
　　　T：地域交易係数行列　A：拡大投入係数行列　ΔFd：域内最終需要
　　　ΔE：輸出　v：雇用係数行列　c：消費係数行列
※浅利一郎・土居英二（2016）『地域間産業連関分析の理論と実際』日本評論社、第４章、pp.59-67を参照してください。

地域交易係数行列 T は、設定した９地域の108部門ごとの財貨・サービスの「移出」額の移出先地域別の構成比です。ある地域の財貨・サービスの移出額にこの移出先の構成比をかけると、移出先地域への移出額と同時に、各地域からみると移入元の地域別にみた移入額を知ることができます。この地域交易係数行列

表20-2　下田市の宿泊施設の品目別仕入先調査結果

(%)

仕入れ先／主な仕入品	賀茂地域1市5町						小計	賀茂地域以外			合計
	東伊豆町	河津町	下田市	南伊豆町	松崎町	西伊豆町		伊豆地域	静岡県	県外	
1. 食材(農産物)	1.7	0.0	90.2	0.5	0.0	0.0	92.3	2.7	4.0	1.0	100.0
2. 食材(魚介類)	3.3	0.8	86.6	3.2	0.0	0.0	94.0	2.8	1.7	1.5	100.0
3. 食材(肉卵類)	2.5	0.0	66.2	0.3	0.0	0.0	69.0	15.8	13.5	1.8	100.0
4. その他食材	0.0	0.1	73.4	0.6	0.0	0.3	74.4	12.7	4.9	8.0	100.0
5. 土産品	3.6	0.0	77.1	0.9	0.0	0.0	81.6	12.1	3.2	3.2	100.0
6. リネンサプライ	0.8	2.5	65.5	0.0	0.0	0.0	68.8	21.5	5.0	4.7	100.0
7. 燃料	2.2	1.5	88.9	0.0	0.0	0.0	92.6	3.5	1.2	2.7	100.0
8. 消耗品	1.5	0.4	79.1	0.0	0.0	0.0	81.1	7.2	3.3	8.5	100.0

T のデータは、一般社団法人伊豆半島創造研究所（略称：伊豆創研）による「賀茂地域の将来像策定のための経済基礎調査」[3]の市町間経済取引のサーベイデータをもとにしています。サーベイデータを得ることができなかった財貨・サービスの移出先構成比データは次のように**重力モデル**[4]により計算しています。

　生産財の場合は、移出先と移出元の2地域間の産業連関表の市内生産額と地域間の距離（km）を変数とした**財貨サービス重力モデル**を、消費財の場合は、両地域の人口と地域間の距離（km）の変数による**人口重力モデル**を、生産にも消費にも用いられる財貨・サービスは両モデルを合わせた**混合モデル**の3つの重力理論モデルを利用して算出しています。**表20-2**では下田市の宿泊施設の調査結果の一部を掲載しています。どの産業部門にどの重力モデルを適用したかは第13章で説明していますので参照して下さい。

　下田市の「宿泊サービス部門」の移入額と品目別にみた移入元の地域構成比から、対応するそれぞれの地域の品目別の移出額と構成比を求めることができます。地域間交易係数行列は、こうした108部門ごとにみた地域間の移出入という

3）伊豆創研が静岡県賀茂振興局（現：賀茂地域局）から受託した「平成28年度賀茂地域の将来像策定業務」による。下田商工会議所、伊豆創研などの協力を得て筆者が調査を担当しました。

4）地域間の経済取引の大きさを、物質を相互に引きつける引力に似た相互の経済変数（GDPや人口など）を分子に（正比例の関係）、地域間の距離（またはその二乗）を分母に（反比例の関係）持ってきた数式により説明しようとする経済学の交易を分析する理論モデル。物理学の重力理論モデルと同じ考え方によるところからその名称を用いています。

図20-2　人口ビジョンを実現する観光誘客の目標値の求め方

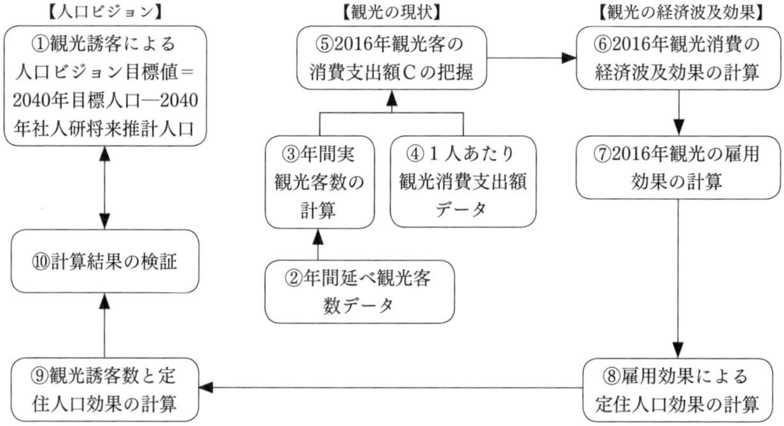

【人口ビジョン】
①観光誘客による
人口ビジョン目標値＝
2040年目標人口—2040
年社人研将来推計人口

【観光の現状】
⑤2016年観光客の
消費支出額Cの把握

③年間実
観光客数の
計算

④1人あたり
観光消費支出額
データ

②年間延べ観光客
数データ

【観光の経済波及効果】
⑥2016年観光消費の
経済波及効果の計算

⑦2016年観光の雇用
効果の計算

⑩計算結果の検証

⑨観光誘客数と定
住人口効果の計算

⑧雇用効果による
定住人口効果の計算

地域間経済取引の姿を明示していることから、地域間の経済波及効果を計算する上で欠かせないデータとなっています。交易係数の推計方法は、本書第13章「富士山静岡空港の地域経済波及効果」でも重力モデルを含めて説明しています。

　この地域間交易係数行列を作成するための調査票を参考文献のあとに掲げておきます。

20.3　分析の手順と最終需要

　分析の手順と流れを**図20-2**に掲げました。番号に沿って説明しましょう。

20.3.1　観光誘客による人口ビジョン実現の目標値

　下田市が策定した2040年の人口ビジョン目標値（16,058人）から、国立社会保障・人口問題研究所による2040年の下田市の将来推計人口（14,863人）を差し引いた人数（1,195人）を観光誘客による人口ビジョン実現の目標値としました。

　これは、40数年間人口減少が続き、2040年には今より約30％減少するとした将来推計人口に対し、減少を約25％に抑えた人口ビジョンを観光誘客数の増加による波及効果で実現しようとするものです。

表20-3　実人数での観光客数の求め方

		項目	出典・算式	単位	下田市
宿泊客数 （実数）の 推計	A	宿泊客数（延べ数）	観光交流客数調査	人	962,106
	B	平均宿泊日数	アンケート調査	泊	1.39
	C	宿泊者数（実数）	A÷B	人	692,163
	D	宿泊者県内比率	アンケート調査	％	7.8
	E	宿泊者数（県内）	C×D	人	53,989
	F	宿泊者数（県外）	C−E	人	638,174
日帰り客数 （実数）の 推計	G	観光レクリエーション客数（延べ数）	観光交流客数調査	人	1,947,471
	H	宿泊客平均立寄施設数	アンケート調査	ケ所	2.5
	I	宿泊客立寄施設数（延べ数）	C×H	人	1,730,406
	J	日帰り客数（延べ数）	G−I	人	217,065
	K	日帰り客平均立寄施設数	アンケート調査	ケ所	1.9
	L	日帰り客数（実数）	J÷K	人	114,244
	M	日帰り客県内客比率	アンケート調査	％	57.6
	N	日帰り客（実数・県内）	L×M	人	65,805
	O	日帰り客（実数・県外）	L−N	人	48,440

（出典）宿泊客数（実数）、日帰り客数（実数）の求め方については、静岡県観光政策課「平成28年度静岡県における観光の流動実態と満足度調査」21p。これに基づいて筆者が下田市の実観光客数を推計しています。宿泊客数（延べ数）、観光リクリエーション客数（延べ数）は、静岡県観光政策課「平成28年静岡県観光交流の動向」、B、D、H、Kは、出典欄の数字です。

20.3.2　実人数による観光客数の推計

　観光客数でよく使われている統計は、一般に**観光入込客統計**と言われる統計です。これは２泊した人を２人とカウントする宿泊客数と、３カ所の観光施設を訪れた人を３人とカウントする観光レクリエーション客数の合計数で示されています。いずれも「延べ」人数であり「実」人数ではありません。

　観光の経済波及効果を求めるためには、観光客数を延べ人数ではなく実人数に変換する作業が必要です（図20-2の②→③）。この作業をしなければ、経済波及効果の起点となる最終需要額、経済波及効果は何倍も違ってきます。

　延べ観光客数を実人数に変換する手続きを**表20-3**に掲げました。宿泊客の実人数を把握するためには、宿泊客にはアンケート調査の平均宿泊日数（同B行）や、宿泊客が訪れた平均立ち寄り施設数を尋ねたデータ（同H行）の利用が求められます。日帰り客の実人数を求めるためには、平均立ち寄り施設数のデータ（同K行）も必要となります。

　静岡県では、宿泊客数や観光レクリエーション客の延べ人数は、静岡県観光政策課「静岡県観光交流の動向」の調査結果から、また実人数を把握するために必要となるデータと実人数への変換方法は、同じく観光政策課「静岡県における観

表20-4　観光客の年間消費額（平成28年度、静岡県下田市）

| | 1人あたり消費支出額　（円） | | | | 年間観光消費額　（100万円） | | | | | |
| | 日帰り客 | | 宿泊客 | | 日帰り客 | | 宿泊客 | | 合計 | 合計（市内分） |
	県内客	県外客	県内客	県外客	県内客	県外客	県内客	県外客		
計	3,014	7,990	22,694	30,931	198	387	1,225	19,739	17,399	15,036
交通費	626	2,592	3,025	6,709	41	126	163	4,282	461	461
宿泊費	－	－	11,979	14,419	－	－	647	9,202	9,849	9,849
飲食費	919	1,871	3,566	4,815	60	91	193	3,073	3,416	2,278
土産物・買い物代	1,098	3,101	2,990	3,509	72	150	161	2,239	2,623	1,749
入場料・施設利用料	327	402	965	1,295	22	19	52	826	920	613
その他	44	24	169	184	3	1	9	117	131	87
人数（人）					65,805	48,440	53,989	638,174	806,407	806,407
合計（人）					114,244		692,163		806,407	806,407

（出典）1人あたり消費額は、静岡県文化・観光部観光交流局観光政策課「平成28年度静岡県における観光の流動実態と満足度調査結果報告書」平成29年3月

（注）合計（市内）は市外での消費を考慮し、交通費は左の合計欄の1/10、宿泊費は10/10、その他の市内分を2/3と仮定しています。

光の流動実態と満足度調査」から入手することができます。

　平成28年度の下田市の宿泊客数は、延べ宿泊客数96万2,106人に対して実宿泊客数は69万2,163人に、日帰り客は194万7,471人に対して11万4,244人と推計されます。夏の海水浴の季節の下田市内の混雑を考えると、日帰り客数が少ない印象を持ちますが、本章の計算ではこの値を用いて波及効果を計算しています。

20.3.3　観光客の消費支出額

　図20-2の③と④から⑤観光客の消費支出額は(20.1)式で推計します。

　　　　観光客の消費支出額＝1人あたり観光消費額×年間実観光客数　　（20.1）

　この推計に関するデータを表20-4に掲げました、平成28年度に下田市を訪れた観光客80万6,407人が市内で消費する直接効果は、150億3,600万円にのぼります。

20.3.4　観光消費の経済波及効果

　観光客の消費を最終需要として産業連関表の産業部門へ配分する上で、次の仮定を置いています。（　）内は108部門の部門名です。

　【交通費】自家用車の市内走行燃料分（石油製品）1/3、伊豆急行市内走行料（鉄道輸送）1/3、バス・タクシー運賃（道路輸送）1/3。【宿泊費】（宿泊サービス）：

表20-5　観光消費による経済効果　(静岡県下田市、平成28年度)

(単位:100万円)

経済波及効果	1. 最終需要増	21,550
	2. 直接効果	15,036
	3. 間接効果	9,367
	4. 総効果	24,403
その他の経済効果	5. 雇用効果	1,805
	6. 所得効果	8,813
	6.1 雇用者所得	6,639
	6.2 営業余剰	2,174
	7. 市税増収効果	401
	8. 定住人口効果	3,308

表20-6　人口ビジョンを達成する観光誘客目標値

下田市		現状・目標	観光誘客等増加目標数	伸び率	2040年推計値
記号・算式		A	B	B/A	C=A+B
観光客数(実人数)	日帰り(平成28年度・人)	114,244	41,270	36.1%	2,269,281
	宿泊(平成28年度・人)	692,163	250,041	36.1%	1,121,090
	合計(平成28年度・人)	806,407	291,311	36.1%	3,390,371
経済波及効果	観光客の消費(100万円)	15,036	5,432	36.1%	40,169
	経済波及効果(100万円)	24,403	8,816	36.1%	55,483
	雇用効果(人)	1,805	652	36.1%	4,599
	定住人口効果(人)	3,308	1,195	36.1%	8,427
人口ビジョン(人)	人口数(2015年国勢調査)	22,916			16,058
	社人研予測(2040年)	14,863			14,863
	人口ビジョン目標値(2040年)	16,058			16,058
	社人研予測値と人口ビジョン目標値との差(人)	1,195	0		人口ビジョン実現

(注)定住人口効果は、雇用効果(人)に平均移住世帯員数1.832人を乗じて求めている。

全額を市内分として計上。【飲食費】(飲食サービス)と【土産物・買い物代】(食料品)の2/3を市内分として計上。【入場料・施設利用料】市内分2/3をさらに下田市営の社会教育施設(教育)に1/2、民間レジャー施設(娯楽サービス)に1/2を計上。【その他】2/3を(対個人サービス)に計上。

　こうして配分した観光消費額を購入者価格から生産者価格へ変換して生産誘発効果を計算した結果が**表20-5**です。生産誘発効果に伴う雇用効果、税収効果、定住人口効果も掲げています。観光消費の市内生産誘発効果244億300万円による雇用効果は1,805人、これに平均移住世帯員数1.8324人(総務省統計局「国勢調査」静岡県)を乗じた定住人口効果は3,308人となります。

賀茂地域の将来像策定のための経済基礎調査　宿泊施設用

調査主体：静岡県賀茂振興局
調査実施：(一社)伊豆半島創造研究所（下田商工会議所内）

この調査は、静岡県賀茂振興局（主体事業者）が、賀茂地域の意見を聞いて圏域の将来像をとりまとめていくために、伊豆半島創造研究所（実施者：伊豆半島各地の30代〜40代の有志で構成。代表理事は田中豊下田商工会議所会頭）に委託して、賀茂地域内外の経済取引の実態を把握することを目的に実施しています。ご多忙のところ誠に恐縮ですが、どうかご協力をお願いいたします。

問い合わせ先
電話:0558-36-4086
FAX:0558-36-4087

設問1　貴事業所について教えて下さい。
(1) 事業所の所在地（あてはまる市町の番号に○を付けて下さい）

1.東伊豆町	2.河津町	3.下田市	4.南伊豆町	5.松崎町	6.西伊豆町

(2) 事業所の従業者数（年間平均、派遣・パート・アルバイトを含む）　（　　　）人

設問2　経済を支える「人の交流」について
(1) あなた（回答者）の出身地、現在の仕事の場所、自宅について（あてはまる欄に○を）

	東伊豆町	河津町	下田市	南伊豆町	松崎町	西伊豆町	伊豆地域	静岡県	県外海外
出身地									
仕事場									
自宅									

(2) 従業員のみなさんの居住地について、およその人数の地域別割合を（　　　）割とお答え下さい

東伊豆町	河津町	下田市	南伊豆町	松崎町	西伊豆町	伊豆地域	静岡県	県外	合計
									10割

設問3　モノとお金の交流−顧客の居住地の割合
(1) 顧客の居住地をお尋ねします。
　　・顧客の居住地別割合は売上合計を10割として「割」で顧客の地域別の割合をお答え下さい。
　　・宿泊以外の結婚式、食事会などの会合の利用についても考慮して下さい。

【回答】売上に占める顧客の居住地別割合をご記入下さい。

賀茂地区（1市5町）							賀茂地区以外			合計
東伊豆町	河津町	下田市	南伊豆町	松崎町	西伊豆町	伊豆地域	静岡県	全国	海外	
										10割

設問4　モノとお金の交流−仕入先の地域別割合について
　　・項目別に、仕入額合計を10割として、仕入先別の仕入額の割合を「割」でお答え下さい。
　　・仕入れ先は、商品などを生産している地域（不明なら取扱い事業所の地域）をご記入下さい。
　　・ある事業者から、まとめて納品される場合は、最初に割合を記入し、「〃」をご記入下さい。

【回答】仕入れ品別にみた仕入先業者の所在地別の割合

仕入れ先 主な仕入品	賀茂地域（市・町名を省略）						賀茂地域以外			合計
	東伊豆	河津	下田	南伊豆	松崎	西伊豆	伊豆	静岡県	県外	
1.食材(農産物)										10割
2.食材(魚介類)										10割
3.食材(肉卵類)										10割
4.その他食材										10割
5.土産品										10割
6.リネンサプライ										10割
7.燃料										10割
8.消耗品										10割

設問は以上です。ご協力ありがとうございました

20.4　分析結果—人口ビジョン達成に必要な観光誘客数の推計—

　この結果をもとに現状の観光客数と定住人口効果の比率から逆算して定住人口効果が人口ビジョンを達成する目標値1,195人（前述）となる観光客数を求めると、表20-6のように現状（平成28年度）の36.1％増となる29万1,311人の新たな誘客という数字が解答になります。

　人口ビジョンを実現する観光誘客の目標値の計算で重要な考え方は、「現状の観光客数による直接効果→生産誘発効果→雇用効果→定住人口効果」が、すべて前後に**線形関係**（比例関係）を持っていて次の比例式が成り立つということです。

　現状の観光客数（80万6,407人）：現状の観光による定住人口効果（3,308人）
　＝観光誘客数（x人）：人口ビジョンを達成する定住人口効果（1,195人）

　この比例式から、下田市の人口ビジョンを達成するために求められている新たな観光誘客数（x人）の29万1,311人が得られるのです。

　本章では経済波及効果の計算過程の説明を省いています。その理由は本章のテーマの解答を得るために必要な分析方法とこの比例関係の存在を強調したかったからです。省いた経済波及効果の計算手続きについては、他の章を参照してください。

参考文献

1．静岡県賀茂振興局（現：賀茂地域局）（2018）『平成29年度賀茂地域の将来に向けた産業連関詳細分析業務委託報告書』及び「賀茂地域を中心とした9地域間産業連関表」、「賀茂地域を中心とした9地域間連結産業連関表による経済波及効果分析シート」などを下記URLからダウンロードすることができます。（https://www.pref.shizuoka.jp/soumu/so-430a/shinminamiizuttop.html）

【コラム1】 自ら作る市町村産業連関表—長野県白馬村と静岡県藤枝市の例

●地域産業連関表作成と利用のあゆみ

　都道府県や市町村などの地域産業連関表の作成と利用の足取りを振り返ってみると、いくつかの段階を経ていることに気づきます。

　平成7（1995）年表で、全国47都道府県の産業連関表が初めて出そろいました。それまでは産業連関表が作成・公表されていない県もあり、地域産業連関表の利用も、東京の大手シンクタンクに依頼するケースが大多数でした。利用例も今日に比べると多くはありません。これが第Ⅰ期です。より多くの人に地域産業連関表を利用してもらいたいという思いを込めた本書の第1版（1996年刊）は、このような背景から生まれました。

　平成7年表から平成17年表にかけて、地域産業連関表の利用は、大学や地域のシンクタンクなどに広がり、利用事例も拡大した時期でした。地域産業連関表のあゆみの第Ⅱ期といっていいでしょう。

　平成23年表から平成27年表にかけて注目すべきことは、地域産業連関表の作成と利用が、市町村のレベルにまで広がりをみせようとしていることです。第Ⅲ期の始まりです。このコラムでは、その例として、長野県白馬村の地域ぐるみの産業連関表の作成と、静岡県藤枝市の平成23年表への取り組みを紹介します。

●長野県白馬村の産業連関表づくり

　長野県白馬村には開拓者の名をもつ「ヴィクトワール・シュヴァルブラン村男Ⅲ世」というキャラクターがいます。次ページのポスターはその「村男Ⅲ世」が人間ドックを受診する、という健康診断のすすめです。ただ、健康診断といっても住民ではなく、白馬村そのものを対象とした経済の健康診断です。

　つまり、村全体でお金がどのように回っているか、収入や販売がどのように地域内を循環しているかを調べる人間ドックを「村男Ⅲ世」が受診しました。「みなさんも自分の村の健康診断にぜひ協力してください」、と訴えるためのポスターなのです。キャッチフレーズも含め、このポスターを作成したのはプロジェクトメンバーである白馬村職員の有志達でした。このポスターには「村のみんなの協力のもとに、みんなの役に立つ産業連関表を、役場のみんなと作ろう」という

白馬村職員の決意表明がこめられていたのです。

●高校生も参加―村ぐるみで作る白馬村産業連関表

　白馬村産業連関表の完成までには、いろいろ乗り越えなければならない関門があり、精緻な産業連関表を作ろうとすればするほど関門も増えていきます。県の産業連関表、経済センサスや他の統計は基礎となる重要なデータですが、財貨サービスの国内他地域や海外との取引を記述する移出入や輸出入は、独自の調査を

実施するしかありません。白馬村では、スキーシーズンになるとオーストラリアなど海外からの来客も多いからです。海外客への売上は「輸出」となります。

そこで、宿泊業の多い地域特性を踏まえて約700の事業所（宿泊業、飲食店、建設業、索道業、その他業種）への郵送・面談調査を実施しました。外国人経営者には英文の調査票を別途作成しました。面談調査は、白馬村職員有志、長野県観光機構のほか、白馬高校の国際観光学科の生徒や白馬商工会の協力も得て進められ、総勢約20人が関わりました。大方は協力的で、特に面談担当が観光学科の高校生の場合は、調査項目のほか観光に携わる心構えまで教えてもらえて勉強になったとのことでした。また、多くのメンバーにとっては、実際に白馬村の経済を担っている経営者と顔を突き合わせて白馬の将来を語ることができ、ときには厳しい言葉もいただきながら一緒に知恵を絞る機会となりました。

実際の産業連関表の作成は、白馬村の全体像を分析する RESAS チーム、統計分析チーム、実際の取引構造を把握するサーベイチームの3チームで分担しました。プロジェクトリーダーの藤本元太副村長（現総務省）と10人の有志職員、白馬村商工会、連携メンバーの長野県観光機構、地域経営プラチナ研究所、長野経済研究所をはじめとするアドバイザー[1]のご指導の数々…こうした人智を一点に集めるようにして、白馬村産業連関表取引基本表を完成することができました。

●産業連関表から見えてくる地域課題

出来上がった取引基本表に作成過程の情報を重ね合わせるといろいろな政策課題が見えてきます。ホテル誘致の経済効果（建設効果、外国人等の消費効果）を地元事業者にどう還元していくか、地元食材の地産地消を促進するための農業政策は？　景観整備、案内標識等の基盤整備の経済効果は？…などです。

今回の作業で得られた最も大きな成果は、「何もしなくてもお客さんが来てくれる村」から、「世界の中でお客様に選ばれる村」をどのように創るのか、もしダメなら戦後間もないころの寒村に逆戻りするかもしれないという強い危機意識を役場職員、観光事業者、住民が共有したことではないでしょうか。真の地方創生には、しっかりとした「データ」とそれに基づく「対話」の積み重ねが不可欠です。そうした合意のもとで地域の再評価とプライドが形成されるのです。産業

1）編著者の一人（土居）もアドバイザーの一人として参加しました。

連関表作成は地域に豊かな恵みの果実をもたらしてくれるに違いありません。

（素稿提供　長野県観光機構エグゼクティブプロデューサー：平尾勇氏）

●静岡県藤枝市の職員による平成23年藤枝市産業連関表作成と利用

　静岡県藤枝市では、市の若手職員８名による平成23年藤枝市産業連関表（統合小分類190部門）の作成と後述する市の政策課題への利用が行われました。全庁あげての取り組みで、藤枝市と静岡産業大学総合研究所（大坪檀所長）との連携事業として、同研究所の谷和美特任教授のコーディネートにより平成28年度に職員の研修事業として実施されました。

　隔週で１回、午後の勤務時間を割いて市の職員が静岡産業大学で研究会を持ち、講師（土居英二）による講義や演習を半年間行いました。演習では、藤枝市産業連関表の作成と分析システムの構築、職員が関心をもつ政策課題への応用です。

　市の職員が取り上げた政策課題は、企業誘致の経済及効果、藤枝市の特産であるお茶産業の地域経済効果、産業政策課「産業祭」の経済効果、保育園の地域経済効果、「ふじえだまちゼミ」の経済効果、道路整備の経済効果、移住人口の地域経済効果です。産業連関表を自ら作り自ら利用する…地域産業連関表が命を吹き込まれ、本来の使命を果たそうとしています。

第21章

海外進出日系企業が進出国と国内へ
与える経済的影響

―日中地域間国際産業連関表を通じて―

21.1　事例解説

　中国は80年代改革開放以後、急速な経済成長を遂げてきました。この経済成長
の要因としては、海外から大量の直接投資と技術が導入されたことが挙げられま
す。日系企業の海外進出先としては中国が最多であり、かつ進出先は沿海部を中
心にしていることから、中国経済の中でも沿海部の成長に多大な貢献をしてきた
と考えられます。一方で、**日系企業の海外進出**は、日本各地の地域経済の空洞化
を招くという意見も多く見られてきました。では、日系企業の中国での活動は日
中両国の地域経済にどのような効果をもたらしているのでしょうか？　このよう
な効果を地域産業連関分析によって検証してみようというのが本章の内容です。

　本章では、北京における日系企業と中国各地域および日本の各地域との関係を
分析するために作成した日系企業を分離した日中地域間国際産業連関表（居城・
馮（2017）作成）を用いています。この表は、アジア経済研究所が作成した
『2000年日中地域間アジア国際産業連関表』をベースに日本と中国部分について
より詳細な地域分割を行った日中地域間国際産業連関表（居城・兪（2016）作成）
の北京部分を日系企業と非日系企業部分に分離した表になっています。

21.2　日系企業分析用地域間国際産業連関表

　北京部分を日系企業と非日系企業に分離した日中地域間国際産業連関表（以下
日系企業分析用地域間国際産業連関表）は、日本においては北海道、東北、関東（内
訳は、東京、神奈川、千葉、埼玉、茨城、栃木、群馬、新潟、長野、山梨、静岡の１都10

図21-1　日系企業分析用地域間国際産業連関表の形式

		中間需要							最終需要							その他輸出	生産額
		北京日系	北京非日系	その他中国	東京	神奈川	静岡	その他日本	北京日系	北京非日系	その他中国	東京	神奈川	静岡	その他日本		
中間投入	北京日系																
	北京非日系																
	その他中国																
	東京																
	神奈川																
	静岡																
	その他日本																
その他輸入																	
付加価値																	
生産額																	

県)、中部、近畿、中国、四国、九州の計18地域、中国においては遼寧省から北京、上海、広東などを含む計30地域を含み、お互いの国と地域同士の取引だけでなく国を超えた地域同士の取引を分析できる表です。つまり静岡と東京や神奈川などの関係だけでなく、静岡と上海、静岡と北京の日系企業との関係がどのようになっているかを分析することができます[1]。**図21-1**が本章で用いる日系企業分析用地域間国際産業連関表の形式です。北京の日系企業部門と非日系企業部門が分離され各地域の取引関係が国際間も含めて明示されているのがわかると思います。

　紙面の制約から数値が表示されていませんが、北京の日系企業と非日系企業の生産額は、日系企業が約40億 US ドルで非日系企業が約1,480億 US ドルとなっており、日系企業の生産額は北京市全体の生産額の約3％になっています[2]。

　続いて、北京の産業構造を日系企業と非日系企業別に**図21-2**で見てみましょう。図21-2は、北京の日系企業と非日系企業の部門別の生産額の構成割合を示

1）日系企業分析用地域間国際産業連関表の作成方法は、章末の参考文献3居城・馮（2017）を参照してください。この表は2002年をベースにした表で最近の年次とは異なりますので、結果の解釈は一定の注意が必要です。

2）北京の日系企業の北京市全体の生産額に占める割合が3％というのを大きいと見るか小さいと見るかは解釈が分かれると思いますが、北京には中国企業はもちろんのこと、韓国企業、アメリカ企業、ドイツ企業、フランス企業など多くの国の企業が進出していますから、3％という数値はあながち小さいと言えないと思います。

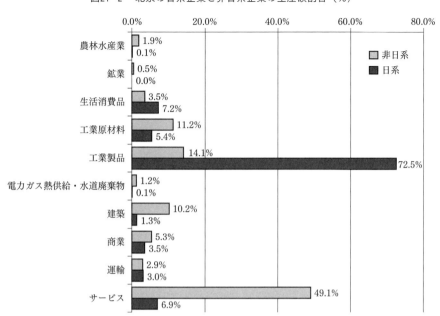

図21-2　北京の日系企業と非日系企業の生産額割合（％）

（図中凡例）
□ 非日系
■ 日系

（各項目の数値）
農林水産業　非日系 1.9%　日系 0.1%
鉱業　非日系 0.5%　日系 0.0%
生活消費品　非日系 3.5%　日系 7.2%
工業原材料　非日系 11.2%　日系 5.4%
工業製品　非日系 14.1%　日系 72.5%
電力ガス熱供給・水道廃棄物　非日系 1.2%　日系 0.1%
建築　非日系 10.2%　日系 1.3%
商業　非日系 5.3%　日系 3.5%
運輸　非日系 2.9%　日系 3.0%
サービス　非日系 49.1%　日系 6.9%

しています。北京は中国の行政・文化・教育等の中心都市ですから非日系企業ではサービス業の割合が大きく、一方の日系企業は工業製品部門が圧倒的に大きな割合となっており全く異なる産業構造を持っていることがわかります。

　さらに北京市日系企業部門の中国・日本との調達（投入）・販売（産出）の関係を見てみましょう[3]。

　図21-3と**図21-4**の北京日系企業の調達額をみると、中国国内では広東が圧倒的に大きく、天津、江蘇の順で、日本の関東では神奈川、東京、静岡の順です。部門別には工業製品部門からの調達がいずれも多くの割合を占めています。

　一方で、**図21-5**と**図21-6**の北京日系企業の販売額をみると、中国国内では広東や天津だけでなく近隣の河北あるいは西南地方にも多く販売しており、部門別

3）図21-3、図21-4、図21-5、図21-6の販売・調達額では、北京市内の数値が非常に大きいため、北京の非日系企業の数値を表示していません。また、日本との関係では例えば販売額では関東（43.2%）、近畿（31.4%）、中部（13.1%）が上位であったため、関東地域を細分化した1都10県に着目して表示しています。

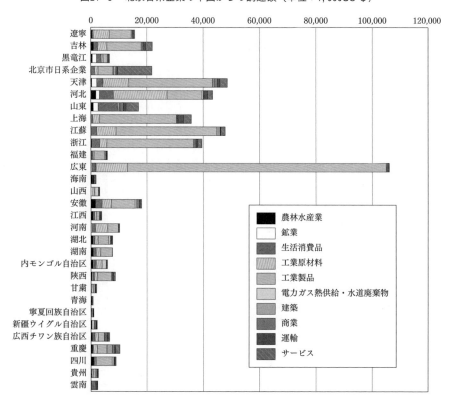

図21-3 北京日系企業の中国からの調達額（単位：1,000US＄）

凡例：
- 農林水産業
- 鉱業
- 生活消費品
- 工業原材料
- 工業製品
- 電力ガス熱供給・水道廃棄物
- 建築
- 商業
- 運輸
- サービス

には工業製品だけでなくサービス業の販売も大きくなっています。日本の関東に対しても群馬や栃木、東京といった地域へ商業の販売額が大きくなっており、調達額とは特徴が異なります。

　また、調達額と販売額の総額を比較すると、図21-4と図21-6の縦軸をみるとわかるように、日本からの調達額が販売額を大きく上回っています。つまり、以上の結果から北京日系企業は日本の静岡などから工業製品を調達（輸入）し、生産等を行った後、中国の現地で販売をしているということが予想されます。

21.3　理論モデル

　まず、図21-7の簡略型日系企業分析用地域間国際産業連関表を用いて本章で

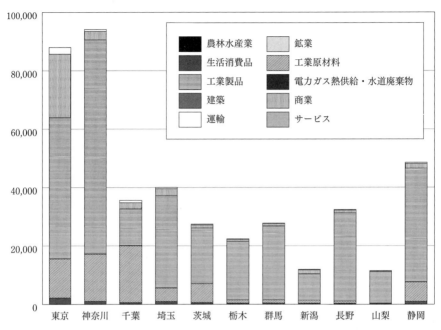

図21-4　北京日系企業の日本からの調達額（単位：1000US＄）

用いる産業連関モデルを説明します。地域1：北京日系、地域2：北京非日系、地域3：静岡という内生地域、W 地域という外生地域を持つ3地域の**地域間産業連関モデル**を考えると下の(21.1)式のようになります。

$$\begin{bmatrix} \boldsymbol{x}^1 \\ \boldsymbol{x}^2 \\ \boldsymbol{x}^3 \end{bmatrix} = \begin{bmatrix} A^{11} & A^{12} & A^{13} \\ A^{21} & A^{22} & A^{23} \\ A^{31} & A^{32} & A^{33} \end{bmatrix} \begin{bmatrix} \boldsymbol{x}^1 \\ \boldsymbol{x}^2 \\ \boldsymbol{x}^3 \end{bmatrix} + \begin{bmatrix} F^{11}+F^{12}+F^{13}+E^{1W} \\ F^{21}+F^{22}+F^{23}+E^{2W} \\ F^{31}+F^{32}+F^{33}+E^{3W} \end{bmatrix} \qquad (21.1)$$

記号：$\boldsymbol{x}^i$：i 地域の地域内生産額　A^{ij}：$(n \times n)$ の投入係数行列　$i=j$ の場合は地域内の中間財投入係数行列　$i \neq j$ の場合は i 地域から j 地域への移入中間財投入係数行列　F^{ij}：i 地域財に関する j 地域の最終需要　E^{iW}：外生地域への輸出　I：単位行列

(21.1)式を展開すると次の(21.2)式となります。

$$\begin{bmatrix} \boldsymbol{x}^1 \\ \boldsymbol{x}^2 \\ \boldsymbol{x}^3 \end{bmatrix} = \begin{bmatrix} I - \begin{bmatrix} A^{11} & A^{12} & A^{13} \\ A^{21} & A^{22} & A^{23} \\ A^{31} & A^{32} & A^{33} \end{bmatrix} \end{bmatrix}^{-1} + \begin{bmatrix} F^{11}+F^{21}+F^{13}+E^{1W} \\ F^{21}+F^{22}+F^{23}+E^{2W} \\ F^{31}+F^{32}+F^{33}+E^{3W} \end{bmatrix} \qquad (21.2)$$

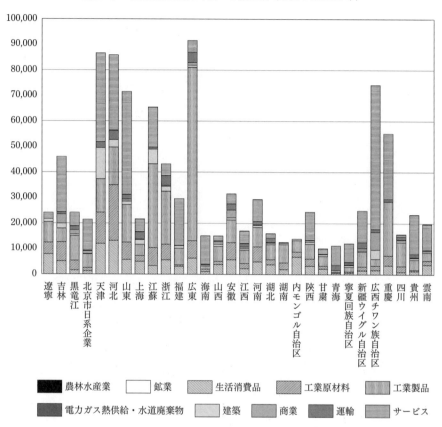

図21- 5　北京日系企業の中国への販売額（単位：1000US＄）

凡例：農林水産業　鉱業　生活消費品　工業原材料　工業製品　電力ガス熱供給・水道廃棄物　建築　商業　運輸　サービス

横軸：遼寧　吉林　黒竜江　北京市日系企業　天津　河北　山東　上海　江蘇　浙江　福建　広東　海南　山西　安徽　江西　河南　湖北　湖南　内モンゴル自治区　陝西　甘粛　青海　寧夏回族自治区　新疆ウイグル自治区　広西チワン族自治区　重慶　四川　貴州　雲南

　(21.2)式の最終需要を地域１、地域２、地域３という内生地域と外生地域 W に分割すると、次の(21.3)式で表わすことができ、各地域の需要による誘発構造を分析することができます。

$$
L = \begin{bmatrix} B^{11} & B^{12} & B^{13} \\ B^{21} & B^{22} & B^{23} \\ B^{31} & B^{32} & B^{33} \end{bmatrix} \begin{bmatrix} F^{11} & F^{12} & F^{13} & E^{1W} \\ F^{21} & F^{22} & F^{23} & E^{2W} \\ F^{31} & F^{32} & F^{33} & E^{3W} \end{bmatrix} = \begin{bmatrix} L^{11} & L^{12} & L^{13} & L^{1W} \\ L^{21} & L^{22} & L^{23} & L^{2W} \\ L^{31} & L^{32} & L^{33} & L^{3W} \end{bmatrix} \quad (21.3)
$$

　L^{11} は、地域１の需要によって地域２で誘発される額を示し、L^{21}、L^{31} は同様に地域１の需要によってそれぞれ地域２、地域３で誘発される額を示します。また、L^{12}、L^{13} はそれぞれ地域２、地域３の需要によって地域１で誘発される額を示し、L^{1W} は、W 地域すなわち外生地域である他国の需要によって地域１で W

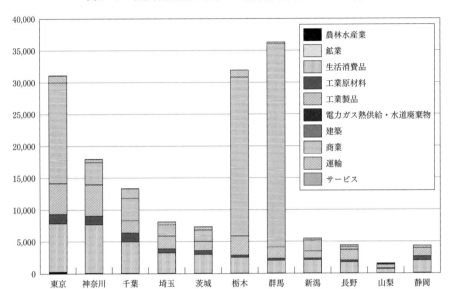

図21-6　北京日系企業の日本への販売額（単位：1000US＄）

凡例：
- 農林水産業
- 鉱業
- 生活消費品
- 工業原材料
- 工業製品
- 電力ガス熱供給・水道廃棄物
- 建築
- 商業
- 運輸
- サービス

（横軸）東京　神奈川　千葉　埼玉　茨城　栃木　群馬　新潟　長野　山梨　静岡

図21-7　日系企業分析用地域間国際産業連関表（簡略型）

	中間需要			最終需要			他輸出	生産額
	北京日系	北京非日系	静岡	北京日系	北京非日系	静岡		
北京日系	Z^{11}	Z^{12}	Z^{12}	F^{11}	F^{12}	F^{12}	E^{1W}	X^1
北京非日系	Z^{21}	Z^{22}	Z^{12}	F^{21}	F^{22}	F^{22}	E^{2W}	X^2
静岡	Z^{31}	Z^{32}	Z^{12}	F^{31}	F^{32}	F^{12}	E^{3W}	X^3
他輸入	Z^{W1}	Z^{W2}	Z^{12}	F^{W1}	F^{W2}	F^{12}		
付加価値	V^1	V^2	V^3					
生産額	X^1	X^2	X^3					

地域への輸出需要として誘発される額を示します。

　本章において、北京の日系企業の需要における誘発額を見る際は、L^{11}、L^{21}、L^{31}の地域別あるいは産業別に集計することで、北京の非日系企業の需要による誘発額を見る際は、L^{11}、L^{21}、L^{31}の地域別あるいは産業別に集計することで結果をまとめています。

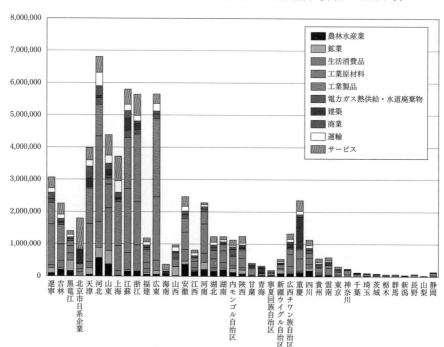

図21-8 北京非日系企業の需要による各地域への生産誘発（単位：1000US＄）

凡例:
- 農林水産業
- 鉱業
- 生活消費品
- 工業原材料
- 工業製品
- 電力ガス熱供給・水道廃棄物
- 建築
- 商業
- 運輸
- サービス

横軸項目: 遼寧 吉林 黒竜江 北京市日系企業 天津 河北 山東 上海 江蘇 浙江 福建 広東 海南 山西 安徽 江西 河南 湖北 湖南 陝西 甘粛 青海 内モンゴル自治区 寧夏回族自治区 新疆ウイグル自治区 広西チワン族自治区 重慶 四川 貴州 雲南 神奈川 千葉 埼玉 茨城 栃木 群馬 新潟 長野 山梨 静岡

21.4 分析結果―海外進出日系企業の日本への大きな生産誘発効果―

　(21.3)式により、北京の非日系企業と日系企業それぞれの需要による中国と日本の関東地域への与える生産誘発効果を計算し、その結果を**図21-8**と**図21-9**で示しました[4]。中国各地域に与える**生産誘発効果**は、縦軸の数値をみればわかるように非日系企業の方が大きくなっていますが、生産誘発効果の順位は、河北、江蘇、浙江、広東といった地域が上位に来ていること、部門別には河北に対しては工業原材料、江蘇、浙江、広東に対しては工業製品への生産誘発が大きくなっ

4）図21-8と図21-9でも北京の非日系企業への影響が大きいことから、この部門を除いて表示しています。ちなみに北京非日系企業の需要による北京非日系企業自身への生産誘発効果は、中国全地域への生産誘発効果の中で50％程度、北京日系企業の北京非日系企業への生産誘発効果は中国全地域への生産誘発効果の中で33％程度を占めています。

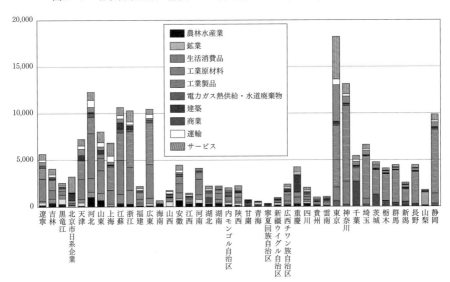

図21-9　北京日系企業の需要による各地域への生産誘発（単位：1000US＄）

（凡例）
農林水産業
鉱業
生活消費品
工業原材料
工業製品
電力ガス熱供給・水道廃棄物
建築
商業
運輸
サービス

ていることなど傾向は似ています。

　一方、日本の関東に対して与える生産誘発効果は非日系企業と日系企業で傾向が異なります。北京の非日系企業の需要によっては中国各地域と比べ日本の関東で発生する生産誘発はかなり小さくなっている一方、日系企業の需要によっては、日本の関東で発生する生産誘発は中国各地域で発生する生産誘発をむしろ上回る水準に達しています。このことは、北京の日系企業が非日系企業と比べ、日本の地域と強い繋がりをもっていることを示しています。部門別には、東京に対しては、工業製品、商業、サービスの、静岡を含むそれ以外の地域に対しては圧倒的に工業製品への生産誘発が大きくなっています。

　以上から、同じ北京市の産業に属していても非日系企業と日系企業ではかなり異なる生産活動をしていることがわかります。本章の「日系企業の中国での活動は日中両国の地域経済にどのような効果をもたらしているのでしょうか？」という最初の問いに帰れば、本章の結論は日系企業の海外での活動は日本の地域からの調達を多く行い、かつ日本の地域に対しての生産誘発効果を発生させるため、日本の地域に対してデメリットばかりではなさそうということになります。

　海外に進出した日系企業部門を現地の産業と区分して明示し、特に日本との関

係を分析する事例は、章末の参考文献に示したようにアメリカに対しての山田
(2001)、山田（2013）、アジアに対して山田（2010）、中国に対して滕（2008）、山田
(2012) などで行われています。本章では、特に中国の北京という地域において
日系企業を分離して日本の地域との関係を分析しました。国を超えた地域と地域
とのやり取りにおいて日系企業がどのような役割を果たしているのか、今後各地
の分析が進むことを期待します。

参考文献

1．居城琢（2012）「関東地域における地域間分業関係の分析―2000年関東地域間産業
　連関表の作成と東京・神奈川が関東地域やそのほか地域に及ぼす生産誘発効果の検討
　―」『流通経済大学論集』第47巻３号、pp.367-386

2．居城琢・俞靚侃（2016）「日本関東と中国沿海各地域間の分業構造―2002年日本18
　地域と中国30地域を区分した地域間国際産業連関表の作成と応用」『横浜国際社会科
　学研究』21巻(1・2)号、pp.21-46

3．居城琢・馮程（2017）「地域日系企業を分離することによる日中地域経済が受
ける影響分析：北京市の日系企業を分離した日中地域間国際産業連関表の作成と応用」
　『横浜国際社会科学研究』22巻(1・2)号、pp.1-20

4．滕鑑（2008）「海外直接投資と産業構造―日系企業分析用中日表による分析―」『岡
　山大学経済学会雑誌』39巻(4)、pp.215-228

5．山田光男（2001）「日米産業連関表による日系企業の分析」『中京大学経済学論叢』
　12号、pp.23-61

6．山田光男（2010）「日本企業の海外生産と産業連関分析」『東アジアへの視点』21
　(1)、pp.1-13

7．山田光男（2012）「日系企業の海外生産と日中国際産業連関分析」『経済統計研究』
　40(1)、pp.37-48

8．山田光男（2013）「2005年日米国際産業連関表による在米日系企業の産業連関分析
　（日米国際産業連関表特集）」『経済統計研究』41(4)、pp.104-113

9．『2000年日中地域間アジア国際産業連関表』AIO シリーズ No.68、IDE-JETRO

第22章

環境問題への地域産業連関表の利用
―中国河北省における化石燃料の消費構造―

22.1　事例解説

　中国では、1978年の改革・開放路線以降、経済の急成長と工業化による資源・エネルギー消費の急増及びそれに伴う環境問題が世界から注目されています。

　とりわけ2000年以降の経済成長は石炭への依存度の高い産業がけん引したこともあり、石炭や石油といった化石燃料の燃焼によって放出される二酸化硫黄や二酸化炭素などの大気汚染物質が主な原因となる大気汚染問題、国内では PM2.5、グローバルでは地球温暖化現象が近年とくに問題となっています。化石燃料は、私たちの生活に必要な電気や熱供給などを作り出すエネルギー源であり、また、製品の原材料としても欠かせないものですが、環境保護のために化石燃料の消費の抑制が喫緊な課題となっています。

　本章[1]では、PM2.5や地球温暖化を含めた大気汚染問題を身近な地域社会の問題として考えるために、地域社会の化石燃料の消費効率とその変化を、企業の生産活動の投入構造、家計消費などの最終需要構造、および最終需要の移輸入依存度とに分けて、産業連関分析の手法を用いて定量的に分析しています。

　化石燃料の消費効率を分析するためには、各産業部門の生産技術を反映する投入構造や、最終需要構造、貿易構造（移輸出入）などのデータを統一的に、かつ関連付けた形で記録している産業連関表の利用は大変有効です。

　1）本章は、黄（2018b）の一部を加筆・修正したものです。第1版15章では、地域産業連関表の環境問題への活用として、大久保・浅利（1996）が静岡県を対象に分析しています。本章では、これを中国の地域（河北省）を対象に化石燃料の消費効率の変化を分析しています。

表22-1　河北省の化石燃料消費量の変化（億元）

	総需要	中間需要	最終需要
2007年	9,046	6,613	2,433
2012年	11,101	9,941	1,160

22.2　河北省のエネルギー消費

　河北省は中国の華北平原の北部に位置し、首都北京と中国北部の重要商業都市の天津市を囲む、人口約7,500万人、経済規模国内6位（2018年）、中国最大の鉄鋼生産地であると同時に、大気汚染が最も深刻な都市として知られています。

　まず、河北省のエネルギー消費の現状をみておきます。2015年のエネルギー消費量は約3億tce（石炭換算トン：ton of coal equivalent）であり、そのうち86.6％を石炭が占め、石炭への依存度が非常に高いエネルギー消費構造となっています。一般に石炭は他の化石燃料と比較して硫黄含有量が多く、熱量あたりの二酸化炭素発生量も多くなっています。また、エネルギーの消費効率が悪く、GDP単位あたりのエネルギー消費量でみると、2013年の中国全体の平均は0.79tce/万元であるのに対して、河北省は1.3tce/万元、北京市は0.46tce/万元、天津市は0.71tce/万元となっています。

　次に、河北省内の化石燃料の消費動向を河北省の2007-2012年**接続産業連関表**[2]のデータからみておきます。

　本章では、石炭、原油・天然ガス、石油・石炭製品、電力・熱供給、都市ガス・熱供給の5つの部門をあわせて化石燃料消費部門としています。**表22-1**は河北省の接続産業連関表のデータをもとに、化石燃料の消費量の推移を示したものです。接続産業連関表の数字は、物価の変動を取り除いた異時点間の実質データの動きを捉えていますので、数量ベースの変化を意味しています。

　2007年から2012年にかけて、河北省の化石燃料の消費量は全体として増加しています。域内企業の生産活動に必要な原燃料としての中間需要が大きく増加している一方で、最終需要（家計消費や移輸出など）としての化石燃料消費量が減少しています。

　2）黄（2018a）を参照してください。

22.3 分析方法と理論モデル

22.3.1 基本指標の導出

産業連関分析では一般に、最終需要が直接・間接に生産を誘発するという関係を重視しますが、本分析では、ある時点の最終需要が直接・間接にどれくらいの石炭、原油、石炭・石油製品などの化石燃料部門の生産や移輸入を誘発するかという関係に着目します。化石燃料の効率性に関する異時点の時系列分析のための基本指標としては**化石燃料誘発係数**を用います。これは誘発された化石燃料の生産額を域内最終需要の総額で除して得られます。

以下、次の基本的な競争移輸入型の地域均衡産出高モデルをもとに、化石燃料誘発係数を以下のように導出していきます。

$$X = \left[I-\left(I-\widehat{M}\right)A\right]^{-1}\left[\left(I-\widehat{M}\right)F^d+E\right] \tag{22.1}$$

記号：X：域内生産ベクトル　I：単位行列　A：投入係数行列

$\widehat{M}$：移輸入係数行列　F^d：域内最終需要ベクトル　E：移輸出ベクトル

まず、化石燃料部門の生産額だけを集計するために、化石燃料部門のみが1、他は0である集計行ベクトルを ρ（ロー）とおくと、化石燃料誘発額（ρX）は以下の式で求められます。

$$\rho X = \rho\left[I-\left(I-\widehat{M}\right)A\right]^{-1}\left[\left(I-\widehat{M}\right)F^d+E\right]$$

したがって、域内最終需要1単位あたりの化石燃料誘発係数（IP）は以下のように導出されます。ただし、σ はすべての要素が1である集計行ベクトルです。

$$\begin{aligned} IP &= \rho X/\sigma F^d = \rho[I-(I-\widehat{M})A]^{-1}[(I-\widehat{M})F^d+E]/\sigma F^d \\ &= \rho B[(I-\widehat{M})f^d+e] \end{aligned} \tag{22.2}$$

ただし、$B=\left[I-\left(I-\widehat{M}\right)A\right]^{-1}$, $f^d=F^d/\sigma F^d$, $e=E/\sigma F^d$

この**化石燃料誘発係数**を用いて、異時点の化石燃料の消費効率を比較することができるだけではなく、その係数の変化を**最終需要構造の要因**（域内最終需要合計に占める各最終需要項目の部門別構成比の変化）、最終需要の移輸入依存度（移輸入係数）の変化による**移輸入代替の要因**と投入係数の変化による**技術の要因**の3つの側面から分析を行うことができます。

22.3.2　分析方法 1─全体的な要因分析

2007年と2012年の化石燃料誘発係数はそれぞれ以下のように表せます。

$$IP_{07} = \rho B_{07}\left[\left(I - \widehat{M}_{07}\right)f_{07}^{d} + e_{07}\right]$$

$$IP_{12} = \rho B_{12}\left[\left(I - \widehat{M}_{12}\right)f_{12}^{d} + e_{12}\right]$$

ここで、各変数の添え字07と12は、それぞれ2007年と2012年を表します。2007年から2012年への化石燃料誘発係数の変化 ΔIP は、以下のように要因分解をすることができます[3]。

$$
\begin{aligned}
\Delta IP &= IP_{12} - IP_{07} \\
&= \rho B_{12}\left(I - \widehat{M}_{12}\right)\left(f_{12}^{d} - f_{07}^{d}\right) + \rho B_{12}\left(e_{12} - e_{07}\right) \\
&\quad - \rho B_{12}\left(\widehat{M}_{12} - \widehat{M}_{07}\right)\left(f_{07}^{d} + A_{07}x_{07}\right) \\
&\quad + \rho B_{12}\left(I - \widehat{M}_{12}\right)\left(A_{12} - A_{07}\right)x_{07}
\end{aligned}
\tag{22.3}
$$

ただし、$x_{07} = B_{07}\left[\left(I - \widehat{M}_{07}\right)f_{07}^{d} + e_{07}\right]$

(22.3)式の右辺の第 1 項は域内最終需要構造の要因（Δf^{d}）、第 2 項は移輸出構造の要因（Δe）、この 2 項を合わせて最終需要構造の要因となります。そして、第 3 項は移輸入代替の要因（$\Delta\widehat{M}$）、第 4 項は技術の要因（ΔA）を表しています。

(22.3)式は2012年の逆行列を利用して要因分解していますが、2007年の逆行列を用いて、以下のように要因分解をすることもできます。ここでは、(22.3)式と(22.4)式の平均値を計算結果として利用しました。

$$
\begin{aligned}
\Delta IP &= IP_{12} - IP_{07} \\
&= \rho B_{07}\left(I - \widehat{M}_{07}\right)\left(f_{12}^{d} - f_{07}^{d}\right) + \rho B_{07}\left(e_{12} - e_{07}\right) \\
&\quad - \rho B_{07}\left(\widehat{M}_{12} - \widehat{M}_{07}\right)\left(f_{12}^{d} + A_{12}x_{12}\right) \\
&\quad + \rho B_{07}\left(I - \widehat{M}_{07}\right)\left(A_{12} - A_{07}\right)x_{12}
\end{aligned}
\tag{22.4}
$$

ただし、$x_{12} = B_{12}\left[\left(I - \widehat{M}_{12}\right)f_{12}^{d} + e_{12}\right]$

3）式の導出の詳細については黄（2018b）を参照してください。また、大久保・浅利（1996）などの先行研究では、投入構造の要因と最終需要構造の要因との 2 つの側面から考察していますが、本章では、2007年から2012年の期間において、移輸入依存度（移輸入係数）の変化が河北省の経済に大きく影響を与えたことを考慮し、化石燃料誘発係数の変化を最終需要構造の要因、移輸入代替の要因と技術の要因の 3 つに分解しています。

また、最終需要構造の要因を、さらに部門別支出シェアの要因（各最終需要項目の部門別の支出シェアの変化）と需要構成の要因（域内最終需要に占める各最終需要項目別の構成比の変化）に分けて分析することもできます。家計消費（C）を例に説明すると、家計消費の需要構造（域内最終需要 σF^d に占める家計消費の部門別支出 C_i の構成比）f_i^c を以下のように書き換えることができます。

$$f_i^c = C_i/\sigma F^d = C_i/\sigma C \times \sigma C/\sigma F^d \quad i = 1, ..., 32 \tag{22.5}$$

　(22.5)式の右辺の第1項は家計消費の部門別支出シェア、第2項は需要構成（域内最終需要に占める家計消費の構成比）を表します。したがって、家計消費の需要構造の変化を部門別支出シェアの変化と需要構成の変化に分解できます。

22.3.3　分析方法2─部門別分析

　前節の分析方法1は、化石燃料誘発係数の変化を最終需要構造の要因、移輸入代替の要因と技術の要因の3つに要因分解し、2007年から2012年にかけての化石燃料誘発係数の変化が、全体としてそれぞれどの要因によってどの程度説明されるのか、を総論的に分析する手法です。本節の分析手法2では、化石燃料誘発係数の変化の要因別に、各産業部門が化石燃料の消費効率の変化にどの程度貢献したのか、部門別の貢献度を調べようとしています。

①最終需要構造の分析

　最終需要構造の分析では、「もし、ある最終需要項目の構成比が、2007年のものから2012年のものへと変化したら…」と想定して、最終需要構造の変化について、各産業部門の貢献度を調べることができます。

　具体的には、ある最終需要項目の構成比を部門別に2007年のものから2012年のものへ変化させた場合、その部門の構成比の変化が、化石燃料誘発係数をどの程度変化させるかを、部門別に順次計算していきます。

　たとえば、最終需要項目の一つである家計消費支出の場合、家計消費支出の部門別構成比のうち、ある部門のウェイトのみを2007年のものから2012年のものへと変化させた場合、化石燃料誘発係数に対してどのように影響するかを、部門別に明らかにすることができます。これによって、家計の消費スタイルが、省エネ型の消費構造になっているのか、あるいはエネルギー多消費型の消費構造になっているのかを分析できます。

②移輸入代替の分析

移輸入代替の分析では、各部門の最終需要の移輸入依存度の変化が化石燃料誘発係数の変化にどの程度影響を及ぼしているかを調べます。

具体的には、ある一つの部門の移輸入係数を2007年のものから2012年のものへ変化させた場合、化石燃料誘発係数をどの程度変化させるかを部門別に順次計算します。これは「もしその部門の移輸入係数だけが、2007年のものから2012年のものへと変化したら化石燃料誘発係数にどう影響するか」を意味しています。

計算手続きとしては、移輸入係数行列（$\hat{M}$）の第1列目から順番に2007年のものを2012年のものへ変化させて、部門別に化石燃料誘発係数を計算し、変化前と比較していきます。これによって、部門別の移輸入係数の変化の化石燃料の消費効率への貢献度を明らかにすることができます。

③技術要因の分析

技術要因の分析では、投入係数の変化という投入構造の要因を部門別にみて、生産技術や生産方法などの技術の変化で、各部門が化石燃料の消費効率の変化にどの程度影響を及ぼしたのかを分析することができます。

具体的には、2007年のある一つの部門の投入係数を2012年のものへと変化させた場合、化石燃料の誘発係数をどの程度変化させるかを部門別に順次計算していきます。これは「もしその部門の生産技術だけが2007年のものから2012年のものへと変化したら、化石燃料誘発係数にどう影響するか」を意味しています。

計算手続きとしては、投入係数行列（A）の第1列目から順番に、2007年のものと2012年のものを入れ換えていき、各部門の化石燃料誘発係数を計算し、変化前と比較していきます。これによって、部門別の投入構造の変化の化石燃料の消費効率への貢献度を明らかにすることができます。

本分析では、以上のような化石燃料誘発係数の異時点比較分析を行うために、価格変化を除いた数量ベース（実質値）の投入産出構造の変化を扱う必要から、**接続産業連関表**を用いる必要があります。中国では接続産業連関表が作成さていないため、本章では黄（2018a）で独自に作成した河北省の2007-2012年接続産業連関表のデータを用いて分析しています。

表22-2　化石燃料誘発係数の変化の要因分解

誘発係数の変化	最終需要構造の要因	移輸入代替の要因	技術の要因
0.0287	−0.1687	0.2275	−0.0301
(10.5%)	(−61.8%)	(83.3%)	(−11.0%)

表22-3　最終需要構造の要因の内訳

項目 要因	最終需要合計	農村家計消費	都市家計消費	政府消費	固定資本形成	在庫純増	移輸出
最終需要構造の要因	−0.1687	−0.0029	0.0011	−0.0023	0.0054	−0.0545	−0.1156
うち支出シェアの変化	−0.0236	−0.0006	0.0004	0.0006	−0.0011	−0.0283	0.0053
うち需要構成の変化	−0.1451	−0.0023	0.0007	−0.0030	0.0065	−0.0262	−0.1209

22.4　分析結果─化石燃料消費効率が変化する要因─

22.4.1　分析方法1─全体的な分析

　河北省の化石燃料誘発係数の変化の全体的な分析を行うと、**表22-2**のような結果が得られました。表22-2の1行目は化石燃料誘発係数の変化（1列目）に対する要因別の変化（2～4列目）を表し、2行目の括弧内は誘発係数の変化率に対する各要因の寄与率を表しています。

　まず、化石燃料誘発係数は2007年から2012年にかけて0.0287増加し、化石燃料の消費効率が10.5%悪化したことがわかります。この5年間の消費効率の悪化の内訳としては、移輸入代替の要因によるものが0.2275（寄与率83.3%、以下同）、最終需要構造の要因によるものが−0.1687（−61.8%）、技術の要因によるものが−0.0301（−11.0%）となっています。つまり、河北省の場合、化石燃料の消費効率の悪化は移輸入依存度の低下という移輸入代替の要因によって生じており、最終需要構造の要因と技術の要因は化石燃料の消費効率の改善に寄与していることがわかります。

　移輸入依存度の低下は、同じ最終需要でも、その需要を満たすための域内生産が増え、生産に必要な原燃料の中間投入がより多く必要になるため、化石燃料の消費効率の悪化につながっています。

　次に、最終需要構造の要因による化石燃料の消費効率の改善（−0.1687）の需要項目別内訳（**表22-3**）をみると、効率の改善の大部分は移輸出構造の変化（−0.1156）という外因と在庫構造の変化（−0.0545）という構造調整要因によって生

じており、投資構造の変化（0.0054）と都市家計消費構造の変化（0.0011）は逆に消費効率の悪化に寄与していることがわかります。中国経済の内需主導への方向転換、モータリゼーションや都市化の進行に伴い、今後投資の拡大や所得増による都市家計消費の増加によって、エネルギー需要が更に拡大していくと予想されます。投資や都市家計消費などの需要面での省エネ対策を重要視すべきです。

　最後に、最終需要構造の要因を部門別支出シェアの変化と需要構成の変化に分けてみると、最終需要構造の要因による化石燃料の消費効率の改善（−0.1687）のうち、約86％が需要構成の変化（−0.1451）、残りの約14％が支出シェアの変化（−0.0236）によって生じていることがわかります。つまり、最終需要構造の変化による消費効率の改善の大部分は需要構成の変化によるものになっています。また、消費、投資、移輸出の需要項目別にみても同じ傾向がみられます。

　河北省の需要構成比の変化（表にはありませんが）をみてみると、2007年から2012年にかけて、投資9.6％と都市家計消費0.5％が拡大しているのに対し、移輸出−61.8％、在庫純増−4.4％、政府消費−3.5％、農村家計消費−2.2％は縮小しています。興味深いのは、需要構成が拡大している項目では、最終需要構造の変化が化石燃料の消費効率の悪化に寄与し、逆に需要構成が縮小している項目では、最終需要構造の変化が化石燃料の消費効率の改善に寄与しているという関係がみられます。

22.4.2　分析方法2—部門別分析

　分析方法2に基づいて得られた化石燃料誘発係数の変化の要因別部門別寄与率を**表22- 4**にまとめました。表22- 4の1列目は化石燃料誘発係数の変化に対する部門別寄与率、2列目以降は最終需要構造の要因、移輸入代替の要因及び技術の要因の各要因別の部門別寄与率を表わしています。

①最終需要構造の部門別分析

　表の22- 4の2列目をみると、最終需要構造の変化による化石燃料の消費効率の改善（−61.8％）に対する寄与率の大きい部門は石油・石炭製品−21.0％、金属精錬−8.1％、原油・天然ガス−6.4％、窯業・土石製品−5.4％、石炭−5.3％があげられます。最も寄与率の大きい石油・石炭製品部門では消費効率の改善の主な要因は在庫の減少という構造調整要因であり、その他の部門では移輸出の減少となっています。逆に、最終需要構造の変化による消費効率の悪化に寄与している部

表22-4　化石燃料誘発係数変化の要因別部門別寄与率（％）

項目／部門	誘発係数の変化	最終需要構造の要因							移輸入代替の要因	技術の要因
		最終需要合計	農村家計消費	都市家計消費	政府消費	固定資本形成	在庫純増	移輸出		
農林水産業	−1.2	−1.8	0.0	0.0	0.0	0.3	0.5	−2.5	0.8	−0.2
石炭	19.8	−5.3	−0.5	0.0	0.0	0.0	−0.7	−4.1	26.6	−1.5
原油・天然ガス	−11.3	−6.4	0.0	−0.2	0.0	0.0	0.1	−6.3	−4.7	−0.2
金属鉱物	6.6	1.9	0.0	0.0	0.0	0.0	0.2	1.7	3.0	1.7
非金属鉱物	0.0	−0.1	0.0	0.0	0.0	0.0	0.0	−0.1	−0.1	0.2
飲食料品	−1.0	−1.6	−0.2	0.0	0.0	0.0	0.0	−1.3	0.9	−0.4
繊維工業製品	0.5	−0.9	−0.1	−0.2	0.0	0.0	0.0	−0.5	0.7	0.7
衣類・その他繊維既製品	0.1	0.1	0.0	0.1	0.0	0.0	0.0	0.0	0.2	−0.2
木材加工・家具	−0.6	−1.5	0.0	0.0	0.0	−0.3	0.0	−1.2	−0.1	1.0
製紙・文教用具	−0.2	−0.7	0.1	0.0	0.0	0.0	0.0	−0.9	0.3	0.2
石油・石炭製品	16.2	−21.0	0.0	0.6	0.0	0.0	−20.3	−1.3	35.2	1.9
化学製品	0.2	−3.9	0.1	−0.1	0.0	0.0	0.1	−4.0	3.7	0.5
窯業・土石製品	−4.7	−5.4	−0.2	0.0	0.0	0.0	0.3	−5.5	1.0	−0.3
金属精錬	−13.5	−8.1	0.0	0.0	0.0	0.0	0.1	−8.2	6.0	−11.4
金属製品	3.4	−0.2	0.1	0.1	0.0	−0.1	−0.1	−0.1	3.5	0.0
一般機械	−0.3	−2.6	0.0	0.0	0.0	−0.9	−0.1	−1.5	2.7	−0.4
輸送機械	1.3	0.6	0.0	0.1	0.0	0.4	0.1	0.0	0.0	0.7
電気機械	0.2	−0.3	0.1	0.3	0.0	0.0	0.0	−0.8	0.6	0.0
情報・通信機器	0.1	−0.1	0.0	0.1	0.0	0.0	0.0	−0.3	0.3	−0.2
計量・計測器	0.1	−0.1	0.0	0.0	0.0	0.0	0.0	−0.1	0.1	0.0
その他製造工業製品	−0.4	−0.4	0.0	0.0	0.0	0.0	0.0	−0.4	−0.1	0.1
廃棄物処理	0.6	0.0	0.0	0.0	0.0	0.0	0.0	0.0	0.2	0.4
電力・熱供給	1.3	−0.7	−0.1	−0.1	0.0	0.0	0.0	−0.5	−2.6	4.6
都市ガス供給	1.2	−0.1	−0.1	−0.2	0.0	0.0	0.0	0.3	1.3	−0.1
水道	−0.2	0.0	0.0	0.0	0.0	0.0	0.0	0.0	−0.2	0.0
建設	2.2	2.4	0.0	0.0	0.0	2.5	0.0	−0.1	−0.8	0.6
運輸・郵便	−1.4	−1.5	0.0	0.1	0.5	−0.1	0.0	−2.0	1.9	−1.8
商業	−0.5	0.1	0.0	−0.1	0.0	0.0	0.0	0.3	0.1	−0.8
飲食業	0.3	0.1	0.0	0.0	0.0	0.0	0.0	0.1	0.7	−0.5
金融・保険業	−0.4	0.5	−0.1	0.3	0.3	0.0	0.0	−0.1	−0.6	−0.3
不動産仲介・管理業	−0.1	−0.2	0.0	0.0	0.0	0.0	0.0	−0.1	0.2	−0.1
その他サービス	−7.7	−4.8	0.1	−0.2	−1.7	0.1	0.0	−3.1	1.7	−4.6
部門合計	10.5	−61.8	−1.1	0.4	−0.9	2.0	−19.9	−42.3	83.3	−11.0

門としては建設2.4％と金属鉱物1.9％が挙げられます。消費効率の悪化の主な要因は建設部門では投資の拡大、金属鉱物部門では移輸出の増加となっています。

　次に、最終需要項目別にみてみます。化石燃料の消費効率の改善に大きく貢献している需要項目は移輸出と在庫純増があります。移輸出構造の変化による消費効率の改善に対する寄与率の大きい部門は金属精錬−8.2％、原油・天然ガス−6.3％、窯業・土石製品−5.5％、石炭−4.1％、化学製品−4.0％があげられます。リーマンショックなどの影響により、鉄鋼、非鉄金属、セメント、化学製品

などの重化学工業製品や一次エネルギーの輸出減が、消費効率の改善に大きく寄与したと考えられます。また、在庫構造の変化による消費効率の改善をみると、寄与率が圧倒的に大きい部門は石油・石炭製品の−20.3%があげられます。

　一方、化石燃料の消費効率の悪化に貢献している需要項目としては投資（固定資本形成）と都市家計消費があります。投資構造の変化による消費効率の悪化に対する寄与率の大きい部門は建設2.5%、次いで輸送機械0.4%となっています。また、都市家計消費構造の変化による消費効率の悪化に大きく寄与している部門は、石油・石炭製品0.6%、電気機械0.3%があげられます。リーマンショック後の景気刺激策によるインフラ投資、住宅投資および自動車などの輸送機械部門の設備投資の拡大、また消費刺激策による家電、自動車などの需要の拡大及びそれに伴うガソリンなどの石油製品の需要増が影響していると考えられます。

②移輸入代替の分析

　表22-4の9列目をみると、移輸入代替の要因による化石燃料の消費効率の悪化（83.3%）に対する寄与率が際立って大きい部門は石油・石炭製品35.2%と石炭26.6%があげられます。次いで、金属精錬6.0%、化学製品3.7%、金属製品3.5%、金属鉱物3.0%、一般機械2.7%の順となっています。エネルギー部門や重化学工業部門を中心に、最終需要の移輸入依存度の低下による移輸入代替が大きく進展していると考えられます。移輸入依存度の低下は財の自給率の上昇であり、中間財（原燃料）としての化石燃料、なかでも石油・石炭製品と石炭の投入が大きく増加し、化石燃料の消費効率の悪化の最も重要な要因となっています。

③技術要因の分析

　表22-4の最後の列をみると、投入構造の変化による技術の要因による消費効率の改善（−11.0%）に対する寄与率の大きい部門は、金属精錬−11.4%があげられます。河北省において、鉄鋼、非鉄金属といった金属精錬部門では、老朽設備の淘汰や省エネ型生産技術の採用などの技術面での改善が進んでいると考えられます。逆に、化石燃料の消費効率の悪化に大きく寄与している部門は電力・熱供給4.6%と石油・石炭製品1.9%及び金属鉱物1.7%があげられます。電力・熱供給と石油・石炭製品の二次エネルギー加工部門での省エネ技術の導入や生産方法の改善などを通じた技術面での改善があまり進んでいないと考えられます。

　全般として、2007年から2012年の5年間の化石燃料の消費効率の悪化は移輸入依存度の低下による移輸入代替効果によって生じたことがわかります。

実際、2008年のリーマンショックの影響で、中国は、経済が過熱から輸出不振による減速に大きく振られました。輸出の大半が中間財を輸入し完成品を輸出するといういわゆる加工貿易が占めているため、輸出不振により中間財輸入が大幅に減少しています。中国政府は2009～11年の３年間にかけて、４兆元の大型景気刺激策による企業の投資需要の拡大、「家電下郷」（農村地域での家電普及策）、「汽車下郷」（自動車などの販売促進策）、「以旧換新」（古い商品の買換促進策）などの消費促進策による消費拡大といった需要面からの対策と併せて、供給面の対策として、鉄鋼、自動車など主要10大産業の調整振興計画を実施しました。その結果、景気刺激には効果があったことは事実ですが、上記の分析結果で示したように、化石燃料の消費効率の悪化をもたらした一面も無視することはできません。

　本章では分析対象を中国河北省に設定していますが、中国の大気汚染問題は国境を越えた日本各地の大気汚染と無関係ではありません。

　また、本章で用いた大気汚染の発生要因の分析方法は、大気汚染だけでなく二酸化炭素排出構造や地球温暖化問題など、私達の身近な地域の環境問題に対しても有効です。地域産業連関表が環境問題に大きな役割を果たすことを強調して締めくくりとしたいと思います。

参考文献

1．植田和弘他（1994）「環境・エネルギー・成長の経済構造分析」『経済分析』第134号、経済企画庁経済研究所

2．大久保正勝・浅利一郎（1996）「エネルギー消費と地域産業構造」、土居英二他編著『はじめよう地域産業連関分析』（日本評論社）、第15章、233-232頁

3．金継紅・長谷部勇一（2012）「中国産業別成長要因とエネルギー消費要因分析」『エコノミア』第63巻第２号、17-22頁

4．長谷部勇一（1994）「経済構造変化と環境の要因分析－産業連関表を適用して」『エコノミア』第44巻第４号、34-65頁

5．長谷部勇一（1995）「中国経済の構造変化と環境負荷―DPG による要因分析」『エコノミア』第46巻第３号

6．黄愛珍（2018a）「中国河北省の経済構造と産業連関に関する研究―接続産業連関表の作成を通じて―」『経済研究』（静岡大学）22巻３・４号、71-97頁

7．黄愛珍（2018b）「地域産業構造とエネルギー消費の要因分析―河北省の事例―」『経済研究』（静岡大学）23巻１号、1-26頁

【コラム2】 先行研究の調べ方

　地域産業連関表を用いた分析を行う場合、同じか類似したテーマの先行研究を調べることが得策です。先行研究は、分析に必要な統計資料はどのようなものか、また分析方法をどうするかなどの道しるべとなり、あとに続く分析者の大きな助けになります。

　先行研究を参考にして分析した場合、分析結果の報告書や論文などの末尾に「参考文献」として先行研究の著者、タイトル、掲載誌、公表年月などを明記しておくことが必要です。先行研究に対して敬意を表し、共有財産としてあとに続く分析者への研究上の便宜をはかる役割を果たします。

　先行研究の調べ方として次の三つの方法を紹介します。

●インターネットで検索する

　手軽な調べ方は、インターネットによるキーワードでの検索です。先行研究の情報（著者、タイトル、掲載誌名、巻・号、公表年月など）を研究報告書に「参考文献」として記載する必要がありますが、インターネットによる調べ方の手軽さとは逆に、これらの情報を簡単に入手できない場合が多いです。著者の所属大学や研究機関などのサイトなどで、掲載誌名、巻・号、公表年月などの情報を収集する作業が求められます。

●総務省統計局の情報を入手する

　国の産業連関表作成の取りまとめ役である総務省統計局からは、地域産業連関表の利用事例が都道府県から集められ紹介されています。

　例えば、同局「総務省政策統括官（統計基準担当）付産業連関表担当統計審査官室名で、平成30年9月に「都道府県等における産業連関分析実施状況（平成29年4月〜平成30年3月）」という資料がネットで公開されています。

　都道府県別、テーマの分野別（公共事業・施策効果、イベント・観光、企業・施設、経済構造・その他）の利用状況や個別分析の事例紹介も収録され、あとに続く分析者にとってたいへん便利です。平成17年表までは『平成17年（2005年）産業連関表総合解説編（平成21年3月総務省編）』の中で「地域表を使用した産業連関分析

事例」が紹介されています。

●産業連関分析の学会誌や大会報告を調べる

　日本唯一の産業連関分析の学会である環太平洋産業連関分析学会（The Pan Pacific Association of Input-Output Studies: 略称 PAPAIOS）の HP には、学会誌『産業連関』に掲載されたたくさんの地域産業連関分析の研究成果が公表されています。第 1 巻 1 号（1989年）から最新の第27巻（2019年）まで30年間の500を超える論文が収録されており、各論文を PDF 形式でダウンロードできるようになっています。

　また学会では、年に 1 度開催される全国大会でも、最新の研究事例が報告されています。2019年の第30回大会（於九州大学）では、「地域分析」の企画セッションが開催され、次のような研究が発表されています。

1. 市町村における統計活用に向けた研修の実践と今後の展望―れんけいこうち統計データ活用事業を事例として―報告者：大崎優（高知大学）・中澤純治（高知大学）／ 2. 地域経済需給ポートフォリオの活用の実践について―報告者：松本明（高知大学）／ 3. 中部国際空港を利用する国際航空貨物の産業連関分析―報告者：山田光男（中京大学）・紀村真一郎（中部圏社会経済研究所）／ 4. 生活圏間産業連関表を用いた東日本大震災の復興による地域経済への影響分析―報告者：Tithipongtrakul Nontachai（ケー・シー・エス）・石川良文（南山大学）・仲条仁（ケー・シー・エス）／ 5. 四国圏域内の地域間相互依存関係の分析―2011年四国地域間産業連関表の作成―報告者：須原菜摘（横浜国立大学大学院）・郭佳寧（横浜国立大学大学院）・居城琢（横浜国立大学）／ 6. 高知県高岡郡梼原町の地域産業連関表作成の試み―報告者：疋田浩一（神戸山手大学）／ 7. 男子プロバスケットボールチーム「シーホース三河」がもたらす経済波及効果の市町村別推計―報告者：塚本高浩（名古屋大学大学院）／ 8. 非負値行列因子分解法を用いた地域産業特性の抽出―報告者：原田魁成（金沢大学大学院）・寒河江雅彦（金沢大学）／ 9. 指数関数法によるノンサーベイ市町村産業連関表と既存の作成事例との比較検証―報告者：栗村信一（山形市役所）

（学会 HP の大会プログラムより）

終章

地域産業連関分析の新しい役割
―政策評価手法としての費用便益分析との関係―

1　もう一つの政策評価手法

　産業連関分析は、「経済波及効果」の数字に代表される政策効果を評価する手法ですが、政策評価には費用便益分析（Cost-Benefit Analysis: CBA）という分析手法もあります[1]。

　費用便益分析は、政策への税の投入（費用：Cost）によって、納税者にどのようなメリット（便益：Benefit）がもたらされるのかを金銭評価し、費用と便益を対比して、政策の妥当性や効率性を判断し、意思決定をするのための強力な手法です。分析結果は、政策を推進するのかしないのかを納税者の選択に委ね、時には便益が費用を下回る非効率な政策の採用の中止を教える情報を提供します。

　この最終章では、費用便益分析の正確な計測結果を得るために産業連関分析の知識と計算が欠かせないこと、この意味で、地域産業連関表とその利用にはこれから研究と経験を積むべき未開拓の広大な分野が存在しているということを強調して、本著の最後を締めくくりたい思います。

1）費用便益分析は、便益という言葉への馴染みがないからか、日本では費用対効果分析という言葉で使われていますが、費用便益分析と費用対効果分析とは異なるものです。本来の費用対効果分析（Cost-Efficiency Analysis: CEA）は、医療の現場でよく用いられていて、患者にある治癒効果をもたらす複数の治療方法の選択肢がある場合、そのコストを比較して最も効率のよい治療方法は何かといった意思決定をするために使われています。主に医療経済学で用いられる分析手法です。

2　費用便益分析と産業連関分析の関係[2]

　費用便益分析では、純便益（便益B － 費用C）が正の値をとるかどうか、便益を費用で割った費用便益比（B ／ C）[3]が１を上回るかどうか、すなわち使われる税を上回るメリットが納税者に還元されるかどうか、という情報を納税者に提示すために作成されます。

　イギリスやアメリカなど海外諸国では、大きな予算を伴う場合、ある政策目標を実現するために「何もしない案」を含む複数の選択肢と、それぞれの案のB ／ C の値を用意し、政策選択肢の選択と決定を納税者に委ねる、という基本的な考え方の上で進められています。ある政策を立案するとき、日本とは違って必ず複数案を作成すること、「何もしない案」を加えることが厳しく求められています。「何もしない案」を選択肢に加えるのは、限られた税をその政策に使わないで別の用途に使うべきである、と考える納税者がいることも想定しているからです。

　アメリカでは、一定額以上の大きな公共事業は、連邦政府の陸軍工兵隊が立案から実施まで担当しています。住民の抵抗を武力で制圧しながら西海岸に向けて道路や橋を建設してきた名残を留める猛々しい名称とは裏腹に、現在では日本などははるかに及ばない、極めて民主的な政策決定プロセスに基づいて進められています。

　このように費用便益分析は、政策決定過程への住民参加に欠かせない政策評価情報を提供し、民主主義を進化させる大きな役割をもっています。行政の基本的な役割は、このような政策決定プロセスの中で、住民が最良の選択と決定ができるよう、最良の政策選択肢と政策評価情報を用意し、住民に提供することにあります。

　この意味では、産業連関分析による「経済波及効果」という情報は、政策のプラス面を評価する情報であり行政が政策を推進するための根拠、時には人々を説

---

　2 ）本章は、土居英二（2009）「観光イベントの政策評価手法としての費用便益分析における産業連関表の役割」『産業連関』Vol.12、No.1.2を元にしています。併せて土居編著（2009）『はじめよう観光地づくりの政策評価と統計分析』日本評論社も参照してください。

　3 ）**ビーバイシー**と呼ばれています。バイは英語の「by」で「割る」という意味です。

得するための「都合のよい情報」として使われることが少なくありません。

　産業連関分析に携わる私たちは、政策評価への産業連関分析の適用が政策の推進に「都合のいい」情報提供のツールになりがちな現実を冷静に見つめ、分析結果が社会の中でどのような役割を果たすのか、また果たすべきなのか、絶えず自らに問いかけていくことが必要でしょう。

　本書［事例分析編］では、企業や産業への効果である生産誘発効果（経済波及効果）にとどまらず、加速する人口減少と疲弊に悩む地方に対して、どのような政策がどれだけの雇用効果や定住人口効果をもたらすのか、逼迫する地方の財政にどのような税収効果があるのか、といった新しい利用方法と役割を提起してきたつもりです。

3　便益の計測と地域産業連関表

　では、費用便益分析に対しては、地域産業連関分析はどのような役割を果たすことができるのでしょうか。

　具体的な例として、第12章の静岡市安倍川花火大会（以下、花火大会と呼びます）を再度取り上げてみます。

　花火大会の便益には、次の2つがあります。

> ①花火大会による感動など市民の満足度の金銭評価額（**消費者余剰**）
> ②来場者の支出等による市内事業者の利益の増加額（**生産者余剰**）

①消費者余剰　花火大会には、市民だけでなく市外の多くの人々も来場しますが、費用便益分析では、市外から来場した人々の満足度は、便益の対象から除外します。その理由は、費用便益分析が、静岡市の納税者の税金を投入して、その納税者にどのようなメリットが生じるかを比較するからです。費用便益分析は、あくまでも花火大会に市の税を投入することの是非を市民が判断するための情報提供を目的としています。

　便益（消費者余剰）の内実は、来場者の感動であり満足度です。これは一般の商品を購入するとき、私たちが代金を支払って手に入れる効用と同じものです。花火大会を観に来る人は、花火の感動を求めて交通費や移動に要する時間という費用をかけます。「感動」の大きさは来場者がかける交通費用や移動時間（旅行

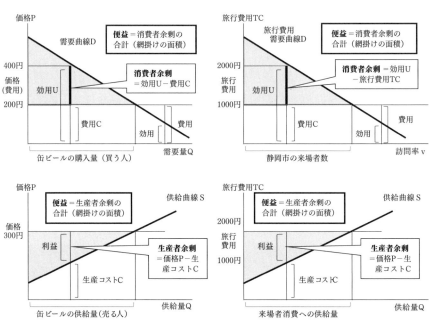

[缶ビール市場の便益]　　　　　　　　　　　　[花火大会の便益]

費用）を調べることで、金銭評価が可能です。この便益の金銭評価法は**旅行費用**
法（Travel Cost Method）と呼ばれます。詳細は第14章を参照してください。

②**生産者余剰**　納税者にもたらされるもう一つの便益は、事業者の利益の増加で
す。この場合も市外事業者を除いて市内で営業を営む事業者に発生する利益の増
加だけを便益とします。この利益の増加は「生産者余剰」と呼ばれます。

　2つの便益のイメージを**終章-図1**に掲げました。左が缶ビールの市場におけ
る便益、右が花火大会の便益です。両方とも、生産者余剰はタテ1本の垂線を用
いて「価格−費用＝利益」と説明していますが、これを網掛けの面として捉える
理由は、需要曲線が複数の人々の異なる支払意思額の分布であるように、供給曲
線が、異なる費用を持つ複数の事業者とその利益の分布を想定しているからで
す。

　産業連関分析は、花火大会の便益のうち事業者にもたらされる利益である生産
者余剰の推計に深く係ってきます。

推計に先立って、便益という概念について整理しておくべき問題があります。それは、花火大会という「市場」の捉え方です。

まず、終章-図1の右側のタテ軸とヨコ軸で表される花火大会の「市場」は、理論的に、消費者余剰と生産者余剰を同一の市場の上で捉えることを原則としていることの確認です。この上で、便益は次の3通りの捉え方が考えられます。

第一に、人々に感動を提供する花火という財の市場を狭義の意味で捉えると、右下の図のタテ軸の生産者余剰は、一義的には花火を打ちあげる花火業者の利益となります（第一次市場）。この場合、来場者が支出する飲食代や宿泊代による事業者の利益＝生産者余剰は第二次市場で扱われるべき問題となり、後景に退いて便益には含まれなくなります。

第二に、花火大会に来場する人が花火の観覧だけでなく他の楽しみや目的を持って来ているとき、複数目的による来訪と捉えて、旅行費用をその目的の数で割って市場を分割し、花火の感動だけを表す消費者余剰や生産者余剰を把握する考え方です。旅行費用法で便益を捉える際、これは忘れてはならない大切な手続きであるとされています。

花火大会の他の目的とは、大会終了後、家族や友人、同僚との飲酒や食事をともなう歓談、友人や親族宅の訪問、帰省、静岡市内外の観光地めぐりなどが考えられます。この場合、花火大会の市場は、第一の市場の捉え方と共通して消費者余剰も生産者余剰も同じ概念になりますが、旅行費用が目的数で分割されるので消費者余剰も生産者余剰も小さくなります。

第三に、花火大会の市場を、花火だけでなく、飲食店、宿泊施設、小売店、軒を連ねる屋台、臨時電車やシャトルバスの運行業者など、一連の事業者の力を集めて作りあげられる複合的な効用を持つ一つの財（**プロダクトミックスと呼ばれます**）の市場として把握する考え方です。

この場合には、旅行費用需要曲線から導かれる消費者余剰は、花火の感動とともに飲食や宿泊サービスから得られる満足度を含みます。生産者余剰も飲食店や宿泊施設などの利益を含むことになります。

本章では、花火大会が花火への感動を核に家族や友人との団欒など、さまざまな楽しみの場となっていることを考えて、第三の捉え方をしています。

このとき、地元の事業者にもたらされる便益（生産者余剰）はどのように推計すればよいのでしょうか。

終章-表1　事業者にもたらされる便益（生産者余剰）の推計

（100万円）

推計順序	[生産者余剰の推計手続き]	[地域産業連関分析の手続き]	金額
1	来場者の消費支出と主催者の運営経費の把握	最終需要の推計（$\triangle F$）	2,323
2	そのうち市内の事業者の売上高増加額の把握	最終需要に各業種別自給率（$I-\hat{M}$）を乗じた直接効果の推計（$I-\hat{M}$）$\triangle F$	1,863
3	市内事業者の売上増加額に含まれる利益の増加額（生産者余剰）	直接効果×営業余剰率（平成23年静岡市産業連関表の産業別営業余剰÷産業部門別市内生産額）	146
4	産業連関表の営業余剰を、企業会計の営業利益概念に変換		6,464万円
備考		（営業余剰を営業利益に変換する方法）営業余剰額×0.4489（財務省「平成23年度法人企業統計」全産業の「営業利益」合計額38,965,400（100万円）÷総務省「平成23年産業連関表」の「営業余剰」合計額86,806,105（100万円）	

　花火大会には、本書第12章の来場者の消費支出（表12-1）や主催者の運営経費（表12-1）に関係するたくさんの業種の事業者が関わっています。これらの事業者の売上高のうち、市内事業者の売上高とその中に含まれる利益額を、体系的、統一的に把握するためには、**終章-表1**のように地域産業連関表とその利用方法についての知識が欠かせません。

　生産者余剰の金額は、6,464万円になります。最終需要の推計については、第12章で説明していますので省きますが、直接効果とその中に含まれる営業余剰（終章-表1の「3」）までの計算過程を、**終章-表2**に掲げました。計算は統合中分類（108部門）で行っていますが、表では37部門に統合した表を掲げています。

　この生産者余剰6,464万円と、旅行費用法で算定した静岡市の来場者の感動や満足度を金銭評価した消費者余剰3億1,825万円を合計すると、**終章-表3**のとおり便益の総額（消費者余剰と生産者余剰を合わせて**社会的余剰**と呼びます）は3億4,815万円となり、これを市税の投入額3,220万円で割ると、花火大会の費用便益比（B／C）は10.8となります。

4　時代と地域産業連関分析

　地域産業連関表は、本書の第1版を出版した平成8（1996）年からみると、今では多くの人に関心をもたれ、時代とともに地域が抱えるさまざまなテーマにつ

終章-表2　花火大会の直接効果に含まれる営業余剰の推計

(単位：100万円)

記号・算式	最終需要生産者価格 B	自給率 C	直接効果 D＝B×C	うち営業余剰 E
合計	2,323		1,863	146
01 農林水産業	0	0.121	0	0
06 鉱業	0	0.006	0	0
11 飲食料品	188	0.181	34	4
15 繊維製品	174	0.006	1	0
16 パルプ・紙・木製品	51	0.138	7	1
20 化学製品	0	0.064	0	0
21 石油・石炭製品	0	0.019	0	0
22 プラスチック・ゴム	0	0.081	0	0
25 窯業・土石製品	0	0.109	0	0
26 鉄鋼	0	0.037	0	0
27 非鉄金属	0	0.057	0	0
28 金属製品	0	0.056	0	0
29 はん用機械	0	0.046	0	0
30 生産用機械	0	0.175	0	0
31 業務用機械	0	0.008	0	0
32 電子部品	0	0.010	0	0
33 電気機械	0	0.061	0	0
34 情報・通信機器	0	0.002	0	0
35 輸送機械	0	0.039	0	0
39 その他の製造工業製品	9	0.235	2	0
41 建設	11	1.000	11	0
46 電力・ガス・熱供給	2	0.469	1	0
47 水道	0	1.000	0	0
48 廃棄物処理	0	0.490	0	0
51 商業	421	1.000	421	68
53 金融・保険	0	0.949	0	0
55 不動産	2	0.545	1	0
57 運輸・郵便	389	0.863	336	28
59 情報通信	0	0.351	0	0
61 公務	0	1.000	0	0
63 教育・研究	0	0.975	0	0
64 医療・福祉	0	0.883	0	0
65 非営利団体サービス	0	0.989	0	0
66 対事業所サービス	9	0.585	6	1
67 対個人サービス	1,043	1.000	1,043	44
68 事務用品	0	0.000	0	0
69 分類不明	24	0.000	0	0

終章-表3　静岡市花火大会の費用便益分析結果の概要（平成29年度）

	便益の概念	金額・値	推計方法・備考
便益B	消費者余剰	3億1,825万円	●旅行費用法により推計 　旅行費用法については、本書第14章とその参考文献を参照して下さい。
	生産者余剰	6,464万円	●経済波及効果分析の「直接効果」に含まれる「営業余剰」の1億4,400万円を用いて、下記のように推計します。 ●産業連関表の「営業余剰」は企業の借入利子を含むなど産業連関表の広義の利益概念であることから、企業の「営業利益」概念に近づけるため、次の比率を用いて変換します。 　直接効果に含まれる営業余剰の誘発額×0.4489(※) ※財務省「平成23年度法人企業統計」全産業の営業利益38,965,400(100万円)÷総務省「平成23年産業連関表」の営業余剰86,806,105(100万円) ●安倍川花火大会による市内事業者の生産者余剰＝1億4,400万円×0.4489＝6,464万円。
	寄付額等	−3,474万円	企業等からの協賛金であるため、生産者余剰からマイナスします。
	合計	3億4,815万円	
費用C	合計	3,220万円	花火大会の運営に関係する静岡市の補助金（平成29年度）
費用便益比（B／C）		10.8	

いて、分析の実績がたくさん積まれてきています。

　本書のコラム欄で紹介した長野県白馬村や静岡県藤枝市のように、地域産業連関表は、より身近な市町村で作成され活用される時代に差しかかってきています。それとともに地域産業連関表は、各地と時代の課題に応えるテーマに活かされて、その利用範囲を広げていくことになるでしょう。

　本書では、こうした流れの中で、分析の焦点を生産誘発効果（経済波及効果）にとどめず、人口減少と衰退に悩む多くの地域に対して、雇用効果や定住人口効果、税収効果などの分析手法を紹介してきました。時代が要請する課題に地域産業連関表と地域産業連関分析を位置づけ、その新しい利用方法と役割を事例とともに提起してきました。

　成長の時代から縮小へ向かっている現在、限られた財源をどのような政策にどう配分し、どのような地域社会を構築すればよいかが、大きな時代の課題となっています。継続する政策、新しく導入しなければならない政策、縮小・廃止する政策を住民自らが厳しく峻別し、選択する時代に入ってきています。こうした課題に応える政策評価法として、費用便益分析を本章では取り上げました。

　この費用便益分析は、現在は国土交通省、農林水産省などの各種の公共事業の評価に用いられ、補助金を各地へ配分する参考資料としての役割を果たしています。しかし、既に述べたように、費用便益分析の本来の役割は、住民が政策決定過程に参加して、地域のために政策を評価、選択して意思決定をするための政策評価手法です。その意味で、費用便益分析は、本来の意味で、まだ日本の地域社会に根を下ろしてはおらず、住民自治と民主主義を進化させる本来の役割を担っていないのが現状です。

　このような現状を考えるとき、費用便益分析の地域に根差した利用に対して、地域産業連関表の知識とその分析力は不可欠です。繰り返しになりますが、産業連関分析に携わる私達の前には、未開拓の広い分野が広がっているという問題提起が、この終章のタイトルを地域産業連関表の新しい役割としたもう一つの理由です。

参考文献

1．土居英二編・熱海市・静岡県・（財）静岡総合研究機構ほか（2009）『はじめよう観光地づくりの政策評価と統計分析─熱海市と静岡県における新公共経営（NPM）の

実践』日本評論社

2．土居英二（2009）「観光イベントの政策評価手法としての費用便益分析における産業連関表の役割」『産業連関』17巻、1‒2号（観光特集）

3．土居英二（1997）「政策評価システムと統計情報」『静岡大学経済研究』1巻3‒4号

4．静岡市観光交流文化局観光交流課（2017）『静岡市大規模イベントにおける経済波及効果等分析業務報告書』

第 2 版のおわりに

　産業連関分析の学会（環太平洋産業連関分析学会：PAPAIOS）に参加すると、中核として学会を牽引しておられる方々から「私は若い頃、土居先生たちが書かれた『はじめよう地域産業連関分析』（第 1 版）に出会って産業連関分析の勉強を始めたのですよ。」という言葉をいただくことがあります。第 1 版の意図がたくさんの人に確実に伝わっていたことを実感する嬉しい瞬間です。

　「私は第 1 版に収録されていた『わたしの町の産業連関表』（第 8 章）を参考にして、市町村産業連関表の作成と研究を始めました。」という言葉をいただくこともあります。この「わたしの町の産業連関表」は、産業連関表がより身近な市町村レベルで作成され利用されることを期待した章ですが、この頃、市町村産業連関表の作成は、全国では先進的な旭川市などわずかな経験が知られていただけでした（亀畑義彦・小野寺英明 (1991)「産業連関表による旭川市分析の試み」環太平洋産業連関分析学会『イノベーション & IO テクニーク』第 2 巻 2 号）。

　今日、市町村産業連関表の作成と利用が全国の市町村に広がりをみせて、日本の産業連関分析の研究史に新しいページが開かれようとしています。市町村産業連関表が地域の人々の手で作られ、利用されることは、地域住民の手による真の地方創生の契機となるという長野県白馬村の経験を紹介している平尾勇さんの言葉（コラム 1 参照）はとても印象的です。

　そんな時代の流れの中で、この改訂版の静岡県の事例分析が、［基礎編］とともに、全国の地方創生に取り組んでいる人々の地域分析の道しるべになるとすれば、これ以上の喜びはありません。

　前々から初版読者から寄せられていた Excel 版への改訂へのご要望や、新しい時代にふさわしい内容への改訂の要望などの宿題に対応するため、執筆者の協力のもと改訂版をお届けすることができました。おかげで長年の宿題をようやく終え、肩の荷を下ろすことができました。心よりお例を申し上げます。

　2020年 1 月

編者　土居　英二

浅利　一郎

中野　親徳

参考文献 (著者アイウエオ順)

【研究書】

1. 朝倉啓一郎 (2006)『産業連関計算の新しい展開』九州大学出版会
2. 朝倉啓一郎・早見均・溝下雅子・中村政男・中野論・篠崎美貴・鷲津明由・吉岡完治 (2001)『環境分析用産業連関表』慶応大学出版会
3. 浅利一郎・土居英二 (2016)『地域間産業連関分析の理論と実際』日本評論社
4. 石村貞夫・劉晨・玉村千治 (2009)『Excel でやさしく学ぶ産業連関分析』日本評論社
5. 泉弘志 (2014)『投下労働量計算と基本経済指標』大月書店
6. 市村眞一監修・関西経済連合編 (1958)『日本経済と地域経済—近畿地域産業連関分析—』創文社
7. 市村真一・王慧炯編 (2004)『中国経済の地域間産業連関分析』ICSEAD 研究叢書
8. 井出真弘 (2003)『Excel による産業連関分析入門—VBA のプログラミング手法をモデル構築で解説』産業能率大学出版
9. 入谷貴夫 (2012)『地域と雇用をつくる産業連関分析入門』自治体研究社
10. 太田和博・加藤一誠・小島克巳 (2006)『交通の産業連関分析』日本評論社
11. 岡崎不二男・金子敬生 (1964)『産業連関の経済学』春秋社
12. 金子敬生 (1971)『産業連関の理論と適用』日本評論社
13. 金子敬生・吉田稔編著 (1969)『日本の産業連関』春秋社
14. 金子敬生 (1967)『経済変動と産業連関』新評論
15. 桑森啓・玉村千治 (2017)『アジア国際産業連関表の作成：基礎と延長』アジア経済研究所
16. 小長谷一之・前川知史編 (2012)『経済効果入門』日本評論社
17. 佐々木純一郎・清剛治・金目哲郎・石原慎士・佐々木茂・野崎道哉 (2013)『地域経営の課題解決—震災復興、地域ブランドそして地域産業連関表』

18. 佐々木純一郎・石原慎士・野崎道哉（2009）『［新版］地域ブランドと地域経済—ブランドの構築から地域産業連関分析まで』同友館

19. 社団法人全国漁港漁場協会（2008）『漁村など小地域の産業連関分析〜分析事例と応用〜』社団法人全国漁港漁場協会

20. 宍戸駿太郎監修・環太平洋産業連関分析学会（2010）『産業連関分析ハンドブック』東洋経済新報社

21. 自治体問題研究所編集部編（1999）『福祉をふやして雇用も景気も』自治体研究社

22. 自治体問題研究所編集部編（1998）『これならできる社会保障の経済効果試算』自治体研究社

23. 自治体問題研究所編集部編（1998）『社会保障の経済効果は公共事業より大きい』自治体研究社

24. 玉村千治・桑森啓編（2014）『国際産業連関分析論—理論と応用—』アジア経済研究所

25. 滕鑑（2009）『中日経済の相互依存—接続中日国際産業連関表の作成と応用（岡山大学経済学部研究叢書）』御茶の水書房

26. 土居英二・浅利一郎・中野親徳（2019）『はじめよう地域産業連関分析』（改訂版）［基礎編］日本評論社

27. 土居英二編（2009）『はじめよう観光地づくりの政策評価と統計分析』日本評論社

28. 中村慎一郎（2008）『Excelで学ぶ産業連関分析』エコノミクス社

29. 中村慎一郎（2007）『ライフサイクル産業連関分析』早稲田大学出版部

30. 長尾成吾（1970）『産業連関分析入門』日科技連出版社

31. 永友育雄（1969）『産業連関分析の基礎』法律文化社

32. 新飯田宏（1978）『産業連関分析入門』東洋経済新報社

33. 仁平耕一（2008）『産業連関分析の理論と適用』白桃書房

34. 野崎道哉（2009）『地域経済と産業振興—岩手モデルの実証的研究—』日本経済評論社.

35. 藤川清史（2016）『中国経済の産業連関分析と応用一般均衡分析』法律文化社

36. 藤川清史（2005）『産業連関分析入門—ExcelとVBAでらくらくIO分析—』

日本評論社

37. 藤川清史（1999）『グローバル経済の産業連関分析』創文社
38. 松村文武・藤川清史（1998）『"国産化"の経済分析―多国籍企業の国際産業連関』岩波書店
39. 宮沢健一編（1992）『医療と福祉の産業連関』東洋経済新報社
40. 宮沢健一編（1975）『産業連関分析入門』日本経済新聞社
41. 森嶋通夫（1956）『産業連關論入門―新しい現実分析の理論的背景―』創文社
42. 安田秀穂（2008）『自治体の経済波及効果の算出』学陽書房
43. 山田光男（2007）『東アジア経済の連関構造の計量分析』勁草書房
44. 良永康平（2001）『ドイツ産業連関分析論』関西大学出版部
45. 横倉弘之（1988）『産業連関論入門』青木書店
46. 吉岡完治・大平純彦・早見均・鷲津明由・松橋隆治（2003）『環境の産業連関分析』日本評論社
47. 李潔（2018）『入門 GDP 統計と経済波及効果分析（第2版）』大学教育出版
48. 李潔（2005）『産業連関構造の日中・日韓比較と購買力平価』大学教育出版
49. カールステン シュターマー/良永康平訳（2006）『持続可能な社会への2つの道―産業連関表で読み解く環境と社会・経済』
50. W. レオンチェフ・F.デュチン/清水雅彦訳（1987）『軍事支出―世界的経済発展への桎梏―』東洋経済新報社
51. W. W. レオンチェフ/山田勇・家本秀太郎訳（1959）『アメリカ経済の構造―産業連関分析の理論と実際―』
52. W. レオンチェフ/新飯田宏訳（1969）『産業連関分析』岩波書店

【政府作成産業連関表】
53. 経済産業省大臣官房調査統計グループ 調査分析支援室（2018）『平成27年延長産業連関表』
54. 経済産業省大臣官房調査統計グループ（2013）『2005年日米国際産業連関表』
55. 経済産業省大臣官房調査統計グループ（2012）『平成19年（2007年）日中国際産業連関表』
56. 経済産業省大臣官房調査統計グループ（2010）『平成17年地域間産業連関表』

57. 国土交通省総合政策局情報政策課建設経済統計調査室（2015）『建設部門分析用産業連関表』

58. 総務省・内閣府・金融庁・財務省 文部科学省・厚生労働省・農林水産省 経済産業省・国土交通省・環境省編『平成23年（2011年）産業連関表—総合解説編』

59. 総務省・内閣府・金融庁・財務省 文部科学省・厚生労働省・農林水産省 経済産業省・国土交通省・環境省編『平成12-17-23年接続産業連関表—総合解説編—』

60. 農林水産省大臣官房統計部（2016）『平成23年（2011年）農林漁業及び関連産業を中心とした産業連関表（飲食費のフローを含む。）』

61. 農林水産省大臣官房調査課（監修）、農林統計協会編（1990）『食をめぐる産業の経済分析—産業連関表からみた農林漁業・食品工業の姿』農林統計協会

索　引

265

執筆者紹介 （執筆順）

土居英二（どい・えいじ）

本書編者。略歴は編著者紹介参照。

浅利一郎（あさり・いちろう）

本書編者。略歴は編著者紹介参照。

中野親徳（なかの・ちかのり）

本書編者。略歴は編著者紹介参照。

室伏康宏（むろふし・やすひろ）

1956年静岡県生まれ。1979年東北大学経済学部卒業。静岡県職員（統計利用課、土地対策課、沼津土木事務所など）。現在：静岡県沼津土木事務所

牧野好洋（まきの・よしひろ）

1971年静岡県生まれ。1998年慶應義塾大学大学院商学研究科後期博士課程修了。博士（商学）。現在：静岡産業大学教授・教務部長。専攻：計量経済学。

居城 琢（いしろ・たく）

2005年横浜国立大学国際社会科学研究科博士課程修了。博士（経済学）。現在：横浜国立大学大学院国際社会科学研究院教授。専攻：地域経済論、産業連関分析。

田原真一（たはら・しんいち）

1983年東京都生まれ。2006年一橋大学社会学部卒業。同年株式会社静岡銀行入行。現在：一般財団法人静岡経済研究所研究員。受託調査担当。

塩野敏晴（しおの・としはる）

1962年愛知県生まれ。1986年神戸大学経営学部卒業。同年株式会社静岡銀行入行。現在：一般財団法人静岡経済研究所主席研究員。受託調査担当。

黄 愛珍（ほぁん・えいつん）

1968年中国浙江省生まれ。2004年京都大学大学院経済学研究科博士課程修了。博士（経済学）。現在：静岡大学学術院人文社会科学領域教授。専攻：数量経済分析。

●編著者紹介

土居英二（どい・えいじ）
1947年兵庫県生まれ。1979年大阪市立大学大学院経済学研究科博士課程退学。現在：静岡大学名誉教授、一般社団法人政策科学研究所代表理事。専攻：経済統計学。

浅利一郎（あさり・いちろう）
1950年東京都生まれ。1978年一橋大学大学院経済学研究科博士課程退学。現在：静岡大学名誉教授。専攻：理論経済学。

中野親徳（なかの・ちかのり）
1945年静岡県生まれ。元・静岡県職員（統計課、情報政策室、静岡県立大学など）。元・静岡大学人文学部非常勤講師。国務大臣総務庁長官表彰受賞（1995年）

●各章執筆者
室伏康宏　静岡県沼津土木事務所
牧野好洋　静岡産業大学教授・教務部長
居城　琢　横浜国立大学大学院国際社会科学研究院教授
田原真一　一般財団法人静岡経済研究所研究員
塩野敏晴　一般財団法人静岡経済研究所主席研究員
黄　愛珍　静岡大学学術院人文社会科学領域教授

はじめよう地域産業連関分析［改訂版］事例分析編
Excelで初歩から実践まで

1996年4月20日　第1版第1刷発行
2020年1月25日　改訂版第1刷発行

編著者——土居英二・浅利一郎・中野親徳
発行所——株式会社日本評論社
　　　　　〒170-8474　東京都豊島区南大塚3-12-4　電話　03-3987-8621（販売）、8595（編集）
　　　　　振替　00100-3-16
　　　　　https://www.nippyo.co.jp/
印　刷——精文堂印刷株式会社
製　本——井上製本所
装　幀——林健造
検印省略 © DOI Eiji, ASARI Ichiro and NAKANO Chikanori, 1996, 2020
Printed in Japan
ISBN978-4-535-55925-7